Temas de Gramática
contemporánea de la lengua española

Manoel Dias Martins
Maria Cristina G. Pacheco

Companhia
Editora Nacional

Coleção Língua Estrangeira – Español
© Companhia Editora Nacional, 2007
© Casa del Lector, 2006

Presidente	Jorge A. M. Yunes
Diretor superintendente	Jorge Yunes
Diretora geral de produção e editorial	Beatriz Yunes Guarita
Diretor editorial	Antonio Nicolau Youssef
Gerente editorial	Sergio Alves
Coordenadora de arte	Sabrina Lofti Hollo

Série Librería Española Hispanoamericana – Casa del Lector

Editor	Víctor Barrionuevo
Coordenação editorial	M. Cristina G. Pacheco
Editora assistente	Maria Angela Amorim De Paschoal
Revisão	Andrea Lepratti
Projeto gráfico	Equipe Casa del Lector
Editoração eletrônica	Renata Meira Santos

Dados Internacionais de catalogação na Publicação (CIP)
(Câmara Brasileira do Livro, SP, Brasil)

Martins, Manuel Dias
   Temas de Gramatica contemporânea de la lengua española / Manuel Dias Martins e Maria Cristina Gonçales Pacheco. – 1ª ed. – São Paulo : Companhia Editora Nacional, 2005.

ISBN 85-04-00962-9

1. Espanhol. I. Gramática. II. Pacheco, Maria Cristina Gonçales. III. Título.

05-8489   CDD-465

Índice para catálogo sistemático:
1. Gramática: Espanhol: Linguística   465

CTP, Impressão e Acabamento
IBEP Gráfica

todos os direitos reservados

Companhia Editora Nacional

Av. Alexandre Mackenzie, 619 - Jaguaré
São Paulo – SP – 05322-000 - Brasil –Tel.:(11) 6099-7799 / 2169-7799
www.ibep-nacional.com.br   editoras@ibep-nacional.com.br

EDITORA AFILIADA

PRESENTACIÓN

Esta gramática que ahora presentamos, **Temas de Gramática Contemporánea**, es didáctica y por ello deja de lado las expresiones de poca vigencia actual; y se propone ser una herramienta de consulta, muy actualizada, para los estudiantes y profesores del idioma castellano, o los profesionales de cualquier disciplina que necesiten avanzar en el dominio del idioma español. Para ello, adoptamos el tono teórico, ya que también deseamos señalar, sea a los profesores o a los alumnos, una orientación clara y precisa, con miras a que su enseñanza/aprendizaje se opere con eficacia y resulte más beneficiosa y duradera.

Creemos que, para hablar, leer y escribir correctamente, en suma, para asimilar y aplicar adecuadamente la lengua, lo más aconsejable es hacer siempre un estudio, lo más metódico posible, de su vocabulario y de su estructura gramatical básica. Esta práctica de estudio y consulta permite un conocimiento progresivo y reflexivo del uso y de la norma del idioma, de modo que el usuario de la misma pueda asegurarse una autonomía de expresión, una vez que haga un análisis de las principales reglas de funcionamiento de todo el sistema lingüístico, un sistema que no tiene un fin en sí mismo, sino que nos permite comunicarnos y reflexionar sobre lo aprendido.

Hemos tratado de exponer siempre los contenidos con bastante sencillez y claridad, de tal modo que tanto la sintaxis como la morfología sean entendidas a la luz de la norma y, sobre todo, del uso cotidiano de la lengua española en sus diversos territorios.

El habla es el uso peculiar, particular que los diversos grupos de individuos hacen de la lengua nacional común, y al extenderse la lengua española por sobre enormes territorios en América y en España, y por estar en contacto con otras lenguas y culturas, se han generado variantes y hablas regionales y sectoriales; pero entre el registro formal culto y los registros coloquiales más populares hay una enorme área común en la que se verifican estructuras gramaticales y léxicos bastante homogéneos, que nos permiten ofrecer diversas "muestras de lengua" sin riesgo de confusión, ampliando el vocabulario, y agregando aspectos importantes, o curiosidades regionales de la cultura de cada país.

PRESENTACIÓN

La idea central de este libro ha de ser la de proporcionar al lector el conocimiento de determinadas aclaraciones lingüísticas. Aunque supongamos que algunos conocimientos de lingüística estén previamente adquiridos, nos parece que, al tratar de determinados temas, nunca estará de más recordar definiciones y conceptos que conviene tener siempre presentes.

Pretendemos que las descripciones sean claras, operativas y de verdadera utilidad para entender el funcionamiento de la lengua y poder llevarlo a la práctica.

Los ejercicios presentados tienen el objetivo de ayudar a fijar los conocimientos adquiridos y a reflexionar sobre los mismos.

Manoel Dias Martins
M. Cristina G. Pacheco

SUMARIO

PRESENTACIÓN 3

1. ARTÍCULO 11

Contracciones 11
Uso del artículo 12
Con nombres propios de personas 14
Con nombres propios geográficos 16
Con nombres propios no geográficos ni de personas 18

2. LA SUSTANTIVACIÓN Y EL ARTÍCULO NEUTRO 19

3. EL GÉNERO DE LOS NOMBRES 23

Género de los sustantivos 25
Género de los adjetivos 29
Heterogenéricos 31

4. EL NÚMERO DE LOS NOMBRES 33

Plural de los nombres simples 33
Plural de los nombres compuestos 34

5. ADJETIVO 35

Adjetivos calificativos 35
Adjetivos determinativos 36

6. APÓCOPE DE ALGUNOS ADJETIVOS 38

Posesivos 38
Indefinidos 39

Numerales 39
Calificativos 39

7. GRADOS DEL ADJETIVO 41

Grados de significación 41
Comparativos y superlativos orgánicos 44
Apreciativos 47

8. NUMERALES 48

Los números cardinales 48
Los números ordinales 50
Expresión de la fecha 52
Fecha de una carta o documento 54

9. PRONOMBRE 56

Pronombres personales (sujeto) 56
Voseo 56
Pronombres personales (complementos) 59
Leísmo, laísmo, loísmo 60
Predicativo y pronombre "neutro" 61
Pronombres posesivos 61
Pronombres demostrativos 62
Pronombres relativos 63
Pronombres interrogativos 63
Pronombres indefinidos 64

10. COLOCACIÓN PRONOMINAL 65

11. FORMAS DE TRATAMIENTO 68

12. PREPOSICIÓN 70

Definición 70
Inventario y particularidades 70
Función de enlace 71
Complementos del nombre 73
Otras preposiciones 74
Locuciones prepositivas 76

13. COMPLEMENTO DIRECTO CON LA PREPOSICIÓN *A* 78

14. GRAMÁTICA DEL VERBO ESPAÑOL 82

    Definición 82
    Estructura 82
    Conjugación 83
    Clases de verbos 83
    Acentuación 85
    Alteraciones del acento 85
    Modificaciones ortográficas normales 86
    Modos y tiempos 88
    Modos verbales 89
    El participio 89
    Tiempos verbales 91
    Formación de los tiempos simples 100
    Formación de los tiempos compuestos 101
    Voz 101
    Voz pasiva 102
    Verbos auxiliares 103
    Verbos regulares 107
    Tiempos compuestos 110
    Voz pasiva con *ser* 115
    Verbos irregulares 117
    Clase 1.ª: verbos con diptongación 118
    Clase 2.ª: verbos con debilitación vocálica 122
    Clase 3.ª: verbos con diptongación y debilitación vocálica 124
    Clase 4.ª: verbos con epéntesis consonántica 126
    Clase 5.ª: verbos con futuro irregular 133
    Clase 6.ª: verbos con pretérito fuerte 136
    Clase 7.ª: verbos con especial irregularidad en los presentes 140
    Clase 8.ª: otros verbos con especial irregulares 143
    Verbo reflexivo 145
    Verbo recíproco 148
    Verbo unipersonal 150
    Verbo defectivo 151
    Verbos terminados en –iar y en–uar. (1) Conservan los diptongos *–io* y *–uo* .. 152
    Verbos terminados en –iar y –uar. (1) Alteran los diptongos *–io* y *–uo* ... 157

15. FORMAS NO PERSONALES DEL VERBO 162

    El infinitivo 162
    El gerundio 164

El participio 167
El participio absoluto 168
El participio de presente 169

16. PERÍFRASIS VERBALES 170

Perífrasis ingresivas 170
Perífrasis incoativas 171
Perífrasis progresivas 172
Perífrasis durativas 172
Perífrasis perfectivas 173
Perífrasis resultativas 174
Perífrasis de obligación y suposición 175

17. ADVERBIO 176

Adverbios de modo 177
Adverbios de lugar 179
Adverbios de tiempo 180
Adverbios de cantidad 182
Empleo de *mucho/muy* 182
Empleo de *cuanto/cuan, tanto/tan* 186
Adverbios de afirmación 186
Adverbios de negación 187
Adverbios de duda 188

18. CONJUNCIÓN 189

Conjunciones coordinantes 189
Copulativas 189
Disyuntivas 190
Alternativas 190
Reglas de eufonía: conjunciones *y > e, o > u* 190
Pronunciación de las conjunciones *y, u* 190
Distributivas 192
Adversativas 192
Sino x *Si no* 193
Ilativas 194
Conjunciones subordinantes 195
Completivas 195
Aditivas 196

Concesivas 196
Consecutivas 197
Modales 197
Causales 197
Comparativas 197
Condicionales 198
Finales 198
Temporales 198

19. INTERJECCIÓN 199

Concepto 199
Inventario 199

20. PARTICULARIDADES LÉXICAS Y ESTRUCTURALES 202

El numeral *ambos* 202
El identificador *mismo* 203
Expresión de lo impersonal 204
Si + presente de indicativo / *Cuando* + presente de subjuntivo 205
Llevar + gerundio 205
Esperar 205
Haber / tener 206
Significados del verbo *quedar* 206
Significados del verbo *echar* 207
Verbos de cambio o devenir 209
Verbos de movimiento: *ir* + infinitivo /*ir a* / *ir hacia* 210
Empleo de lo verbos *gustar, encantar, parecer, apetecer* 211
Las expresiones *quisiera / me gustaría* + nombre o infinitivo 213
Empleo del verbo *doler* 213
Largar 213
Marchar 214
Pasar 214
Recurrir / recoger / recorrer 216
Formar parte 217
Tomar parte 217

21. EL ESTILO INDIRECTO 218

22. GRUPOS VOCÁLICOS 221

Diptongos 221

Triptongos 222
Hiatos 222

23. ORTOGRAFÍA ESPAÑOLA 224

El alfabeto o abecedario 224
El acento ortográfico o tilde 226
ç, z, c 226
ph, th / ss / –i 226
–m 226
Signos de puntuación 227
Signos de entonación 227
División silábica (silabeo) 227

24. ACENTUACIÓN GRÁFICA 229

25. GLOSARIOS DE CONTRASTE 232

Heterográficos y heteromorfos (español–portugués) 232
Heterográficos y heteromorfos (portugués–español) 237
Heterotónicos (español–portugués) 241
Heterotónicos (portugués–español) 242
Heterogenéricos y heteronuméricos (español–portugués) 243
Heterogenéricos y heteronuméricos (portugués–español) 244
Heterosintácticos (español–portugués) 246
Heterosintácticos (portugués–español) 248
Heterosemánticos (español–portugués) 250
Heterosemánticos (portugués–español) 255
Biléxicos 259
Biléxicos (español) 260
Biléxicos (portugués) 260

26. ADJETIVOS GENTILICIOS 262

27. NOCIONES DE FONÉTICA Y FONOLOGÍA 269

EJERCICIOS 304

CLAVES DE LOS EJERCICIOS 338

BIBLIOGRAFÍA 358

1. ARTÍCULOS

El artículo es la palabra que une o articula conceptos y relaciones, limitando al sustantivo, ya individual o específicamente (*artículo definido*), ya indefinida o genéricamente (*artículo indefinido*). Según observa Rodolfo Lenz, «los artículos, en general, son más bien un accidente gramatical de los sustantivos que una clase especial de palabras»[1]. Esto porque, cuando antepuesto al sustantivo, el artículo anuncia su género y su número, destacando su función sintáctica. Algunos autores sólo consideran verdadero artículo al definido, clasificando al otro entre los indefinidos. Amado Alonso lo explica, aduciendo que *un* puede ser sinónimo de *cierto, algún*, y se opone a *ningún*, además de ser sustantivable y poderse usar desprendido del sustantivo[2]. Son las siguientes las formas del artículo español:

Artículo									
definido					indefinido				
singular			plural		singular		plural	
masculino	femenino	neutro	masculino	femenino	masculino	femenino	masculino	femenino
el	la (el)	lo	los	las	un	una (un)	unos	unas

Contracciones

En español sólo hay dos contracciones del artículo, con las preposiciones *a* y *de*:

    a + *el* = *al* : *Voy al frente.*
    de + *el* = *del* : *Libro del alumno.*

---

[1] Rodolfo LENZ – *La oración y sus partes*, p. 283-284.
[2] Consúltese Amado ALONSO – *Estudios lingüísticos. Temas españoles*. "Estilística y gramática del artículo en español". p. 151-194.

Cuando se trate de (a) *a + él* (pronombre) o de (b) *de + él* (pronombre), no habrá contracción:

(a) El alumno lo vio a él.
(b) Ésta es la casa de él.

Uso del artículo

En el recuadro de las formas del artículo, figuran *el y un* para el femenino singular, que representan vestigios de una forma arcaica.

La forma latina ILLA(M) ha pasado a *ella > ela* que dio *la* antes de consonante (*la* casa) y *el* antes de vocal (*el* escala, *el* amiga). De manera análoga, UNA(M) dio *una* y *un* (*un* alma, *una* mesa). El uso actual de *el* y *un* con sustantivos femeninos sólo se da si éstos empiezan por *a-* (o *ha-*) tónica:

el acta	*un* ancla
el ágata	*un* ánima
el agua	*un* ara
el águila	*un* área
el ala	*un* arma
el alba	*un* asma
el alma	*un* aula
el ama	*un* ave
un acta	*el* haba
un ágata	*el* habla
un agua	*el* hacha
un águila	*el* hada
un ala	*el* hambre
un alba	*el* hampa
un alma	*el* haya
un ama	*el* haz
el ancla	*un* haba
el ánima	*un* habla
el ara	*un* hacha
el área	*un* hada
el arma	*un* hambre
el asma	*un* hampa
el aula	*un* haya
el ave	*un* haz

a excepción de nombres propios de mujer: *la Ángela*, *la Águeda*, *la Ana*; de los nombres de las letras *a* y *h*: *la a*, *la hache*; y del nombre de la ciudad holandesa *La Haya*.

El sustantivo *haz* es masculino cuando significa 'porción atada' (de mies, de leña) o 'conjunto de rayos luminosos'. Cuando significa 'cara', 'rostro' o 'superficie', es femenino. Se trata de una variante del sustantivo femenino *faz*. Ejemplos:

> *Llevaba **un** haz pesado de leña seca.*
> *Aún se veía **el** haz empalidecida del santo hombre.*

El sustantivo *arte* es masculino en singular y femenino en plural:

> ***el*** *arte español,*
> ***las*** *bellas artes.*

El adjetivo siempre concierta en género y número con el sustantivo a que se refiere. Si decimos

> ***el*** *arte gótico,*

porque *arte* en singular es masculino,

> ***las*** *artes plásticas,*

porque *arte* en plural es femenino, diremos

> ***el*** *agua clara,* ***las*** *almas buenas,* ***las*** *amas hacendosas,*
> ***el*** *ancla pesada,* ***el*** *hada generosa,*

porque *agua, almas, amas, ancla* y *hada* son femeninos.

Antes de adjetivos femeninos, aunque empiecen por *a–* (o *ha–*) tónica, debe usarse la forma *la*:

> ***la*** *alta sociedad,*
> ***la*** *amplia casa,*
> ***la*** *ancha llanura,*
> ***la*** *áspera mano,*
> ***la*** *harta mesa.*

Con nombres propios de personas

Con nombres propios de personas se emplea el artículo infinitamente menos en español que en portugués. En la lengua literaria, en general, no se usa el artículo ante nombres de personas y de animales. Por ejemplo:

> **Rocinante** era el caballo de **Don Quijote**.
> **Pepita** cabalgaba a **Lucero**.

Ténganse en cuenta las siguientes observaciones sobre el uso del artículo ante nombres propios de personas:

(a) En el lenguaje vulgar, sobre todo rústico, llevan artículo los nombres de pila masculinos y femeninos:
> *la* Tere, *la* Lola, *la* Teodora,
> *el* Juan, *el* Pepe...

(b) El lenguaje policial suele aplicar el artículo a maleantes, no sólo ante nombres, sino ante apellidos o apodos:

> Detuvieron **al García**.
> Ya están en la cárcel **el Rubio** y **el Chato**.
> Mañana estarán en libertad **el Felipe** y **la Sofía**.

(c) Es frecuente que vayan precedidos del artículo los apellidos de escritoras o artistas famosas (de épocas pasadas principalmente, ya que hoy tiene este empleo cierto sabor vulgar):

> *la* Pardo Bazán, *la* Avellaneda,
> *la* Bárcena, *la* Xirgu, *la* Gámez...

(d) El artículo tiene valor despectivo cuando se usa ante los tratamientos *don* y *doña*:
> Estoy muy harto **del don** Eusebio.
> Me parece muy latosa **la doña** Angelines.

(e) Se reserva para el lenguaje culto el uso del artículo ante algunos apellidos y sobrenombres de artistas y escritores italianos clásicos:

el Petrarca, *el* Tiziano, *el* Tasso,
el Correggio, *el* Alighieri,
el Tintoretto, *el* Veronés.

Es incorrecto aplicar el artículo a nombres de pila italianos; hay que decir **Dante** y no *el Dante*, **Miguel Angel** y no *el Miguel Angel*. Téngase en cuenta que modernamente no se dice en español *el Verdi, el Pirandello, el Papini*, sino **Verdi**, **Pirandello**, **Papini**, sin artículo.

(f) En el lenguaje estudiantil suele usarse el artículo ante apellidos, para designar

– el libro de ese autor:

el Lapesa,
el Menéndez Pidal;

– la asignatura que explica ese profesor:

He aprobado *el* Lapesa y *la* Vázquez.
Me falta examinarme d*el* Balbín y de *la* Canellada.

(g) Admiten artículo los nombres propios de personas (nombres de pila o apellidos) usados en sentido genérico, en plural:

En Andalucía abundan **las Cármenes**.
Me dirijo a todos **los Pepes** de España.
El pensamiento de **los Ortegas** (= *los filósofos orteguianos*).
Los Murillos y **los Zurbaranes** que ennoblecen el arte español.

(h) Los nombres propios de personas deben ir precedidos de artículos cuando acompañados por calificativos:

el prudente Pedro,
el Mozart español,
el Cervantes realista,
el Unamuno actual.

Con nombres propios geográficos

(a) No se usa el artículo con nombres de continentes, pero *Asia* y *África* pueden usarse con él:

> *En algunos países de Europa hace más frío que en América.*
> *El próximo año haremos un viaje **al** África (a África).*

(b) Tampoco llevan artículo los nombres de países, regiones, islas, ciudades:

> *Italia, España, Francia,*
> *Andalucía, Valencia, Cataluña,*
> *Mallorca, Menorca, Ibiza, Palma,*
> *París, Londres, Sevilla, Madrid...*

(c) Algunos nombres de islas llevan artículo en plural:

> **las** Baleares, **las** Canarias, **las** Azores, **las** Malvinas.

(d) Hay muchos nombres que llevan artículo, pero adviértase que, en el uso actual, hay vacilaciones en cuanto a este uso. He aquí algunos ejemplos [1]:

(la) Arabia	**El** *Havre*
(la) Argentina	**La** *Haya*
La *Bañeza* [2]	**la** *India*
(el) Brasil	*(el) Irak*
El *Cairo*	*(el) Irán*
(el) Canadá	*(el) Japón*
La *Coruña*	*(el) Líbano*
el *Chaco*	**la** *Mancha*
(la) China	**la** *Meca*

---

[1] Cuando puede faltar, el artículo va entre paréntesis en la siguiente relación.
[2] Cuando el nombre es de ciudad el artículo se escribe con inicial mayúscula.
[3] Cuando el nombre es plural o compuesto, hay que emplear el artículo normativamente.

(el) Ecuador
(el) Egipto
El Escorial
(los) Estados Unidos [3]
El Ferrol
el Franco Condado
(la) Gran Bretaña
La Habana

los Países Bajos
la Pampa
(el) Paraguay
la Patagonia
(el) Perú
el Piamonte
la Toscana
(el) Uruguay

(e) Todos estos nombres se emplean necesariamente con artículo cuando van modificados por algún adjetivo o determinación:

> **la** Francia **de los Luises**,
> **la** España **del Siglo de Oro**,
> **el** Madrid **castizo**,
> **la** Andalucía **alta**,
> **el** Asia **oriental**.

(f) Los nombres de ríos, mares, lagos, montes, llevan implícito el sustantivo genérico correspondiente y, por lo tanto, deben usarse con artículo:

> **el** *(río) Duero,* **el** *(río) Darro,*
> **el** *(río) Amazonas,* **el** *(río) Ebro,*
> **el** *(mar) Adriático,* **el** *(mar) Cantábrico,*
> **el** *(mar) Caspio,* **el** *(mar) Mediterráneo,*
> **el** *(océano) Atlántico,* **el** *(océano) Índico,*
> **el** *(océano) Pacífico,* **los** *(montes) Alpes,*
> **los** *(montes) Andes,* **los** *(montes) Pirineos,*
> **el** *(monte) Guadarrama,* **el** *(monte) Veleta,*
> **la** *(cordillera) Penibética...*

Sin embargo, algunos admiten a veces la supresión del artículo, como, por ejemplo:

> Sierra Morena, Moncayo,
> Sierra Nevada, Navacerrada.

Con nombres propios no geográficos ni de personas

Con nombres propios no geográficos ni de personas, se usa el artículo (masculino o femenino, con arreglo al sustantivo genérico implícito en la expresión), a saber:

> *el (barco) Asturias*, *el (barco) Lusitania*,
> *el (barco) Monte Umbe*, *el (barco) Cabo San Vicente*,
> *la (carabela) Santa María*, *la (carabela) Pinta*,
> *la (carabela) Niña*, *la (fragata) Asturias*,
> *el (teatro) Colón*, *el (teatro) María Guerrero*,
> *la (confitería) París*, *la (cafetería) Manila*,
> *el (cine) Avenida*, *el (cine) Callao...*

En general, con nombres de calles o barrios, no se usa el artículo [1]:

> *Vivo cerca de **Argüelles**.*
> *Radio Intercontinental está en **Diego de León**.*
> *En **Serrano** hay finísimas tiendas.*

---

[1] Claro está que la manera correcta de designar una calle es: *la calle de Alcalá, el Paseo de la Castellana*.

2. LA SUSTANTIVACIÓN Y EL ARTÍCULO NEUTRO

La sustantivación es un procedimiento morfosintáctico que consiste en transformar transitoriamente en sustantivos palabras, frases u oraciones enteras, que habitualmente pertenecen a otras clases. Cuando la sustantivación sólo afecta a la función de las palabras, recibe el nombre de *sustantivación morfológica*. Ejemplos:

adjetivos: *el* verde, *la* verde, *los* verdes, *las* verdes, *lo* verde, *este* verde, *estos* verdes, *mi* verde etc.

infinitivos: *el* vivir, *un* vivir, *ese* vivir, *nuestro* vivir, *los* quereres, *los* decires, *los* andares etc.

pronombres: *el* yo, *lo* mío, *lo* nuestro etc.

adverbios: *el* bien, *el* mal, *lo* poco, *lo* lejos etc.

enlaces: *el* porqué, *el* cómo, *el* pero etc.

La sustantivación recibe el nombre de *sustantivación oracional* cuando toman valor sustantivo frases u oraciones completas; la más frecuente es la de oraciones adjetivas o de relativo que a menudo forman expresiones más o menos fijas. Ejemplos:

El qué dirá la gente.
No sabes a *lo* que me refiero.
Un no sé qué.
Este no sentir las emociones.
El no tener qué hacer.

Toda cualidad considerada en abstracto y no atribuida, por consiguiente, a ningún ser, se convierte en un concepto sustantivo, el cual puede expresarse
(a) con un cambio de sufijo:

LA SUSTANTIVACIÓN Y EL ARTÍCULO NEUTRO

amargo ⇒ *amar****gura***

(b) por medio del artículo u otro determinativo:

lo *amargo,* ***el*** *amargo,* ***ese*** *amargo* etc.

Los adjetivos pasan a nombres concretos asimismo, cuando, por callarse el sustantivo que modifican, asumen solos la significación que ambos expresaban; por ejemplo:

la *ciega que vende billetes =* ***la*** *(mujer) ciega que vende billetes*
el *avaro =* ***el*** *(hombre) avaro*
el *sordo =* ***el*** *(niño) sordo*
la *derecha =* ***la*** *(mano) derecha*
las *coquetas =* ***las*** *(mujeres) coquetas*

El español es la única lengua románica que ha conservado un artículo neutral e invariable, con el cual se sustantivan los adjetivos que, de este modo, adquieren la significación del neutro latino. La sustantivación con *lo* da al adjetivo un *carácter abstracto y colectivo,* mientras que con *el* le confiere *significación concreta e individual.* Comparemos los dos procesos de sustantivación del adjetivo *bueno*:

(1) ***el*** *bueno*
(2) ***lo*** *bueno*

El ejemplo (1) significa 'ser determinado que posee la cualidad *bueno*'; como vemos, el artículo masculino da un sentido más retringido al adjetivo y tiende a fijarlo como verdadero sustantivo. El ejemplo (2) puede significar 'la bondad', 'conjunto de cosas buenas', 'la parte buena'; el artículo neutro no olvida el carácter adjetivo de la palabra que acompaña, puesto que él mismo viene a tener un carácter sustantivo, con el significado de '**la cualidad**' (*valor intensivo*), '**la parte**' (*valor limitativo*), '**las cosas**' (*valor colectivo*). Además de estos tres valores, puede el artículo neutro expresar un *valor ponderativo*; en frases como

Lo *bueno que es,*
Lo *mucho que te quiero,*

lo equivale, más o menos, a ***cuán*** y a ***cuánto***, respectivamente.

LA SUSTANTIVACIÓN Y EL ARTÍCULO NEUTRO

Podemos, pues, concluir que, en español, la diferencia entre la sustantivación conseguida por medio de *el* y la conseguida por medio de *lo* es apreciable, según se comprueba por el análisis de los siguientes ejemplos:

(a) sustantivación = hecho abstracto, neutro:

> **Lo** *más ridículo de la fiesta.*
> *Hay que comprender* **lo** *tonto.*

(b) sustantivación = personalizada, masculino:

> **El** *más ridículo de la fiesta.*
> *Hay que comprender* **el** *tonto.*

(c) sustantivación = personalizada, femenino:

> **La** *más ridícula de la fiesta.*
> *Hay que comprender* **la** *tonta.*

Adviértase también que en la sustantivación neutra hay una indiferencia por la concordancia. Igual se puede decir

> **Lo mejor fue** *la reunión* que
> **Lo mejor fueron** *las reuniones.*

Señalemos, por último, que la forma neutra *lo* del artículo es la misma forma del pronombre personal *lo* y se diferencian los dos por su empleo. El pronombre *lo* se emplea, solo, para reproducir un concepto expresado anteriormente:

> *Voy a decir* ***que has mentido****.*
> *Voy a decir****lo****.*

LA SUSTANTIVACIÓN Y EL ARTÍCULO NEUTRO

Resumen

La sustantivación por medio del **artículo neutro** significa:

    todo lo no personal
    lo abstracto
    lo colectivo
    lo inanimado

La sustantivación por medio del **artículo masculino** significa:

    todo lo personal
    lo concreto
    más restringido
    lo animado

3. EL GÉNERO DE LOS NOMBRES

Fijémonos en las siguientes columnas de frases:

A	B	C	D
pasillo amplio	pasillos amplios	sala amplia	salas amplias
muro alto	muros altos	pared alta	paredes altas
país lejano	países lejanos	tierra lejana	tierras lejanas
paso estrecho	pasos estrechos	calle estrecha	calles estrechas
alumno atento	alumnos atentos	alumna atenta	alumnas atentas
curso teórico	cursos teóricos	clase teórica	clases teóricas
faro rojo	faros rojos	luz roja	luces rojas
compás lento	compases lentos	marcha lenta	marchas lentas

Es fácil observar que los adjetivos *amplio*, *alto*, *lejano*, *estrecho*, *atento*, *teórico*, *rojo*, *lento*, al aplicarse a los sustantivos, adoptan distinta terminación según sea el sustantivo cuyo significado complementen:

columna A = masculino singular
columna B = masculino plural
columna C = femenino singular
columna D = femenino plural

Podemos, pues, decir que el adjetivo se acomoda al número singular o plural del sustantivo y a su género masculino o femenino. El género es una ordenación gramatical de los sustantivos en dos clases:

(1) masculinos, que reclaman la primera terminación de los adjetivos

(columna **A** y columna **B**), y

EL GÉNERO DE LOS NOMBRES

(2) femeninos, que reclaman la segunda terminación

(columna **C** y columna **D**),

según el uso fijado en el idioma.

El género puede ser *real*, *arbitrario* y *dimensional*.

El género *real* distingue los sustantivos, estableciendo la oposición *masculino/ femenino*, de base sexual, aplicable a lo animado. Por ejemplo:

perro/perra
niño/niña
alumno/alumna

El género *arbitrario* no establece oposición y se aplica a lo inanimado. Por ejemplo:

casa; *banco*; *silla*; *aula*; *cuadro*.

El género *dimensional* resulta, en la lengua, de la extensión de la oposición –o/–a a muchos objetos inanimados, haciendo que se animen o caractericen. La nota responsable por esta oposición suele ser la dimensión: el femenino en español se refiere, en general, a objetos de mayor anchura:

cesto/cesta
pozo/poza
saco/saca
bolso/bolsa
caldero/caldera

La desinencia en –o se llama *masculina*; la desinencia en –a, *femenina*. Cualquier otra terminación se llama *indiferente*.

Ningún sustantivo ofrece en español el género *neutro*, pero este género se presenta en algunos casos de sustantivación, con un sentido característico.

Género de los sustantivos

Si examinamos las formas masculinas y femeninas de varios sustantivos, podremos inducir las reglas básicas de la formación del femenino en español:

1.ª regla		2.ª regla	
niño	niña	Manuel	Manuela
hijo	hija	Juan	Juana
tío	tía	ladrón	ladrona
perro	perra	autor	autora
gato	gata	doctor	doctora
elefante	elefanta	pastor	pastora
gerente	gerenta	señor	señora
infante	infanta	dios	diosa
regente	regenta	Luis	Luisa
sirviente	sirvienta	Salvador	Salvadora

3.ª regla		4.ª regla	
padre	madre	abad	abadesa
papá	mamá	barón	baronesa
compadre	comadre	conde	condesa
padrino	madrina	poeta	poetisa
padrastro	madrastra	profeta	profetisa
caballero	dama	gallo	gallina
marido	mujer	héroe	heroína
varón	hembra	rey	reina
yerno	nuera	actor	actriz
buey, toro	vaca	emperador	emperatriz
caballo	yegua	jabalí	jabalina
carnero	oveja	juglar	juglaresa
chivo, cabrón	cabra	histrión	histrionisa
zángano	abeja	papa	papisa

EL GÉNERO DE LOS NOMBRES

1.ª regla:

Los masculinos terminados en –o y algunos terminados en –e forman sus femeninos cambiando estas terminaciones en –a.

2.ª regla:

Los masculinos terminados en consonante forman, en general, sus femeninos añadiendo –a.

3.ª regla:

Algunos masculinos tienen formas distintas para el femenino.

4.ª regla:

Un pequeño número de sustantivos forman sus femeninos con variadas terminaciones: –esa, –isa, –ina, –iz.

Muchos nombres de personas son *invariables* (o *comunes en cuanto al género*), distinguiéndose el masculino del femenino por el artículo o por el contexto:

el artista	la artista	el espía	la espía
el dentista	la dentista	el suicida	la suicida
el modista [1]	la modista	el imbécil	la imbécil
el periodista	la periodista	el joven	la joven
el pianista	la pianista	el mártir	la mártir
el amante	la amante	el paria	la paria
el cantante	la cantante	el reo	la reo
el estudiante	la estudiante	el testigo	la testigo
el paciente	la paciente	el huésped	la huésped
el cónyuge	la cónyuge	el delincuente	la delincuente

Hay nombres de animales que tienen un género gramatical determinado, aplicable lo mismo al macho que a la hembra de su especie correspondiente [2]:

---

[1] Se encuentra bastante generalizada la forma *modisto* para el masculino de *modista*.
[2] Son los tradicionalmente llamados *epicenos*.

EL GÉNERO DE LOS NOMBRES

masculinos		femeninos	
el avestruz	el pato	el águila	la rana
el buitre	el pez	la ballena	la rata
el caimán	el ratón	la cucaracha	la tortuga
el cuervo	el ruiseñor	la culebra	la víbora
el mosquito	el sapo	la mosca	la pantera

Un pequeño número de nombres de cosas vacila entre los dos géneros [1]:

el azúcar [2], la azúcar   *el mar*, la mar
el calor, la calor   el mimbre, la mimbre
el color, la color   el prez, la prez
el dote, *la dote*   *el puente*, la puente
el hojaldre, la hojaldre   el tilde, *la tilde*
el lente, la lente   el tizne, la tizne

Se han establecido oposiciones semánticas entre palabras que cambian de significado al cambiar de género. Se ha dado la designación de *bigéneres* a los sustantivos que tienen doble género según la acepción:

el atalaya (el vigía)
el barba (actor que representa papeles de anciano)
el canal (brazo de mar, cauce artificial)
el capital (caudal, dinero)
el clave (instrumento musical)
el cometa (cuerpo celeste)
el contra (concepto opuesto o contrario)
el corte (de cortar)
el cura (sacerdote)
el delta (de un río)
el doblez (pliegue)
el, la dote (caudal de la novia)
el espada (torero)
el frente (militar o de un edificio)
el Génesis (libro de la Biblia)

el margen (espacio blanco de un escrito)
el moral (árbol de la mora)
el orden (disposición)

el parte (aviso)
el pendiente (aro de la oreja)
el pez (animal; port. = "peixe")
el tema (asunto)
la atalaya (puesto elevado de vigilancia)
la barba (del cuerpo)

la canal (la canaleta, la res muerta y abierta)
la capital (ciudad)
la clave (de un enigma)
la cometa (juguete)

---

[1] Son los llamados *ambiguos*.
[2] Las formas en cursiva son las en que se va afirmando un género determinado en el uso correcto de la lengua actual.

EL GÉNERO DE LOS NOMBRES

la contra (dificultad, inconveniente)
la corte (real, virreinal, antigua cohorte)
la cura (curación)
la delta (letra griega)
la doblez (falsía)
las dotes (cualidades personales)
la espada (arma)
la frente (de la cara)
la génesis (origen)
la margen (orilla)
la moral (ética)
la orden (mandato, congregación religiosa, sacramento)
la parte (porción)
la pendiente (barranca, cuesta)
la pez (de pegar; port. = "piche")
la tema (obstinación)

Etimológicamente o según el uso del idioma, son del género masculino, a pesar de su desinencia femenina, algunos sustantivos provenientes del género neutro latino o griego:

el albacea	el dilema	el fonema	el poema
el anacoreta	el diploma	el guía	el problema
el argonauta	el día	el idiota	el programa
el atleta	el dracma	el lema	el reuma
el axioma	el drama	el mapa	el sistema
el camarada	el edema	el melodrama	el síntoma
el centinela	el emblema	el monograma	el sofisma
el clima	el enigma	el panorama	el telefonema
el diafragma	el epigrama	el pentagrama	el telegrama
el diagrama	el fantasma	el planeta	el tracoma

Algunos de estos nombres han conservado hasta hoy el género femenino antiguo (del Siglo de Oro):

la diadema,
la estratagema,
la flema,
la apostema,
la broma,
la tema,
la crisma.

En general son masculinos los sustantivos españoles acabados en *–aje* y femeninos los terminados en *–umbre*, a diferencia del portugués:

el coraje	a coragem	la costumbre	o costume
el engranaja	a engrenagem	la cumbre	o cume
el lenguaje	a linguagem	la legumbre	o legume
el linaje	a linhagem	la lumbre	o lume
el paisaje	a paisagem	la muchedumbre	a multidão
el viaje	a viagem	la servidumbre	a servidão

El sustantivo *haz* es masculino cuando significa 'porción atada' (de mies, de leña) o 'conjunto de rayos luminosos'. Cuando significa 'cara', 'rostro' o 'superficie', es femenino. Se trata de una variante del sustantivo femenino *faz*. Ejemplos:

> *Llevaba **un** haz pesado de leña seca.*
> *Aún se veía **el** haz empalidecida del santo hombre.*

El sustantivo *arte* es masculino en singular y femenino en plural:

> ***el** arte español,*
> ***las** bellas artes.*

Género de los adjetivos

Se obtiene el femenino de los adjetivos españoles del siguiente modo:

(1) Los que terminan en *-o*, *-ete*, *-ote* cambian la *-o* y la *-e* en *-a*:

> bell**o** / bell**a**   regordet**e** / regordet**a**   grandot**e** / grandot**a**

(2) Los que terminan en *-an*, *-on*, *-or* [1] y los que indican nacionalidad o naturalidad terminados en consonante añaden una *-a* al masculino:

holgazán	holgazan**a**	catalán	catalan**a**
pelón	pelon**a**	mallorquín	mallorquin**a**
roedor	roedor**a**	calabrés	calabres**a**
español	español**a**	inglés	ingles**a**
alemán	aleman**a**	andaluz	andaluz**a**

---

[1] Se exceptúan *exterior, interior, mejor, peor, inferior, superior*. Si este último es sustantivo, admite la desinencia femenina: *la superiora del convento*.

EL GÉNERO DE LOS NOMBRES

Los adjetivos de cualquier otra desinencia se consideran de terminación *indiferente*:

alegre	el hombre alegre	familiar	la conversación familiar
	la mujer alegre		el asunto familiar
belga	el niño belga	común	el cuarto común
	la niña belga		la habitación común
guaraní	el indio guaraní	feliz	el matrimonio feliz
	la raza guaraní		la pareja feliz
fácil	el problema fácil	cortés	el señor cortés
	la solución fácil		la señora cortés

Además de estos adjetivos, tienen sólo una terminación:

indígena,
moscovita,
persa,
insigne,
incólume,
firme,
tenue,
verde,
marroquí,
ruin,

azul,
fiel,
varonil,
débil,
material,
natural
secular,
gris,
capaz,
veloz

y muchos otros.

EL GÉNERO DE LOS NOMBRES

Heterogenéricos

Algunas palabras españolas y portuguesas presentan divergencias en cuanto al género. Son tradicionalmente llamados **heterogenéricos**.

español masculinas	portugués femeninas
el aguardiente	a aguardente
el aguarrás	a aguarrás
el color	a cor
el cutis	a cútis
el desorden	a desordem
el dolor	a dor
el énfasis	a ênfase
el estante	a estante
el estreno	a estréia
el lapicero	a lapiseira
el origen	a origem
el platino	a platina
el pliegue	a prega
el puente	a ponte
el síncope	a síncope
el torrente	a torrente
el vals	a valsa
el zafiro	a safira
o baralho	la baraja
o breu	la brea
o cárcere	la cárcel
o contrato	la contrata
o diadema	la diadema
o fel	la hiel
o labor	la labor
o leite	la leche
o mel	la miel
o nariz	la nariz

EL GÉNERO DE LOS NOMBRES

español masculinas	portugués femeninas
o paradoxo	la paradoja
o protesto	la protesta
o rato	la rata
o riso	la risa
o sal	la sal
o sangue	la sangre
o sinal	la señal
o sorriso	la sonrisa

4. EL NÚMERO DE LOS NOMBRES

El número es el accidente gramatical que indica si hay un solo objeto o más de uno. En español existen dos números: *singular*, si hay un solo objeto, y *plural*, si hay más de uno.

El singular de los sustantivos puede indicar un objeto individual:

> *el hombre viste la chaqueta*
> *un reloj*
> *un perro*

o una especie:

> *el hombre es un animal racional*
> *el reloj indica las horas*
> *el perro es un mamífero*

Plural de los nombres simples

Examinemos las formas de varios nombres (sustantivos y adjetivos) en singular y en plural, y podremos inducir las tres reglas básicas de la formación del plural en castellano:

1.ª regla		2.ª regla		3.ª regla	
mesa	*mesas*	*razón*	*razones*	*la dosis*	*las dosis*
risueño	*risueños*	*verdad*	*verdades*	*la crisis*	*las crisis*
cursi	*cursis*	*azul*	*azules*	*el lunes*	*los lunes*
café	*cafés*	*mes*	*meses*	*el miércoles*	*los miércoles*
corsé	*corsés*	*jabalí*	*jabalíes*	*la hipótesis*	*las hipótesis*

EL NÚMERO DE LOS NOMBRES

1.ª regla:
Se forma el plural añadiendo –s al singular, si la palabra termina en vocal átona o en –e tónica.

2.ª regla:
Se forma el plural añadiendo –es al singular, si la palabra termina en vocal tónica o en consonante[1].

3.ª regla:
Las palabras graves o esdrújulas terminadas en –s no sufren modificación alguna en el plural.

Algunas palabras cambian el lugar del acento en la formación del plural:

régimen – regímenes,
carácter – caracteres,
espécimen – especímenes.

Plural de los nombres compuestos

(a) Los compuestos de verbo y sustantivo plural no sufren modificación en el plural:

el paraguas – los paraguas,
el sacacorchos – los sacacorchos.

(b) Los compuestos de sustantivo y adjetivo añaden la marca de plural al segundo elemento:

el pasodoble – los pasodobles,
el salvoconducto – los salvoconductos.

(c) Añaden la marca de plural al primer elemento:

el hijodalgo – los hijosdalgo,
cualquiera – cualesquiera,
quienquiera – quienesquiera.

(d) Otros nombres forman el plural en los dos elementos:

el gentilhombre – los gentileshombres.

[1] Se exceptúan, entre otras: *sofás, papás, mamás.*

5. ADJETIVO

Comúnmente se define al adjetivo como la palabra que se une al sustantivo para calificarlo o determinar su extensión. Así, podemos dividir los adjetivos en dos grupos primitivos: los calificativos y los determinativos.

Adjetivos calificativos

Los adjetivos calificativos son aquellos que modifican al sustantivo, informando la cualidad interna o externa del objeto, sean permanentes o transitorias:

> *el chocolate **dulce**,*
> *la **mansa** oveja,*
> *el hombre **irritado**,*
> *el **gran** acontecimiento.*

Entre estos adjetivos también se incluyen los participios pasivos:

> *la gente **callada**.*

Los adjetivos calificativos se dividen en:

> (a) explicativos o epítetos y
> (b) especificativos.

(a) El adjetivo *explicativo* o *epíteto* presenta la cualidad como algo inherente de modo esencial a la persona o cosa en cuestión:

> *la nieve **blanca**,*
> *el hombre **mortal**.*

Es, por lo tanto, un adjetivo que, sin restringir la significación del sustantivo, lo explica por una cualidad que realmente está contenida en él.

(b) En cambio, el adjetivo *especificativo* expresa una cualidad que, de hecho, no está contenida dentro de él:

una mujer **morena**.

El especificativo *morena* no está contenido dentro del concepto de *mujer*, puesto que puede tener cualidades distintas de la expresada; entonces, podemos decir que sólo distingue al sustantivo, denotando uno de sus accidentes, o sea, se entiende por adjetivo especificativo "el adjetivo calificativo que, restringiendo la significación del sustantivo, lo determina entre su especie por una cualidad no permanente en él"[1].

Para concluir, el adjetivo especificativo restringe la significación del sustantivo al que acompaña, individualizando el objeto a través de la cualidad; en cambio, el epíteto no restringe la significación del sustantivo, tornando su uso innecesario para la comprensión lógica de la frase.

Adjetivos determinativos

Los adjetivos determinativos son todos adjetivos pronominales» o «pronombres adjetivos», pero no funcionan todos como pronombres propiamente dichos, como muchos lo creen. Esto porque no llegan a sustituir al nombre anteriormente anunciado, como lo hace el pronombre, pero sí, se comportan como los demás adjetivos, y "se refieren a ellos (a los sustantivos) añadiéndoles una nota"[2]. Estos adjetivos concretan la significación en que se toma el sustantivo por medio de diferentes relaciones, denotan pertenencia, indicación, referencia, o – englobando todo en una sola palabra – relación (por ejemplo: posesivos, demostrativos, indefinidos). Lo mismo sucede con los numerales; en este caso, vemos un punto de contacto entre los numerales y los indefinidos, la cantidad, sea ésta determinada o indeterminada.

Los adjetivos determinativos, según cómo limiten la extensión en que se toma la significación del sustantivo, se dividen en:

[1] Cf. Goldsack GUIÑAZÚ. *Castellano*. Segundo Curso. p. 66. (Cf. Bibliografía *in fine*.)
[2] Cf. Amado ALONSO & Pedro HENRÍQUEZ UREÑA – *Gramática castellana*. 1.er Curso. p. 220. (Cf. Bibliografía *in fine*.)

(a) demostrativos:

>   **este** libro,
>   **aquella** flor;

(b) posesivos:

>   **mi** coche,
>   **nuestros** quehaceres;

(c) interrogativos:

>   ¿**qué** día?,
>   ¿**cuánto** tiempo?;

(d) indefinidos:

>   **poco** dinero,
>   **bastante** compasión;

(e) cuantitativos:

>   – numerales:
>   **dos** propinas,
>   **tercer** lugar;
>
>   – distributivos:
>   **cada** vez,
>   **ambos** amigos.

6. APÓCOPE DE ALGUNOS ADJETIVOS

La anteposición de algunos adjetivos al sustantivo origina la pérdida de la vocal o de la sílaba final del adjetivo. Este cambio morfológico se denomina **apócope**. Los adjetivos determinativos que sufren apócope son los siguientes:

Posesivos

Mío/mía, tuyo/tuya, suyo/suya se apocopan en

>   ***mi**, **tu**, **su***

y míos/mías, tuyos/tuyas, suyos/suyas, en

>   ***mis**, **tus**, **sus**,*

cuando preceden al sustantivo. Ejemplos:

*el libro **mío***	>	***mi** libro*
*la casa **mía***	>	***mi** casa*
*los libros **míos***	>	***mis** libros*
*las casas **mías***	>	***mis** casas*
*el libro **tuyo***	>	***tu** libro*
*la casa **tuya***	>	***tu** casa*
*los libros **tuyos***	>	***tus** libros*
*las casas **tuyas***	>	***tus** casas*
*el libro **suyo***	>	***su** libro*
*los libros **suyos***	>	***sus** libros*

APÓCOPE DE ALGUNOS ADJETIVOS

Indefinidos

Uno, alguno, ninguno, cualquiera se apocopan en

un, **algún**, **ningún**, **cualquier** [1]:

    un *libro.*
    algún *día,*
    ningún *forastero,*
    cualquier *hombre,*
    cualquier *mujer.*

Numerales

Primero, tercero, ciento se apocopan en

primer, **tercer**, **cien**:

    primer *céntimo*
    tercer *resultado*
    cien *soldados*

Calificativos

Santo se apocopa en **san**, delante de nombres propios:

    San *Antonio,*
    San *José,*
    San *Pedro.*

Se exceptúan
    Santo *Tomás,*
    Santo *Tomé,*
    Santo *Toribio* y
    Santo *Domingo.*

---

[1] En el femenino existe, sin embargo, la forma clásica: *cualquiera* persona.

APÓCOPE DE ALGUNOS ADJETIVOS

Bueno, malo se apocopan en *buen, mal* [1]:

buen negocio,
mal momento.

Grande se apocopa en *gran* [2]:

un **gran** parque,
una **gran** salida.

---

[1] Obsérvese, empero, que la anteposición de estos adjetivos origina un cambio semántico: antepuestos, significan características físicas o morales en general; pospuestos, designan una cualidad o defecto (inclinación al bien o al mal): *un buen hombre, un hombre bueno; un mal hombre, un hombre malo.*

[2] Este adjetivo puede usarse sin apócope, caso en que resulta más enfático: *un grande negocio.* Por otro lado, la anteposición del adjetivo *grande* atribuye al sustantivo cualidades propiamente psíquicas, mientras la posposición le confiere un matiz semántico diferente, de tamaño o condición física.

7. GRADOS DEL ADJETIVO

Grados de significación

El adjetivo presenta tres grados de significación:

>positivo: *alto*
>comparativo: *más alto*
>superlativo: *altísimo*

En el grado **positivo**, el adjetivo no presenta ninguna modificación:

>*manzana **roja**;*
>*sala **ancha**;*
>*José es **alto**;*
>*Antonio es **atento**.*

El grado **comparativo** presenta tres posibilidades de expresión:

>de igualdad,
>de superioridad y
>de inferioridad.

Consideremos figurativamente la atención de tres personas, así:

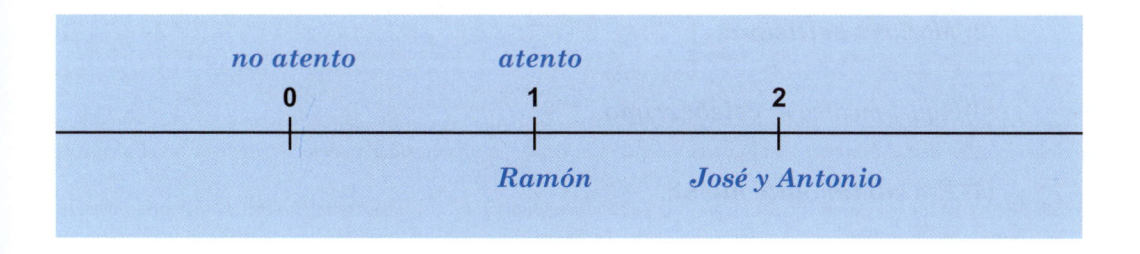

no atento   *atento*
0   1   2
      Ramón   *José y Antonio*

GRADOS DEL ADJETIVO

Expresémonos, ahora, por medio de comparaciones:

(1) *José es **tan atento como** Antonio.*
→ comparativo de igualdad = ***tan ... como***

(2) *José y Antonio son **más atentos que** Ramón.*
→ comparativo de superioridad = ***más ... que***

(3) *Ramón es **menos atento que** José y Antonio.*
→ comparativo de inferioridad = ***menos ... que***

El **superlativo** no es más que la «sustantivación» del comparativo por medio del artículo. Sólo puede considerarse superlativo en español a la fórmula compuesta

artículo + comparativo (más, menos) de:

***el mejor de** los dos*;
***el más travieso de** la clase*;
***la menos conocida de** todas.*

El superlativo expresa, pues, la comparación en su más alto grado de intensidad. Se forma anteponiendo al adjetivo adverbios o expresiones adverbiales, como *muy, sumamente, extremadamente, en alto grado*, o con los sufijos *-ísimo* y *-érrimo* (pueden recibir este sufijo los adjetivos terminados en *-bre* –*pobre*–, *-ro* –*mí-sero*–, *-cro* –*pulcro*–).

Ejemplos:

(1) *Tú eres **muy bueno**.*

(2) *María es **bellísima**.*

(3) *Aquel médico es **celebérrimo**.*

(4) *Era **sumamente bueno**.*

(5) *Miguel es **amable en alto grado**.*

(6) *Rosarito lo consideraba* **extremadamente simpático** [1].

He aquí una relación de los principales superlativos españoles:

acre	–	acérrimo
afable	–	afabilísimo
alto	–	altísimo
amable	–	amabilísimo
amigo	–	amicísimo (amiguísimo) [2]
antiguo	–	*antiquísimo (antigüísimo)*
ardiente	–	ardentísimo (ardientísimo)
áspero	–	*aspérrimo*
benévolo	–	benevolentísimo (benevolísimo)
bueno	–	bonísimo (buenísimo)
célebre	–	celebérrimo
cierto	–	certísimo (ciertísimo)
cruel	–	crudelísimo
endeble	–	endebilísimo
enorme	–	enormísimo
fiel	–	fidelísimo
frío	–	frigidísimo (friísimo)
fuerte	–	fortísimo (fuertísimo)
grande	–	máximo (grandísimo)
grueso	–	grosísimo (gruesísimo)
inmenso	–	inmensísimo
íntegro	–	integérrimo
libre	–	libérrimo
luciente	–	lucentísimo (lucientísimo)
mísero	–	*misérrimo*
mismo	–	mismísimo

---

[1] En el lenguaje familiar se dice: Juan es *un horror de bueno* o Juan es *bueno cien por cien.*
[2] Las formas entre paréntesis son más usadas en el lenguaje coloquial y parece ser que algunas tienden a suplantar sus correspondientes cultas.

noble	–	nobilísimo (noblísimo)
nuevo	–	novísimo (nuevísimo)
pequeño	–	mínimo (pequeñísimo)
pío	–	*piísimo*
pobre	–	*paupérrimo (pobrísimo)*
pulcro	–	*pulquérrimo (pulcrísimo)*
reciente	–	*recentísimo (recientísimo)*
sabio	–	*sapientísimo*
sagrado	–	*sacratísimo*
salubre	–	*salubérrimo*
singular	–	*singularísimo*
tierno	–	*ternísimo (tiernísimo)*
útil	–	*utilísimo*
valiente	–	*valentísimo (valientísimo)*

Comparativos y superlativos orgánicos

Son formas orgánicas aquellas que representan vestigios del sistema latino.

Podemos decir

(1) *Mi casa es **más grande que** la tuya.*
(2) *Mi casa es **mayor que** la tuya.*

Mayor es un **comparativo orgánico**. He aquí las formas principales de comparativos orgánicos:

positivo	comparativo	superlativo
bueno	*mejor*	*óptimo*
malo	*peor*	*pésimo*
pequeño	*menor*	*mínimo*
grande	*mayor*	*máximo*
alto	*superior*	*supremo*
bajo	*inferior*	*ínfimo*

Los superlativos en *–érrimo*, *–timo*, *–mo,* como

>*acérrimo, integérrimo, libérrimo,*
>*ínfimo, óptimo, pésimo,*
>*sumo, supremo,*
>*máximo, mínimo,*

se emplean con preferencia en la lengua culta.

Los adjetivos que terminan en *–n* o en *–r* suelen formar el superlativo en *–císimo*, más que en *–ísimo*. Ejemplos:

>*jovencísimo, burloncísimo,*
>*habladorcísimo, trabajadorcísimo,*
>*vulgarcísimo* (o *vulgarísimo*).

Las formas **anterior**, **posterior**, **superior**, **inferior**, son comparativas por el sentido, pero no por la construcción; no se dice *Juan es inferior que Pedro*, sino

>*Juan es **inferior a** Pedro.*

También son palabras comparativas **exterior**, **inferior**, **citerior** y **ulterior**, aunque las usemos más sustantivadas, porque comparan y contraponen implícitamente.

Algunos comparativos y superlativos morfológicos pierden a veces su valor de intensidad:

>*las personas **mayores** (= adultas),*
>*un señor **mayor** (= de cierta edad).*

Mayores, sustantivado, se hace sinónimo de *antepasados*:

>*¿Cómo vivían nuestros **mayores** en la España del Siglo de Oro?*

GRADOS DEL ADJETIVO

Otra forma de superlativo, que apenas tiene vestigios en frases hechas del lenguaje eclesiástico, es el llamado *superlativo hebreo*, formado por dos sustantivos y la preposición *de*:

> rey **de** reyes,
> señor **de** señores.

Hay formaciones de valor superlativo más o menos extensas mediante los prefijos **archi–**, **extra–**, **re–**, **rete–**, **requete–**, **sobre–**, **super–**, **supra–**:

> rebueno,
> reteguapa y
> requeteguapa (vulgares);
>
> archirrico,
> sobrehumano,
> extrafino,
> superfino y
> suprafino (cultos o afectados).

También suele repetirse enfáticamente el adjetivo para expresar el superlativo. En el lenguaje coloquial, este énfasis llega a ser extremado, cuando se repite el adjetivo con *muy* en la repetición.

Ejemplos:

> un **intensísimo y muy fuerte** fuego;
> un **hombre alto, alto**;
> una luz **blanca, muy blanca**;
> un viejo **bueno, muy bueno**.

Algunos adjetivos, por incoherencia o falta de necesidad, dejan de ser adecuados para el superlativo directo. Tales los de significado invariable o absoluto, como

> *excelso, eterno, inmutable*

y los que expresan ya una categoría equivalente, como

insuperable, extraordinario, supremo.

Apreciativos

Junto a la gradación comparativa o superlativa, existe otra de carácter más absoluto, formada por sufijos apreciativos (diminutivos, aumentativos y despectivos), los cuales pueden aplicarse, además de a los adjetivos, a gran número de sustantivos, adverbios y verbos, siempre con intención calificadora. Algunas veces los diminutivos y aumentativos tienen valor comparativo. Se dice de un enfermo que *está **animadillo*** para significar que *está algo mejor que antes*. Debido a su característica afectividad, el estudio de los apreciativos encaja más bien en el área de la estilística que dentro de la gramática.

8. NUMERALES

Los números cardinales

0 cero	16 dieciséis
1 uno	17 diecisiete
2 dos	18 dieciocho
3 tres	19 diecinueve
4 cuatro	20 veinte
5 cinco	21 veintiuno
6 seis	22 veintidós
7 siete	23 veintitrés
8 ocho	24 veinticuatro
9 nueve	25 veinticinco
10 diez	26 veintiséis
11 once	27 veintisiete
12 doce	28 veintiocho
13 trece	29 veintinueve
14 catorce	30 treinta
15 quince	

Obsérvese que, en español, los numerales cardinales del *1* al *30* se escriben en una sola palabra. Del *31* en adelante se escriben en palabras separadas con la conjunción *y*: treinta y uno, setenta y nueve etc.

NUMERALES

31 treinta y uno	500 quinientos, -as
39 treinta y nueve	600 seiscientos, -as
40 cuarenta	700 setecientos, -as
50 cincuenta	800 ochocientos, -as
60 sesenta	900 novecientos, -as
70 setenta	1.000 mil
80 ochenta	1.001 mil uno
90 noventa	1.010 mil diez
91 noventa y uno	2.000 dos mil
99 noventa y nueve	2.200 dos mil doscientos
100 ciento (cien)	10.000 diez mil
101 ciento uno	10.001 diez mil uno
200 doscientos, -as	20.000 veinte mil
300 trescientos, -as	20.009 veinte mil nueve
400 cuatrocientos, -as	900.000 novecientos mil

¡ATENCIÓN!

Hay que poner atención a la cantidad de ceros que utilizan el español y el portugués para escribir los millones, billones etc. Mientras en portugués los ceros van de tres en tres, en español van de seis en seis. Los números corresponden matematicamente a la misma cantidad, pero los nombres son distintos.

Español		Portugués
1.000.000 un millón	=	um milhão
2.000.000 dos millones	=	dois milhões
1.000.000.000 mil millones	=	um bilhão
1.000.000.000.000 un billón	=	um trilhão
1.000.000.000.000.000 mil billones	=	um quatrilhão
1.000.000.000.000.000.000 un trillón	=	um quintilhão

No se escribe un punto detrás del millar de los años.

Ejemplos:

1554 mil quinientos cincuenta y cuatro
1636 mil seiscientos treinta y seis
1719 mil setecientos diecinueve
1813 mil ochocientos trece
1850 mil ochocientos cincuenta
1900 mil novecientos
1901 mil novecientos uno
1933 mil novecientos treinta y tres
1949 mil novecientos cuarenta y nueve
1950 mil novecientos cincuenta
1964 mil novecientos sesenta y cuatro
1977 mil novecientos setenta y siete
1980 mil novecientos ochenta
1989 mil novecientos ochenta y nueve
1992 mil novecientos noventa y dos
1999 mil novecientos noventa y nueve
2000 dos mil
2001 dos mil uno
2002 dos mil dos
2003 dos mil tres
2004 dos mil cuatro
2006 dos mil seis

Los números ordinales

1.º primero, –a
2.º segundo, –a
3.º tercero, –a
4.º cuarto, –a
5.º quinto, –a
6.º sexto, –a

7.º séptimo, –a
8.º octavo, –a
9.º noveno, –a; nono, –a
10.º décimo, –a
11.º undécimo, –a / decimoprimero, –a
12.º duodécimo, –a / decimosegundo, –a
13.º decimotercio, –a / decimotercero, –a
14.º decimocuarto, –a
15.º decimoquinto, –a
16.º decimosexto, –a
17.º decimoséptimo, –a
18.º decimoctavo, –a
19.º decimonoveno, –a / decimonono, –a
20.º vigésimo, –a
21.º vigésimo primero
22.º vigésimo segundo
23.º vigésimo tercero
30.º trigésimo
40.º cuadragésimo
50.º quincuagésimo
60.º sexagésimo
70.º septuagésimo
80.º octogésimo
90.º nonagésimo
100.º centésimo
200.º ducentésimo
300.º tricentésimo
400.º cuadricentésimo
500.º quingentésimo
1.000.º milésimo
1.000.000.º millonésimo

A partir de *décimo* el uso de los ordinales en el habla coloquial y aun en otros casos (conferenciantes, locutores etc.) es muy escaso:

> *el 40 aniversario.*

Sin embargo, *centésimo* y *millonésimo* se usan en locuciones ponderativas:

> *Es la centésima vez que te digo que no hagas eso.*

Con nombres de papas y de reyes se emplean los ordinales hasta *décimo*; después de *décimo*, se emplean los cardinales:

> *Gregorio VII (Gregorio Séptimo),*
> *Juan Pablo II (Juan Pablo Segundo),*
> *Benedicto XVI (Benedicto Dieciséis),*
> *Juan XXIII (Juan Veintitrés),*
> *Pío XII (Pío Doce),*
> *Carlos V (Carlos Quinto),*
> *Luis XIV (Luis Dieciséis).*

Expresión de la fecha

Día:

El primer día del mes se llama tradicionalmente *día **primero*** y se escribe *1.º*, aunque también ocurre que se oiga con frecuencia *día **uno*** y se escriba *1*:

> *1.º de enero de 2000.*
> *1 de enero de 2000.*

El *número del día* lleva la preposición ***a*** si es complemento de *estar* y cuando se nombre sin artículo y sea complemento de tiempo en una oración. Por ejemplo:

> *Estamos **a** 25.*
> *Expido el presente certificado en Segovia, **a** 7 de marzo de 2002.*

En los demás casos el *número del día* no lleva preposición. Así:

> *Partimos el día 17.*
> *El día 9 se casan.*
> *El día 5 cobramos.*

Claro está que la fecha aproximada y la fecha límite se expresan por medio de las preposiciones convenientes, como, por ejemplo:

> *Tu padre llegará **hacia el** día 7.*
> *Hará mucho frío **alrededor del** 13.*
> *Esperamos que lleguen los conferenciantes **por el** 8.*
> ***Sobre el** 20 le enviaremos el presupuesto.*
> ***Hasta el** 15 no habían contestado a mi carta.*
> *Tengo todo preparado **para el** 10.*

Mes:

El *nombre del mes* debe escribirse con minúscula, según el uso actual:

> *enero, febrero, marzo, abril, mayo, junio,*
> *julio, agosto, septiempre, octubre, noviembre, diciembre.*

El *mes*, cuando se nombra sin artículo, lleva la preposición **en**. Ejemplos:

> *Estamos **en** septiembre.*
> ***En** marzo visitaré mi pueblo.*
> *Llegaron **en** abril.*

Si el *nombre del mes* va precedido de la palabra *mes*, hay que emplear el artículo delante de ésta. Entre la palabra *mes* y el *nombre del mes* se interpone la preposición ***de***. Por ejemplo:

> *Estamos **en el mes de** septiembre.*
> ***En el mes de** marzo visitaré mi pueblo.*
> *Llegaron **en el mes de** abril.*

Semana:

El nombre del día de la semana se escribe siempre con minúscula:

> *lunes, martes, miércoles, jueves,*
> *viernes, sábado, domingo.*

Año:

No se separa el millar de los años con un punto:

> *1364, 1418, 1554, 1612, 1782,*
> *1888, 1990, 2000, 2001, 2005.*

El *año*, cuando se nombra sin artículo, lleva la preposición **en**. Ejemplos:

> *Mi padre nació **en** 1901.*
> *Terminé mi carrera **en** 1969.*

Si el *número del año* va precedido de la palabra *año*, hay que emplear el artículo delante de ésta, pero no se interpone la preposición entre la palabra *año* y el *número del año* [1]. Excepto en estilo literario o formal: **en el año de** *1990*. Ejemplos:

> *Mi padre nació **en el año** 1901.*
> *Terminé mi carrera **en el año** 1969.*

Fecha de una carta o documento

La fecha de una carta o documento, por lo general, no va precedida de ninguna preposición, como en

> *Madrid, 6 de noviembre de 1929.*

---

[1] Excepto en estilo literario o formal: en el año de *1990*.

Cuando hay cierta solemnidad, sin embargo, puede llevar la preposición *a*:

*Firmo la presente en Madrid, **a** 6 de noviembre de 1929.*

En el estilo informal, es muy frecuente suprimir las preposiciones *de* entre el día, el mes y el año:

6 noviembre 1929.

Uno de los arcaísmos que se conservan vivos en la lengua de Hispanoamérica consiste en escribir el día después del mes:

Montevideo, mayo 24 de 1990.

9. PRONOMBRE

Pronombres son palabras que tienen la peculiaridad de sustituir al sustantivo. Se clasifican en personales, posesivos, demostrativos, relativos, interrogativos e indefinidos.

Pronombres personales (sujeto)

Pronombres personales son las palabras que sustituyen a los nombres de las tres personas que intervienen en el coloquio.

Los pronombres personales que se emplean como *sujetos* son:

persona	singular	plural
1.ª persona	yo	nosotros, nosotras
2.ª persona	tú	vosotros, vosotras
3.ª persona	él, ella, usted	ellos, ellas, ustedes

Vosotros, vosotras son las formas correspondientes a la segunda persona del plural y son de uso corriente en España; en América se emplea *ustedes* indistintamente para la segunda y la tercera personas del plural.

Usted, ustedes, cuyo significado es de segunda persona, emplea los verbos en la tercera persona: *usted está, ustedes están.*

Voseo

Vos es un plural que se emplea modernamente con valor de singular (*vos sabés*), modificando la forma original del verbo. Este reemplazo de *tú* por *vos* se llama *voseo,* fenómeno que ocurre en países de Hispanoamérica. Argentina, Uruguay, Paraguay, Bolivia, Ecuador, Nicaragua, El Salvador y partes de Perú, Chile, Colombia, Venezuela y Panamá prefieren el uso de *vos*. En cambio, se emplea *tú* en México, Cuba, Santo Domingo, Puerto Rico y en partes de Venezuela, Panamá, Colombia, Perú y Chile. Muchas veces, la repetición del mismo pronombre como complemento se hace con la forma correspondiente de *tú*: *Vos te acordarás de mí*. *Vosotros*, *vosotras* son las formas correspondientes a la segunda persona del plural y son de uso corriente en España; en América se emplea *ustedes* indistintamente para la segunda y la tercera personas del plural.

El voseo es alternativo al tuteo y se usa en relaciones informales o de confianza. El tuteo queda limitado casi exclusivamente a los registros más cultos. Las formas verbales que acompañan a *vos* en Argentina, Uruguay y Paraguay, en presente de indicativo son parecidas a las de *tú*, pero tienen siempre el acento tónico en la terminación, llevan acento gráfico y no sufren alteraciones vocálicas. Por ejemplo:

tú	vos
cantas	cantás
comes	comés
dices	decís
duermes	dormís
juegas	jugás
pides	pedís
piensas	pensás
puedes	podés
quieres	querés
sientas	sentás
subes	subís
tienes	tenés
vienes	venís

En imperativo son casi iguales, pero no tienen la –s final que tienen en presente. No hay las formas irregulares que ocurren en la conjugación del imperativo en la forma afirmativa para *tú*. Por ejemplo:

tú	vos
canta	cantá
come	comé
di	decí
duerme	dormí
juega	jugá
pide	pedí
piensa	pensá
puede	podé
quiere	queré
siéntate	sentate
sube	subí
ten	tené
ven	vení

En los demás tiempos y modos, la conjugación es similar a la de *tú*.

Gili Gaya explica así este fenómeno: «*Vos*, como tratamiento, distinto del *tú* que se aplica sólo a personas consideradas como inferiores o iguales en un plano de gran confianza, se mantuvo en España hasta después del Siglo de Oro. *Vuestra merced* > *usted* y sus formas intermedias, eran tratamientos de gran respeto reservados a personas nobles. A medida que *usted* fue haciéndose general, iba quedando sin empleo el tratamiento de *vos*, el cual está hoy limitado en la Península a los casos en que quiere imitarse el lenguaje arcaico, por ejemplo en las obras de teatro que representan épocas pasadas. Por el contrario, en gran parte de América, al extenderse el tratamiento de *usted*, descendió *vos* al plano de confianza entre iguales o para inferiores en que se usaba *tú*, el cual quedó sin aplicación y dejó de usarse. No ha desaparecido, sin embargo, el caso complementario *te*, y por ello se oyen en estos países construcciones chocantes como *a vos te parece bien*, *vos te comeréis* (o *comerés* o *comerás*) este pastel. Puede decirse que en los países donde la sustitución ha sido completa, se emplea *vos* como sujeto y como término de preposición, y *te* como complemento sin preposición. El fenómeno está en evolución más o menos consolidada en gran parte del dominio geográfico de la lengua española en América. Mientras México, Antillas, Perú y Bolivia mantienen generalmente el tuteo como en España, Argentina, Uruguay, Paraguay y buena parte de Centroamérica practican el *voseo* general. En otros países aparecen en lucha ambos usos. La lengua literaria y la presión escolar procuran mantener el *tú* tradicional, y en algunos países, como Chile, han hecho retroceder considerablemente el voseo entre las clases cultas»[1].

Pronombres personales (complementos)

Los pronombres personales que se emplean como *complementos* presentan formas tónicas y formas átonas.

Las formas *tónicas* se usan con preposición y son las siguientes:

persona	singular	plural
1.ª	mí, conmigo	nosotros, nosotras
2.ª	ti, contigo	vosotros, vosotras
3.ª	sí, consigo	ellos, ellas, sí, consigo

Las formas *átonas* se usan sin preposición y son las siguientes:

persona	singular	plural
1.ª	me	nos
2.ª	te	os
3.ª	lo, la, le, se	los, las, les, se

Hay, además, diferenciación entre las formas de los pronombres de tercera persona que se emplean como complemento directo o como complemento indirecto:

complemento	singular	plural
directo	lo, la	los, las
indirecto	le	les

---

[1] S. Gili Gaya – *Curso superior de sintaxis española*, p.230-231. Cf. Bibliografía *in fine*.

En España se usa también le como complemento directo, cuando se refiere a persona del sexo masculino:

*Yo **le** vi ayer.*

Cuando hay dos complementos (directo e indirecto) en la misma frase, el indirecto se cambia en **se**:

Yo doy	el libro	a él	a ellos
		le	les
	lo	**se**	
Yo		**se lo**	doy

El complemento indirecto va delante del complemento directo **lo**, **la**, **los**, **las**, cuando ocurren en una misma frase:

*Ella **me lo** dijo.*

Cuando uno de los complementos es el reflexivo **se**, éste va delante:

***Se me** olvidó.*

Leísmo, laísmo, loísmo

Leísmo es el fenómeno que ocurre en Castilla, donde se emplea el complemento indirecto *le* con valor de directo, es decir, *le* en lugar de *lo* y *la*. La Academia española y el buen uso admiten este empleo para el género masculino, cuando el pronombre se refiere a personas, no a cosas. No se puede decir, por lo tanto,

Tengo un reloj, pero nunca le llevo (..., lo llevo.).
Aquí tienes mi sombrero, guárdale (..., guárdalo).

El uso general de todos los tiempos ha consagrado el leísmo forzoso en las oraciones impersonales con el pronombre indeterminado *se*:

Al hombre sabio se le admira.
A los hombres sabios se les admira.

Laísmo es el fenómeno que también ocurre en Castilla, donde se emplea el complemento directo *la, las*, con valor de indirecto, es decir, *la* y *las* en lugar de *le*:

La dije que viniera (Le dije...).

Loísmo es el fenómeno extremadamente plebeyo que consiste en el empleo del complemento directo *lo, los*, con valor de indirecto, es decir, *lo* y *los* en lugar de *le*.

Lo dije que viniera (Le dije...)

Predicativo pronombre *"neutro"*

El predicativo puede sustituirse por un pronombre "neutro", el cual equivale a **eso** y toma la misma forma átona **lo** del complemento directo. Este uso es limitado, ya que ocurre más a menudo con los verbos *ser, estar* y *parecer*. Ejemplos:

*Dicen que Juan es testarudo, pero él no es **eso**.*
*Dicen que Juan es testarudo, pero él no **lo** es.*
*Si yo soy impertinente, tu hermana **lo** es más.*
*Si mi hijo es travieso, tú y tu hermana **lo** sois más.*
*Pilarín está tranquila, pero su madre no **lo** está.*
*Pedrito es un chico muy responsable, aunque no **lo** parezca.*

Pronombres posesivos

Los pronombres posesivos establecen una relación de posesión o pertenencia a una de las personas gramaticales. Los pronombres posesivos son adjetivos o adjetivos sustantivados. Estos pronombres distinguen uno o varios poseedores.

Son las siguientes las formas posesivas:

un poseedor	singular	plural
1.ª persona	mío, mía	míos, mías
2.ª persona	tuyo, tuya	tuyos, tuyas
3.ª persona	suyo, suya	suyos, suyas

varios posedores	singular	plural
1.ª persona	nuestro, nuestra	nuestros, nuestras
2.ª persona	vuestro, vuestra	vuestros, vuestras
3.ª persona	suyo, suya	suyos, suyas

Delante del sustantivo, los pronombres *mío(a), tuyo(a), suyo(a)* se apocopan en *mi, tu, su; míos(as), tuyos(as), suyos(as)* se apocopan en *mis, tus, sus*.

El español se distingue de las otras lenguas románicas por el uso del dativo de posesión en lugar del pronombre posesivo. Así, se dice

*Se **me** cae el pelo.*	en vez de	**Mi** pelo se cae.
*Se **te** tiemblan las manos.*	en vez de	**Tus** manos tiemblan.
***Me** lavo las manos.*	en vez de	Lavo **mis** manos.
***Nos** limpiamos los pies.*	en vez de	Limpiamos **nuestros** pies.

Pronombres demostrativos

El pronombre demostrativo señala la relación de distancia, según el lugar que guarda respecto a las personas gramaticales:

éste = más próximo a la primera persona (a *mí*),
ése = más próximo a la segunda persona (a *ti*),
aquél = más distanciado de ambos.

Son las siguientes las formas de los pronombres demostrativos:

persona	número	masculino	femenino	neutro
1.ª	singular	*éste*	*ésta*	esto
	plural	*éstos*	*éstas*	
2.ª	singular	*ése*	*ésa*	eso
	plural	*ésos*	*ésas*	
3.ª	singular	*aquél*	*aquélla*	aquello
	plural	*aquéllos*	*aquéllas*	

Son, además, pronombres demostrativos *tal* y *tanto*:

> **Tal** *es mi situación; no dije* **tanto**.

Son, además, pronombres demostrativos *tal* y *tanto*:

> **Tal** *es mi situación; no dije* **tanto**.

Pronombres relativos

El pronombre relativo es una forma que reproduce la significación de su antecedente, relacionándolo con otra oración de la que forma parte. Figura en proposiciones subordinadas adjetivas.

Los pronombres relativos son:

> *que, cual, cuales,*
> *quien, quienes,*
> *cuyo, cuya, cuyos, cuyas,*
> *cuanto, cuanta, cuantos, cuantas.*

Ejemplos:

> *El hombre* **que** *juega.*
> *Se acordaba de nosotros,* **lo cual** *nos interesó.*
> *Tú eres el hombre en* **quien** *más confío.*
> *El libro de* **cuyo** *autor me hablas.*
> *Le di* **cuanto** *tenía.*

Pronombres interrogativos

El pronombre interrogativo sustituye a un nombre de persona o cosa que se ignora, y por eso se hace objeto de la pregunta.

Los pronombres interrogativos son los siguientes:

> *qué, cómo, cuál, cuáles,*
> *quién, quiénes,* cuándo, cuánto, *dónde.*

Ejemplos:

> ¿**Qué** ocurre?
> ¿**Cómo** te llamas?
> ¿**Cuál** preferimos?
> ¿**Cuáles** son tus juguetes?
> ¿**Quién** eres?
> ¿De **quién** es esta casa?
> ¿**Quiénes** son estos hombres?
> ¿**Cuándo** llega tu padre?
> ¿**Cuánto** cuesta este libro?
> ¿**Dónde** está mi sombrero?

Pronombres indefinidos

El pronombre indefinido es la palabra que sustituye a una persona o cosa de modo vago o general.

Los principales pronombres indefinidos son:

> uno, alguno, ninguno,
> alguien, nadie,
> cualquiera, cualesquiera,
> quienquiera, quienesquiera,
> algo, poco, mucho,
> demasiado, todo, nada etc.

Ejemplos:

> He aquí los libros. ¿Le interesa **alguno**?
> Me sirve **cualquiera**.
> Alguien ha dicho **algo**.
> Ha dicho **poco**, ¿verdad?
> Lo ha dicho **todo**.
> **Muchos** son los llamados, **pocos** los elegidos.

10. COLOCACIÓN PRONOMINAL

Los pronombres personales átonos nunca aparecen aislados, sino formando un todo con el verbo, aunque la ortografía los presente separados en proclisis o unidos en enclisis:

Se figuran.
Figúranse.

El uso actual prefiere la proclisis con las formas verbales personales, menos el imperativo. De manera general, pues, colocamos los pronombres personales complementos delante del verbo:

Me encuentro con tu padre.
Me quedo aquí.
No te preocupes.

Solamente en tres casos los pronombres van pegados detrás del verbo formando una sola palabra. Eso se da cuando el verbo está en:

a) infinitivo: *Puedes reírte. Quiero recordarle.*
b) gerundio: *Estoy levantándome. Está vistiéndose.*
c) imperativo: *Siéntese usted. Cállate.*

En imperativo afirmativo la colocación obligatoria es la enclítica, es decir, los pronombres se ponen después del verbo y no se separan por guión:

Cuéntame cómo pasó.
Cuéntenos esa historia.
Dime la verdad.
Díganme lo que han descubierto.
Recordad todo lo visto.
Acordaos de nosotros.

COLOCACIÓN PRONOMINAL

En imperativo negativo, y en todas las negaciones, la posición de los pronombres es proclítica, es decir, los pronombres se ponen antes del verbo:

> *No me cuentes cómo pasó.*
> *No nos cuente esa historia.*
> *No me digas la verdad.*
> *No me digan lo que han descubierto.*
> *No recordéis todo lo visto.*
> *No os acordéis de nosotros.*

Con los verbos reflexivos, en primera y segunda persona del plural (nosotros y vosotros), ocurre la pérdida de la *–s* y de la *–d*, respectivamente:

> *Vámonos ahora mismo.*
> *Quedaos tranquilos.*

Ocurre una excepción con el verbo ir, que no pierde la *–d* con el pronombre complemento *os*:

> *Idos de mi casa.*

El complemento indirecto va delante del complemento directo **lo**, **la**, **los**, **las**, cuando ocurren en una misma frase:

> *Ella **me lo** dijo.*

Cuando uno de los complementos es el reflexivo **se**, éste va delante:

> ***Se me** olvidó.*

Observaciones:

1. En la lengua escrita, y en zonas dialectales, perdura el empleo de la enclisis cuando la forma verbal viene tras la pausa y con exclamación exclamativa o interrogativa:

> *Vanse las leyendas.*
> *Érase una vez...*
> *Diríase que quería llevarme la contraria.*

>*Encontráronme como loco.*
>*¡Habráse visto!*
>*¿Habríase visto?*

2. El uso de proclíticos y enclíticos con el participio es arcaizante y puede ocurrir escasamente en la lengua escrita.

11. FORMAS DE TRATAMIENTO

Masculino: *señor, don, señorito* [1], *el joven*.

Don se usa con el nombre de pila y *señor*, con el apellido:

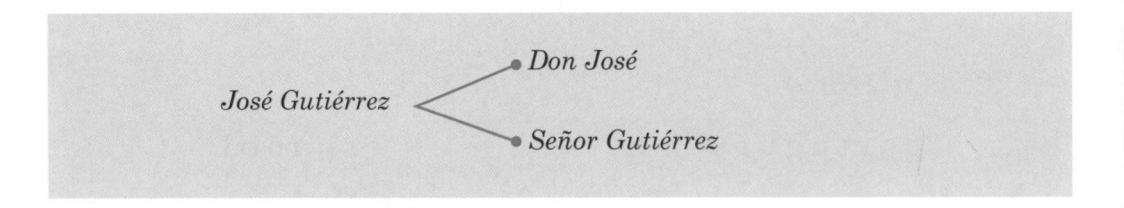

José Gutiérrez
- Don José
- Señor Gutiérrez

Femenino: *señora, doña, señorita, la joven*.

Doña se usa con el nombre de pila; *señora* y *señorita* van antes del apellido:

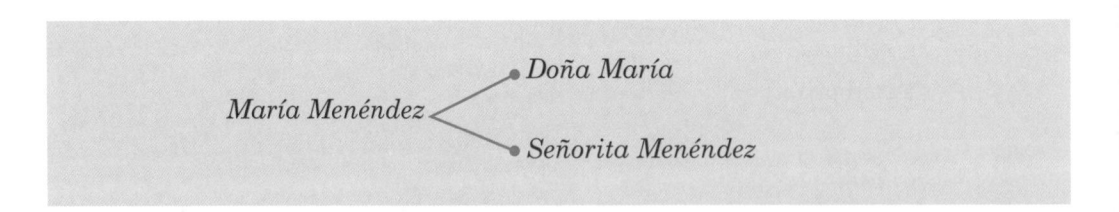

María Menéndez
- Doña María
- Señorita Menéndez

Es costumbre española el conservar la mujer casada su apellido de soltera y añadir el apellido de casada precedido por la preposición *de*:

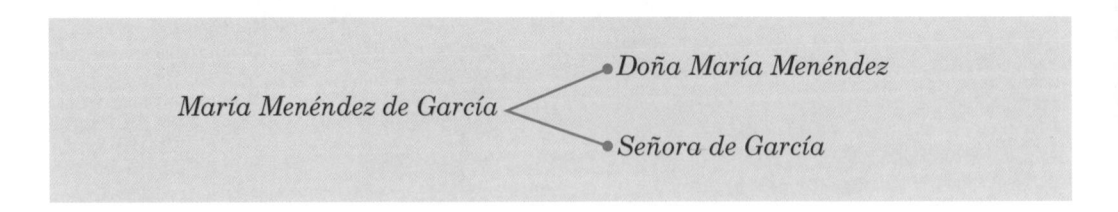

María Menéndez de García
- Doña María Menéndez
- Señora de García

---

[1] *Señorito* - tratamiento dado tradicionalmente por los criados al hijo de su señor.

FORMAS DE TRATAMIENTO

Singular
> *tú*
> *usted*

Plural
> *vosotros*
> *vosotras*
> *ustedes*

Cuando nos dirigimos a personas con quien tenemos confianza o intimidad, el tratamiento usual es el *tuteo*, o sea, *tú* para el singular y *vosotros*, *vosotras* para el plural[1].

¡ATENCIÓN!

portugués	español
"você"	tú (vos)
"vocês"	vosotros, vosotras (ustedes)
"o senhor" "a senhora" "a senhorita"	usted
"os senhores" "as senhoras" "as senhoritas"	ustedes

---

[1] En las Islas Canarias y en casi toda Hispanoamérica el plural de *tú* es *ustedes*.

12. PREPOSICIÓN

Definición

Las preposiciones son unidades dependientes que incrementan a los sustantivos, adjetivos o adverbios como índices explícitos de las funciones que tales palabras cumplen bien en la oración, bien en el grupo nominal. En otras palabras, la preposición es una palabra de enlace que se antepone a un sustantivo para convertirlo en complemento.

Las preposiciones son muy difíciles de definir sin caer en los contextos concretos de utilización, debido a que se encuentran entre los operadores más abstractos de los que dispone la lengua. Sin embargo, la mayoría de los demás elementos del sistema lingüístico, por muy abstractos que sean algunos de ellos, son todos más o menos definibles.

Muchas de las funciones de las preposiciones en español las cubre, en otros idiomas, la declinación del sustantivo. Pero, como no existe en español la declinación del sustantivo, las preposiciones desempeñan un papel importante, porque contribuyen a establecer relaciones de distintos tipos entre los elementos de la oración.

Las preposiciones suelen tener tres niveles distintos de utilización y de interpretación: los usos temporales, los usos espaciales, y los usos conceptuales.

Inventario y particularidades

Las preposiciones españolas son las siguientes: *a, ante, bajo, cabe, con, contra, de, desde, durante, en, entre, excepto, hacia, hasta, incluso, mediante, para, por, pro, salvo, según, sin, so, sobre, tras.*

El estudio detallado de las preposiciones nos lleva a considerar las particularidades siguientes:

Las preposiciones *cabe* y *so* son arcaicas; tienen empleo raro y muy literario. *Cabe* es sustituida por *junto a*. *So* es sustituida por *bajo* y decae ante la locución *debajo de*; hoy, su uso se limita a las expresiones *so pena de* y *so pretexto de*.

Son anticuadas, y de uso literario: *allende*, 'al otro lado de'; *aquende* , 'a este lado de'; *ante* se va reemplazando por 'delante de' y *tras*, por 'detrás de', 'después de', 'además de', 'tras de'.

Aunque constituyen con el sustantivo a que acompañan un adyacente circunstancial, *durante*, *mediante* ('con'), *excepto*, *salvo*, *incluso* y los cuantificadores *más* y *menos* no son propiamente preposiciones.

Todas las preposiciones son átonas, menos *según*. Cuando la sigue un pronombre personal, este toma la forma de sujeto; por consiguiente, no se dice *según mí, según ti*, sino *según yo, según tú*.

La palabra *vía*, tónica, cuya primera función es de sustantivo, se usa como preposición antepuesta a nombres de lugar, con el sentido de 'pasando por': *Haremos el viaje vía Barcelona*.

Pro sólo puede emplearse ante nombres sin artículo: *cupón pro ciegos, jornadas pro amnistía*.

Función de enlace

Las preposiciones más importantes son *a, con, de, en*. La función de enlace de estas preposiciones, como las restantes, indica al mismo tiempo el sentido de la relación. Por ejemplo:

(1) *Vamos a Madrid.*
(2) *Nos encontraremos a las cinco.*
(3) *Dieron limosna a los pobres.*
(4) *He visto a Juan.*
(5) *He venido a pagar mi deuda.*
(6) *El cartero entregó la carta a la secretaria.*
(7) *El paquete llegará a los siete días.*
(8) *¡A comer y a callar!*

PREPOSICIÓN

(9) *Córtalo con el cuchillo.*
(10) *Alejandro salió con sus padres.*
(11) *Ese libro es de Pepe.*
(12) *Mi padre viene de trabajar.*
(13) *La catedral de Salamanca es románica.*
(14) *Mi prima Blanca trabaja de secretaria en una oficina.*
(15) *Tus tíos viven en el pueblo.*
(16) *Nos encontraremos en mi casa.*
(17) *Estarán aquí en dos días.*
(18) *Calculamos la deuda en dos millones.*
(19) *Habla siempre en voz baja.*
(20) *Viajamos siempre en avión.*

En los ejemplos arriba, las preposiciones indican los distintos sentidos de la relación que establecen:

(1) *a*   = destino
(2) *a*   = localización en el tiempo
(3) *a*   = complemento indirecto
(4) *a*   = complemento directo
(5) *a*   = finalidad
(6) *a*   = destinatario
(7) *a*   = plazo temporal
(8) *a*   = imperativo
(9) *con* = instrumento
(10) *con* = compañía
(11) *de* = posesión o pertenencia
(12) *de* = procedencia
(13) *de* = localización en el espacio
(14) *de* = predicativo
(15) *en* = localización en el espacio
(16) *en* = localización en el espacio
(17) *en* = espacio de tiempo
(18) *en* = evaluación
(19) *en* = modo
(20) *en* = medio

Estas preposiciones, a diferencia de las restantes, tienen la capacidad de funcionar como puro enlace, o sea, expresan la mera relación, vacía de contenido. Suelen llamarse, pues, preposiciones "vacías" o "de puro enlace". Este empleo explica que a menudo, en el hablar descuidado, se omita la preposición en algunos casos, o se intercale donde no es normal, como, por ejemplo:

(21) *Me acuerdo de que lo prometiste > Me acuerdo que...*
(22) *No te olvides de que tienes un hijo > No te olvides que...*
(23) *Me alegro de que vengas a verme > Me alegro que...*
(24) *Me dijeron que son mis amigos > Me dijeron de que...*

Complementos del nombre

a) En las oraciones siguientes, el complemento del nombre puede ser introducido por *de* y por *con*:

(25) *Prefiero los coches de tracción delantera.*
Prefiero los coches con tracción delantera.
(26) *Le interesan las novelas de un solo personaje.*
Le interesan las novelas con un solo personaje.
(27) *Hemos conocido a una mujer de cien años.*
Hemos conocido a una mujer con cien años.

Se utiliza *de* cuando se trata de una característica que el hablante considera esencial o fundamental:

(28) *Charo es de pelo rubio = La chica de pelo rubio.*

Se utiliza *con* cuando el hablante se refiere a una característica que considera accidental o no definitoria:

(29) *En esa foto Charo está con el pelo rubio = La chica con el pelo rubio.*

b) Las preposiciones *de* y *con* pueden concurrir con ciertos matices en el significado.

– cuando se expresa el contenido o la materia en sentido amplio,

(30) *Un saco de patatas.*
(31) *Un reloj de oro.*

de = 'lleno de',
'hecho de',
'hecho para'.

(30) 'un saco lleno de patatas'
'un saco hecho para ser llenado de patatas'
(31) 'un reloj hecho exclusivamente de oro'

– cuando se expresa el contenido o la materia en sentido partitivo,

(32) *Un saco con patatas.*
(33) *Un reloj con oro.*

con = 'con algunos',
'con algo de',
'hecho en parte con',
'hecho con parte de':

(32) 'un saco con algunas patatas'
'un saco de cualquier cosa que ahora tiene algo de patatas'
(33) 'un reloj hecho con oro y con otros materiales'
'un reloj hecho en parte con oro / con parte de oro'

Otras preposiciones

Fijémonos en estos ejemplos del inventario de preposiciones del español.

(34) *Los soldados marchan **ante** el cuartel.*
(35) *Nadaban **bajo** el agua.*
(36) *Está **bajo** tutela.*
(37) *Se apoyó **contra** la pared.*

(38)   Luchan unos **contra** otros.
(39)   **Desde** este balcón se ve el mar.
(40)   Tu hermano vivió con nosotros **durante** una semana.
(41)   **Entre** el padre y el hijo lo destruyeron todo.
(42)   He colgado tu vestido **entre** mis pantalones.
(43)   La guerra civil se desarrolló **entre** 1936 y 1939.
(44)   Vinieron todos, **excepto** mi padre.
(45)   Mañana saldremos **hacia** Sevilla.
(46)   Nos encontraremos **hacia** las cinco.
(47)   Llegaron a pie **hasta** Madrid.
(48)   Te esperaremos **hasta** las seis.
(49)   Estaban todos, **incluso** los amigos de mi hermano.
(50)   Movimos la piedra **mediante** una palanca.
(51)   Dios **mediante**, terminaremos el trabajo mañana.
(52)   Dieron limosna al cura **para** los pobres.
(53)   Carlos se fue a Madrid **para** estudiar medicina.
(54)   Se casó con ella **por** dinero.
(55)   Daré mi casa **por** cincuenta mil euros.
(56)   Esta casa ha sido edificada **por** los gitanos.
(57)   **Por** abril empiezan a florecer estos árboles.
(58)   **Sin** la llave no podemos entrar.
(59)   Estaban todos los profesores, **salvo** el de matemáticas.
(60)   He puesto los libros **sobre** la mesa.
(61)   Mi marido llegará a casa **sobre** las ocho.
(62)   **Tras** la pelea de ayer, ya no se habla del tema.

Verifiquemos ahora las distintas relaciones que establecen las preposiciones de los ejemplos.

(34)   *ante*   = localización en el espacio
(35)   *bajo*   = localización en el espacio
(36)   *bajo*   = sujeción o dependencia
(37)   *contra*   = posición
(38)   *contra*   = oposición
(39)   *desde*   = punto inicial
(40)   *durante*   = duración
(41)   *entre*   = asociación
(42)   *entre*   = localización en el espacio

(43)	*entre*	=	localización en el tiempo
(44)	*excepto*	=	exclusión
(45)	*hacia*	=	dirección (camino)
(46)	*hacia*	=	localización en el tiempo
(47)	*hasta*	=	dirección (término)
(48)	*hasta*	=	localización en el tiempo
(49)	*incluso*	=	inclusión
(50)	*mediante*	=	medio o instrumento
(51)	*mediante*	=	medio
(52)	*para*	=	destinatario
(53)	*para*	=	finalidad
(54)	*por*	=	causa
(55)	*por*	=	precio
(56)	*por*	=	agente
(57)	*por*	=	localización en el tiempo
(58)	*sin*	=	ausencia, falta o carencia
(59)	*salvo*	=	exclusión
(60)	*sobre*	=	localización en el espacio
(61)	*sobre*	=	localización en el tiempo
(62)	*tras*	=	posterioridad

Locuciones prepositivas

La preposición más destacada en el uso como palabra de enlace "vacía" es *de*, que normalmente se emplea para introducir complementos de adverbios (*antes, cerca, debajo, delante, dentro, después, detrás, encima, en medio, fuera, lejos*). La unión de las dos palabras se convierte en una *locución prepositiva*, casi del todo equivalente a una preposición simple. Se forman entonces locuciones prepositivas introducidas por *de*: *antes de*; *cerca de*; *debajo de* = *bajo*; *delante de* = *ante*; *dentro de*; *después de*; *detrás de* = *tras*; *encima de* = *sobre*; *en medio de*; *fuera de*; *lejos de*. Se añade a estas locuciones prepositivas una que se forma con *a*: *junto a*.

Numerosas locuciones prepositivas se forman también añadiendo una de las preposiciones "vacías" (*a, con, de, en*) a sustantivos o adjetivos ya precedidos de otra preposición: *a causa de, acerca de, con arreglo a, con objeto de, de acuerdo con, en virtud de, en cuanto a, debido a, referente a, conforme a, gracias a, por culpa de* etc.

PREPOSICIÓN

Las locuciones prepositivas más frecuentes y su correspondiente preposición simple o significado son las siguientes:

a causa de	=	*por*
acerca de	=	*sobre*
al abrigo de	=	*con*, **al amparo de**
al lado de	=	**junto a**, **contiguo a**
antes de	=	*delante*
aparte de	=	*salvo, excepto*
con respecto a	=	*sobre*
debajo de	=	*bajo*
de cara a	=	*para*
delante de	=	*ante, antes*
detrás de	=	*tras*
en contra	=	contra
en pro de	=	**en favor de**
en contra de	=	*enfrente, contra*
en atención a	=	*por*
en consideración a	=	*por*
en medio de	=	*entre*
en cuanto a	=	*de*, **acerca de**
encima de	=	*sobre, en*
frente a	=	*delante, ante*
fuera de	=	*excepto, salvo*
por culpa de	=	**a causa de**, *por*
próximo a	=	**cerca de**, **junto a**
tocante a	=	sobre, de

13. COMPLEMENTO DIRECTO CON LA PREPOSICIÓN *A*

El empleo de la preposición *a* con complementos directos de personas o cosas personificadas se hizo general en el español moderno, aunque con numerosas vacilaciones, motivadas por la mayor o menor determinación de la persona o por el grado de personificación que se atribuye al complemento directo.

Este empleo se inicia en la época preliteraria del español por confusión del acusativo con el dativo, considerando a la persona como interesada en la acción. Este fenómeno de interferencia analógica marcha paralelamente al uso del pronombre *le* como acusativo, con el cual se entrecruza constantemente.

La lengua española reclama complemento directo con *a* siempre que pueda lógicamente confundírselo con el sujeto de la oración. Esto ha de ocurrir sobre todo cuando el complemento directo exprese lo viviente, personal o personificado, y lo determinado que cobre validez viva.

Vamos a establecer ahora, en orden de importancia, las principales reglas del uso de la preposición *a* con complementos directos.

A) El complemento directo se construye con la preposición *a* cuando es nombre de persona, o de animal o cosa personificados. Ejemplos:

(1) *César venció **a** Pompeyo.*
*He visto **a** Luis.*
*Estimamos **a** Juanita.*

(2) *Don Quijote cabalgaba **a** Rocinante.*
*Pepita ensilló **a** Lucero.*
*Verás **a** Sultán.*

COMPLEMENTO DIRECTO CON LA PREPOSICIÓN A

(3) *Llamaron **al** médico inmediatamente.*
*El profesor castigó **al** alumno.*
*Buscaré **a** mi criado.*

(4) *Veo **a** alguien.*
*No conozco **a** nadie.*
*Esas mujeres no quieren **a** ninguno.*

(5) *Las aves saludan **a** la aurora.*
*No se debe llamar **a** la muerte ni calumniar **a** la virtud.*

(6) *Los demagogos suelen conmover y deleitar **a** la plebe.*
*Eso dijo para no exasperar **a** las gentes.*
*El juglar entretenía **al** pueblo con sus romances.*

En los grupos de ejemplos arriba, el uso de la preposición *a* con el complemento directo es obligatorio, pues se trata de:

(1) (2) = nombres propios de personas o animales;

(3) = nombres apelativos de personas;

(4) = pronombres que se refieren a personas;

(5) = cosas personificadas o usadas como complementos de verbos que a menudo tienen complementos de persona;

(6) = colectivos de personas (la acción se ejerce sobre los individuos).

B) El complemento directo también lleva preposición *a* en los casos en que haya que evitar ambigüedad y especialmente en las comparaciones. Ejemplos:

(1) *"Todos le temen como **al** fuego"* (Cervantes – La ilustre fregona).

(2) *"Acompaña **al** examen de las obras la noticia de muchos de sus autores"* (Moratín – *Orígenes*, Prólogo).

(3) *Sostiene **a** la voluntad la esperanza.*

(4) *"¡El agua me llevaba ya como **a** una pluma!"* (P.A. de Alarcón – *El sombrero de tres picos*).

(5) *"— La molinera, señor – respondió a Garduña con angustiado acento –, me engañó como **a** un pobre hombre..."* (*Id., ibid.*).

C) La Real Academia Española de la Lengua establece que se debe usar *a* ante complementos directos que sean nombres propios geográficos sin artículo. Pero esta regla es hoy poco respetada, sobre todo en los periódicos y en Hispanoamérica. Ejemplos:

(1) *He visto **a** Cádiz.*

(2) *Quiero **a** España.*

(3) *"Pocos días después abandoné **a** Sevilla..."* (G.A. Bécquer – *La venta de los gatos*).

(4) *"Cuando dejé a mis espaldas la Macarena y su pintoresco arrabal..."* (*Id., ibid.*).

(5) *Atravesamos el Ebro.*

(6) *He de visitar la Alhambra.*

(7) *Me gustaría conocer el Madrid de la primavera.*

D) En los casos particulares siguientes, el complemento directo no lleva la preposición *a*:

1. Cuando los nombres apelativos de persona son complementos de verbos que, por lo general, llevan como objeto directo un nombre de cosa.

Ejemplos:

(1) *La gracia transforma el hombre en Dios.*

(2) *"La escuela de la guerra es la que forma los grandes capitanes"* (A.Bello – *Gramática*).

2. Cuando los nombres propios de persona se usan como comunes.

Ejemplo:

(1) *Plutarco os dará mil Alejandros (= 'héroes').*

3. Cuando los nombres comunes de persona tienen un sentido de indeterminación.

Ejemplo:

(1) *Busco un criado. Necesito una mecanógrafa.*

4. Cuando necesita distinguirse de otro complemento que lleva *a*.

Ejemplos:

(1) *Prefiero el hermano mayor al menor.*

(2) *Encomendó su hija a los vecinos.*

(3) *Preferirás Barcelona a Madrid.*

5. Cuando es complemento del verbo *haber* usado como impersonal.

Ejemplos:

(1) *No hay nadie en casa.*

(2) *Había pocas personas en la reunión.*

(3) *No hay quien venga a verme.*

14. GRAMÁTICA DEL VERBO ESPAÑOL

Definición

El verbo es la palabra por excelencia, que varía en modo, tiempo, número y persona, y expresa el juicio mental incluyendo sus dos términos esenciales (el predicado y el sujeto). En el verbo está la expresión de los cambios, movimientos, alteraciones en relación con el mundo exterior de los objetos que los sustantivos designan [1].

Estructura

La forma verbal se compone de los siguientes elementos:

Raíz o *radical* (elemento fijo) + *terminación* (elemento variable)
[terminación = vocal temática + desinencia]

Ejemplos:	LLAMAR	BEBER	VIVIR
radical	llam–	beb–	viv–
vocal temática	–a–	–e–	–i–
desinencia del infinitivo	–r	–r	–r
terminación	–ar	–er	–ir

Las formas verbales son *personales* y *no personales* [2].

---

[1] De entre la totalidad de las significaciones de los hechos que expresa el verbo, se pueden destacar las siguientes: acción (*abrir*, *escribir*), movimiento (*ir*, *venir*, *andar*, *llegar*), fenómeno natural (*llover*, *nevar*), estado (*permanecer*, *quedar*), ocurrencia (*ocurrir*, *suceder*), carencia (*faltar*, *necesitar*), volición (*desear*, *querer*), conveniencia (*convenir*, *importar*) etc.
[2] Las formas no personales del verbo, también conocidas como *formas nominales del verbo* o *verboides*, son las que el verbo toma cuando deja de ser un verdadero verbo y se traslada a funciones distintas de la suya, o sea, a funciones de sustantivos, de adverbios y de adjetivos. Se trata del *infinitivo* (sustantivo verbal), del *gerundio* (adverbio verbal) y del *participio* (adjetivo verbal).

formas personales (personas)			
singular	1.ª yo 2.ª tú 3.ª él, ella, usted	plural	1.ª nosotros 2.ª vosotros 3.ª ellos, ellas, ustedes

formas no personales	**infinitivo** (simple y compuesto) **gerundio** (simple y compuesto) **participio**

Conjugación

Agregando al radical del verbo el conjunto de formas que puede afectarlo para expresar las variaciones posibles de su significación, se obtiene su conjugación. Las tres conjugaciones del español se caracterizan por la vocal temática:

verbo	vocal temática	conjugación
llamar	–a–	1.ª
beber	–e–	2.ª
vivir	–i–	3.ª

Clases de verbos

Verbos:	activos	transitivos
		intransitivos
	de estado reflexivos recíprocos defectivos unipersonales	

Verbos activos transitivos – son aquellos que expresan una acción que logra su cumplimiento en relación con un objeto. Ejemplo: *El alumno lee una revista.*

Verbos activos intransitivos – son los que, aunque expresan una acción y la relacionan con un sujeto agente, no se refieren a ningún objeto en que la acción quede terminada. Ejemplo: *Los alumnos aprenden.*

Verbos de estado – son aquellos que hacen solamente referencia a un sujeto, del cual expresan un simple modo de ser más o menos estable. Ejemplo: *Los padres de María viven en España.*

Verbos reflexivos – son aquellos cuyo sujeto y objeto coinciden, es decir, cuya acción se refleja o vuelve otra vez sobre el sujeto. Se caracterizan por el empleo de las formas *me*, *te*, *se*, *nos*, *os* y *se* juntas con el sujeto. Ejemplo: *Ramón se sentó a mi lado.*

Son reflexivos, entre otros: *aborrecerse, aburrirse, arrepentirse, atreverse, contraerse, despedirse, desperezarse, despertarse, desvivir, dignarse, dormirse, jactarse, levantarse, quejarse, sentarse.*

Verbos recíprocos – Son aquellos cuya acción recae mutuamente sobre dos o más sujetos, o sea, que tienen por sujeto dos o más personas, cada una de las cuales ejerce una acción sobre las otras y la recibe de ellas. Ejemplo: *Tú y yo nos tuteamos.*

Son recíprocos, entre otros: *ajustarse, aliarse, besarse, compenetrarse, entenderse, escribirse, hablarse, odiarse, pegarse, quererse, revezarse, tutearse.*

Verbos defectivos – son verbos de conjugación incompleta, que no tienen todas sus formas, sean tiempos o personas concretas, como, por ejemplo: *soler* y *abolir*.

Hay verbos defectivos que sólo se conjugan en las terceras personas (menos en imperativo) y en el infinitivo. Se llaman también *terciopersonales*. Se consideran como tales *abolir, acaecer, acontecer, atañer, concernir, incumbir, ocurrir, parecer, soler, suceder, urgir*, y, en ciertos sentidos, *placer, gustar* y *yacer*. Ejemplos:

> *Acaece que van a estar bien las cosas.*
> *Aconteció que llegaron sus parientes.*
> *A mí no me atañe esa ley.*
> *A nosotros no nos concierne juzgar la cuestión.*

A ellos no les incumbe juzgar el delito.
Me place poder servirle a usted.
No me gusta el invierno.
¿Te gustan las flores?
En esta tumba yace mi padre.
Aquí yacen mis parientes.

Verbos unipersonales – son verbos que, por indicar fenómenos atmosféricos o de la Naturaleza, de sujeto confuso y vacilante, sólo se emplean en una única forma personal (la tercera persona de singular). Se llaman también *terciopersonales*. Ejemplo: *Cuando amanezca, lloverá.*

Los verbos unipersonales más conocidos son: *amanecer, anochecer, atardecer, clarear, escarchar, garuar, granizar, helar, llover, lloviznar, nevar, oscurecer, relampaguear, tronar, ventar.*

Acentuación

Si la vocal tónica está en el radical, la forma verbal se llama ***rizotónica***; si está en la terminación, la forma verbal se llama ***arrizotónica***:

$$dibujo = \textbf{\textit{forma rizotónica}}$$
$$dibuj{-}aba = \textbf{\textit{forma arrizotónica}}$$

Alteraciones del acento

Muchos verbos españoles sufren alteraciones del acento, entre las que se señalan las de los verbos terminados en *–iar* y los terminados en *–uar*.

Los verbos terminados en *–iar* presentan dos tipos de acentuación:

– los que no acentúan la *i* del diptongo *io* y, por lo tanto, no llevan acento gráfico, como, por ejemplo, *abreviar, acariciar, cambiar, copiar, estudiar* etc.;

– los que acentúan la *i* del diptongo *io*, formando dos sílabas y, por lo tanto, llevan acento gráfico, como, por ejemplo, *averiar, confiar, desviar, guiar, variar* etc.;

Los verbos terminados en *–uar* también presentan dos tipos de acentuación:

– los terminados en *–cuar* y *–guar* no acentúan la **u** del diptongo **uo** y, por lo tanto, no llevan acento gráfico, como, por ejemplo: *aguar, adecuar, anticuar, amortiguar, apaciguar, apaniguar, atestiguar, averiguar, desaguar, enjaguar, evacuar, fraguar, licuar, menguar, oblicuar, promiscuar, santiguar,* etc.

– los que acentúan la **u** del diptongo **uo**, formando dos sílabas y, por lo tanto, llevan acento gráfico, como, por ejemplo, acentuar, actuar, atenuar, continuar, efectuar, evaluar, fluctuar, habituar, insinuar, situar, tumultuar, valuar etc.

Modificaciones ortográficas normales

(1)	$qu \to c$
	$c \to qu \ / \ c \to z$
	$z \to c$
	$g \to gu \ / \ g \to j$

Algunos verbos regulares e irregulares (como el verbo **delinquir** y los verbos terminados en *–car, –cer, –cir, –zar, –gar, –ger, –gir*) sufren cambios normales desde el punto de vista ortográfico en algunas de sus personas.

El verbo **delinquir** cambia *qu* en *c* delante de *a, o*. Ejemplos:

    delinquir →   *delinco, delincamos*

Los verbos en *–car* cambian *c* en *qu* delante de *e*. Ejemplos:

    tocar →   *toque, toqué*

Los verbos en *–cer, –cir* cambian *c* en *z* delante de *a, o*. Ejemplos:

    vencer →   *venzo, venzamos*
    resarcir →   *resarzo, resarzáis*

Los verbos en *–zar* cambian *z* en *c* delante de *e*. Ejemplos:

    cruzar →   *cruce, crucemos*
    almorzar →   *almuerce, almorcéis*

Los verbos en *–gar* cambian *g* en *gu* delante de *e*. Ejemplos:

    pa**g**ar   →   pa**gu**e, pa**gu**emos

Los verbos en *–guir* cambian *gu* en *g* delante de *a*, *o*. Ejemplos:

    se**gu**ir   →   si**g**a, si**g**amos, si**g**o
    conse**gu**ir   →   consi**g**áis, consi**g**o

Los verbos en *–ger*, *–gir* cambian *g* en *j* delante de *a*, *o*. Ejemplos:

    prote**g**er   →   prote**j**amos, prote**j**o
    corre**g**ir   →   corri**j**áis, corri**j**o

(2)	$i \rightarrow y$

Es ortográficamente normal el cambio de *i* en *y*, si se encuentra después de un radical que termina en vocal. Esto ocurre en algunas formas de los verbos terminados en *–aer*, *–eer*, *–oer*, *–oír*, *–uir*. Ejemplos:

ca**er**	→	ca**yó**, ca**y**eron, ca**y**era, ca**y**ese, ca**y**endo
cr**eer**	→	cre**yó**, cre**y**eron, cre**y**era, cre**y**ese, cre**y**endo
r**oer**	→	ro**yó**, ro**y**eron, ro**y**era, ro**y**ese, ro**y**endo
oír	→	o**yó**, o**y**eron, o**y**era, o**y**ese, o**y**endo
h**uir**	→	hu**yó**, hu**y**eron, hu**y**era, hu**y**ese, hu**y**endo

Es normal la absorción de *i* por la *i*, la *ch*, la *ll*, o la *ñ* del radical en los verbos acabados en *–eír*, *–enchir*, *–llir*, *–ñer*, *–ñir*. La *i* también es absorbida por la velar *j* en las desinencias con diptongo del pretérito perfecto simple y tiempos derivados, en los verbos *decir*, *traer*, *conducir* y todos los verbos terminados en *–ducir*. Ejemplos:

(3)		absorción de *i*
re**ír**	→	rió, rieron, riera, riese, riendo
hen**ch**ir	→	hinchó, hincheron, hinchera, hinchese, hinchendo
zambu**ll**ir	→	zambulló, zambulleron, zambullera, zambullese, zambullendo
ta**ñ**er	→	tañó, tañeron, tañera, tañese, tañendo
ce**ñ**ir	→	ciñó, ciñeron, ciñera, ciñese, ciñendo
decir	→	dijeron, dijera, dijese
traer	→	trajeron, trajera, trajese
conducir	→	condujeron, condujera, condujese

Los verbos terminados en *–guar*, incorporan la crema a la **u** delante de **e**

averiguar → *averigüe, averigües, averigüemos, averigüéis*

(5)	se escriben con **h** las formas que empiezan por **ue**

Por razones ortográficas, las formas del verbo *oler* que comienzan por el diptongo *ue* toman una *h* al principio. Este cambio se considera, por consiguiente, normal. Son, sin embargo, irregulares dichas formas, a causa de la diptongación de *o* en *ue* en las formas rizotónicas de los presentes. La *h* también aparece en formas semejantes del verbo *desosar*. Ejemplos:

oler → *huelo, hueles, huele, huelen, huela, huelas, huelan*
desosar → *deshueso, deshuesas, deshuesa, deshuesan, deshuese, deshueses, deshuesen*

Modos y tiempos

En español se consideran tres **modos verbales**: **indicativo**, **subjuntivo** e **imperativo**. Dentro de cada modo hay **tiempos**, que se refieren al **presente**, al **pasado** (con nombres diferentes) y al **futuro**, y que pueden ser **formas simples** o **compuestas**.

modos	tiempos simples	tiempos compuestos
indicativo	presente pretérito imperfecto [1] pretérito perfecto simple futuro simple condicional simple [2]	pretérito perfecto compuesto pretérito pluscuamperfecto pretérito anterior futuro compuesto condicional compuesto
subjuntivo	presente pretérito imperfecto	pretérito perfecto pretérito pluscuamperfecto futuro compuesto
imperativo	futuro simple presente	compuesto pretérito pluscuamperfecto futuro compuesto

[1] El pretérito imperfecto también se conoce como *copretérito*.
[2] El condicional también se conoce como *potencial* o *pospretérito*.

Modos verbales

Modo es la categoría del verbo que expresa la actitud del sujeto ante la acción verbal, bien enunciándola pura y simplemente (**modo indicativo**), bien participando afectivamente de ella, al desearla, considerarla improbable etc. (**modo subjuntivo**) o al imponerla (**modo imperativo**). En la actualidad la función expresiva del verbo alterna con la de servir de simple instrumento gramatical, denotando si el verbo es principal o subordinado y dando lugar a correlaciones modales. Dentro de cada modo hay **tiempos**, que se refieren al **presente**, al **pasado** y al **futuro** (con nombres diferentes), y que pueden ser **simples** o **compuestos**.

El modo **indicativo** presenta la acción verbal como una realidad en la que no participa afectivamente el sujeto. Es el modo por excelencia de la oración principal.

El modo **subjuntivo** se ha desarrollado en la oración dependiente para expresar la subordinación. Podemos decir que el subjuntivo, a diferencia de los demás modos, no enuncia la acción del verbo como real y objetiva, sino como pendiente del elemento subjetivo por parte del hablante. El presente de subjuntivo, entre otras ideas, puede expresar un deseo, una duda, una posibilidad o un temor.

El modo **imperativo**: expresa órdenes, deseos, consejos, peticiones y no va nunca subordinado.

El participio

El participio de los verbos regulares se forma sustituyendo las terminaciones del infinitivo por *–ado* o por *–ido*:

–ar	→	*–ado*
–er / *–ir*	→	*–ido*

Por ejemplo:

*cant**ar** → cant**ado**; beb**er** → beb**ido**; part**ir** → part**ido**.*

Hay, sin embargo, a causa de peculiaridades en la evolución de la lengua, verbos con participios irregulares, que terminan en *–to*, *–so* y *–cho*. Los principales son:

abrir	→	abierto
absolver	→	absuelto
componer	→	compuesto
cubrir	→	cubierto
descubrir	→	descubierto
devolver	→	devuelto
disponer	→	dispuesto
encubrir	→	encubierto
envolver	→	envuelto
escribir	→	escrito
transcribir	→	transcrito, transcripto [1]
morir	→	muerto
poner	→	puesto
reponer	→	repuesto
resolver	→	resuelto
romper	→	roto
ver	→	visto
volver	→	vuelto
contradecir	→	contradicho
contrahacer	→	contrahecho
decir	→	dicho
deshacer	→	deshecho
hacer	→	hecho
rehacer	→	rehecho
satisfacer	→	satisfecho

Algunos verbos tienen dos formas para el participio, una regular y otra irregular:

atender	→	atendido	atento
bendecir	→	bendecido	bendito
contraer	→	contraído	contracto [2]
despertar	→	despertado	despierto
elegir	→	elegido	electo
enhestar	→	enhestado	enhiesto

---

[1] *Transcripto* se usa en Argentina y Uruguay.
[2] El participio irregular de *contraer*, *contracto*, se usa sólo como adjetivo.

extender	→	extendido	extenso
freír	→	freído	frito
maldecir	→	maldecido	maldito
manifestar	→	manifestado	manifiesto
proveer	→	proveído	provisto
concluir	→	concluido	concluso
confesar	→	confesado	confeso
convencer	→	convencido	convicto
convertir	→	convertido	converso
imprimir	→	imprimido	impreso
incluir	→	incluido	incluso
prender	→	prendido	preso
soltar	→	soltado	suelto [1]

En estos casos, a excepción de *freír*, se usa el regular como participio y el irregular como adjetivo. *Freído* y *frito* pueden usarse indistintamente en la formación de los tiempos compuestos, si bien la forma *freído* se emplea menos que *frito*. Como adjetivo, sin embargo, se usa exclusivamente *frito*. El participio irregular de *contraer*, *contracto*, se usa sólo como adjetivo. *Imprimido* e *impreso* pueden usarse indistintamente en la formación de los tiempos compuestos, si bien la forma *impreso* goza hoy de preferencia. El participio irregular de *soltar*, *suelto*, se usa sólo como adjetivo y con verbos atributivos o copulativos.

Tiempos verbales

El tiempo indica el momento en que se realiza la acción del verbo. Puede referirse al momento en que se habla (*presente*), a un momento anterior (*pretérito*) o a un momento posterior (*futuro*). Pero el lenguaje necesita concretar más en este sentido, y por ello requiere diversos matices de localización en el tiempo a que se refiere la idea verbal. Es así como el español distingue entre tiempos *imperfectos*, *perfectos* e *indefinidos*. Los tiempos *imperfectos* expresan la acción como no terminada todavía; los *perfectos* presentan la acción como acabada; y los *indefinidos* dejan la acción como indeterminada. Atendiendo a su forma, los tiempos *imperfectos* son *simples* y los *perfectos* son *compuestos*. Esta distinción corresponde al accidente gramatical llamado *aspecto*.

---

[1] El participio irregular de *soltar*, *suelto*, se usa sólo como adjetivo y con verbos atributivos o copulativos.

GRAMÁTICA DEL VERBO ESPAÑOL

Hay que tener en cuenta, además, que unos tiempos son *absolutos* y otros *relativos*. Los *absolutos* señalan una época determinada para la acción verbal, mientras los *relativos* no la señalan, sino que localizan la acción verbal en relación con otra acción verbal [1]. Esta relación puede ser de *anterioridad*, de *contemporaneidad* o de *posterioridad*.

En el siguiente recuadro se figura la clasificación de los tiempos del español:

MODOS	INDICATIVO		SUBJUNTIVO		IMPERATIVO
TIEMPOS	IMPERFECTOS	PERFECTOS	IMPERFECTOS	PERFECTOS	ÚNICO
ABSOLUTOS	presente	pretérito perfecto compuesto			presente
	futuro simple	pretérito perfecto simple			
RELATIVOS	pretérito imperfecto	pretérito pluscuamperfecto	presente	pretérito perfecto	
		pretérito anterior	pretérito imperfecto	pretérito pluscuamperfecto	
		futuro compuesto	futuro simple	futuro compuesto	
	condicional simple	condicional compuesto			

INDICATIVO		
1 presente		*canto*
5 pretéritos	pretérito imperfecto	*cantaba*
	pretérito perfecto compuesto	*he cantado*
	pretérito perfecto simple	*canté*
	pretérito pluscuamperfecto	*había cantado*
	pretérito anterior	*hube cantado*
4 futuros	futuro simple	*cantaré*
	futuro compuesto	*habré cantado*
	condicional simple	*cantaría*
	condicional compuesto	*habría cantado*

---

[1] Los tiempos absolutos también pueden tener sentido relativo, pero los relativos nunca pueden emplearse como absolutos.

El **presente** expresa una acción no terminada que se verifica en el momento en que se habla. Claro está que no debe interpretarse el presente como un momento fugaz, sino como un plazo más o menos largo que comprende el momento de la acción. También se emplea el presente para expresar verdades permanentes y afirmaciones generales. Asimismo, para dar mayor viveza a un relato, se emplea el *presente histórico*.

Ejemplos:

Pepe trabaja de camarero.
La Tierra gira alrededor del Sol.
Los habitantes de Madrid se llaman madrileños.
César avanza con sus tropas.

Otros empleos del presente se confirman en el uso de este tiempo con valor de futuro y para expresar obligación con sentido de mandato. Ejemplos:

Esta tarde te llevo al museo.
Cuando llegue tu padre, me avisas.

El **pretérito imperfecto** del español es muy parecido al portugués en cuanto al uso y a las terminaciones. Sin embargo, hay que fijarse en la terminación de los verbos en **-ar** (–**aba**, con **b**) y en la tilde en la terminación de los verbos en **-er** y en **-ir** (–**ía**). Este tiempo indica una acción pasada que no se ha terminado coincidiendo con otra acción pasada. Se emplea en las descripciones literarias, para expresar persistencia o duración en el pasado.

Ejemplos:

Cuando llegué, llovía mucho.
El castillo se elevaba en la llanura.
Las estrellas brillaban en el cielo.

El **pretérito perfecto compuesto** expresa un hecho que acaba de verificarse en el momento en que se habla, o bien, un hecho cuyas circunstancias o consecuencias en cierto modo se relacionan con el presente; por ello, el pretérito perfecto compuesto suele emplearse con los siguientes indicadores de tiempo: *hoy, esta mañana, esta tarde, esta noche, esta semana, este mes, este año, ya, nunca, todavía no*. Los resultados o consecuencias de este hecho subsisten en el tiempo que se enuncia.

Ejemplos:

español	portugués
María ha venido a visitarme esta mañana.	Maria veio me visitar hoje de manhã.
Mis padres todavía no han llegado.	Meus pais ainda não chegaram.
He viajado mucho este año.	Viajei muito neste ano.

El "pretérito perfeito composto" del portugués indica un hecho repetido, que se inicia en el pasado y puede extenderse hasta el presente. Compárense estos ejemplos:

portugués	español
Tenho tido dores de cabeça.	He tenido dolores de cabeza estos días.
Não tenho ido ao cinema.	Últimamente no he ido al cine.

El **pretérito perfecto simple** expresa lo ocurrido en tiempo ya pasado o indefinidamente anterior al momento en que se habla, o sea, cuando ya no puede volver a realizarse la acción.

El pretérito perfecto simple del español se asemeja al "pretérito perfeito" del portugués. Sin embargo, hay que observar las diferencias en las terminaciones: *yo compré* ("*eu comprei*"); *él compró* ("*ele comprou*"); *ellos compraron* ("*eles compraram*").

El **pretérito pluscuamperfecto** presenta hechos pasados anteriores a otros hechos también pasados. Es un tiempo compuesto por el pretérito imperfecto de indicativo del verbo auxiliar *haber* y el participio del verbo que se conjuga.

¡ATENCIÓN!

El verbo auxiliar es *haber* en español. En portugués, en cambio, se usa tanto *"haver"* como *"ter"*. Por ejemplo:

español	portugués
Cuando llegué, la clase ya **había** empezado.	Quando cheguei, a aula já **havia / tinha** começado.

El **pretérito anterior** indica que lo que se enuncia es inmediatamente anterior a un tiempo pasado. Sólo se emplea precedido de *tan pronto como, no bien, luego que, así que, apenas, cuando* etc. Este tiempo no se usa en la lengua hablada y se emplea poco en la lengua literaria, que prefiere el pretérito perfecto simple y el pluscuamperfecto. Ejemplo:

> *Cuando hubo amanecido, salimos.*

El **futuro simple** (tiempo imperfecto) expone una acción venidera, que no se da por terminada. Podemos emplear el futuro como forma de mandato o de obligación, para indicar la seguridad en el cumplimiento futuro de una orden. Cuando la oración es interrogativa, la orden se convierte en ruego cortés. Puede, además, el futuro expresar una posibilidad o una probabilidad. Ejemplos:

> *El domingo visitaremos la ciudad de Buenos Aires.* (acción venidera)
> *Vendrás a verme en el plazo de un mes.* (mandato)
> *¿Comerás conmigo mañana?* (ruego cortés)
> *Usted recordará que mañana es fiesta.* (posibilidad)
> *Estará lloviendo en el campo.* (posibilidad)
> *¿Qué hora será?* (posibilidad)

El **futuro compuesto** expone una acción venidera, que se da por terminada para cuando ocurra otra también venidera. Puede también expresar la posibilidad o probabilidad de un hecho que se supone pasado. Ejemplos:

> *Cuando llegue mi hermana, ya habremos preparado la cena.*
> *Ya habrá empezado la película.*

El **condicional simple** (o *potencial*) expresa un hecho futuro con relación a un momento pasado. Si el acto de decir es presente, lo enunciamos así, por ejemplo:

> *Mis amigos **dicen** que **pasarán** las vacaciones en la playa.*

Si, en cambio, el acto de decir es pasado, la frase se enunciará de otra manera:

> *Mis amigos **dijeron** que **pasarían** las vacaciones en la playa.*

De esta significación de futuro del pretérito se origina la de posibilidad o probabilidad, vista desde un momento pasado, paralela a la del futuro de probabilidad que hemos visto:

> *Serían las cinco en punto de la tarde cuando llegaron mis primos.*

El condicional o potencial se utiliza también para aconsejar o expresar hipótesis:

> *Yo que tú viajaría a México.*
> *Si no tienes mucho dinero, sería mejor no viajar a muchos países.*

El **condicional compuesto** expresa también un hecho futuro con relación a un hecho pasado, pero pasado respecto de otro momento. Ejemplo:

> *Me dijo que para el próximo mes ya habría venido.*

Puede expresar posibilidad o probabilidad, como el condicional simple. Ejemplo:

SUBJUNTIVO

	1 presente	*cante*
3 pretéritos	pretérito imperfecto	*cantara/cantase*
	pretérito perfecto	*haya cantado*
	pretérito pluscuamperfecto	*hubiera/hubiese cantado*
2 futuros	futuro simple	*cantare*
	futuro compuesto	*hubiere cantado*

El subjuntivo enuncia la acción del verbo como dependiente del elemento subjetivo por parte del hablante. Por ello, los tiempos del subjuntivo son todos relativos, y no siempre a sus nombres corresponden sus respectivas significaciones.

El **presente** es tanto presente como futuro, pues puede referirse al momento actual o a un momento venidero. Depende de un verbo en presente, en pretérito perfecto o en futuro. Puede, además, ser independiente, si expresa deseo o duda. Ejemplos:

> *No creo que tu padre sepa esto.* (actual)
> *Deseo que llegue pronto la primavera.* (venidero)
> *Te prohibo (he prohibido, prohibiré, habré prohibido) que salgas.*

> *¡Viva Brasil!* (deseo)
> *Quizá tengas razón.* (duda)

El **pretérito imperfecto** de subjuntivo tiene dos formas — *cantara* y *cantase* —, que, por lo general, se usan indistintamente. Sin embargo, hay algunos casos en que no se equivalen; la primera de ellas puede emplearse con el mismo sentido del condicional:

> *¡Nadie lo creyera!*

significa lo mismo que

> *¡Nadie lo creería!*;

no sería admisible, sin embargo, el uso de la segunda forma, *creyese*.

El pretérito imperfecto se forma a partir del pretérito perfecto simple de indicativo. Para formarlo, se quita la terminación *–ron* correspondiente a la 3.ª persona de plural del pretérito perfecto simple de indicativo y se añaden las terminaciones que al pretérito imperfecto de subjuntivo corresponden:

> *canta**ron** → canta– + –ra / –se → canta**ra** / canta**se**.*

La acción expresada por este tiempo puede ser pasada, presente o futura. Así, por ejemplo, la frase

> *Te pedí que vinieses*

puede significar

> *Te pedí que vinieses ayer, hoy o mañana,*

y está claro el sentido de acción no terminada.

El verbo en pretérito imperfecto de subjuntivo depende generalmente de otro verbo en pretérito (simple, imperfecto, anterior o pluscuamperfecto), o de un condicional (simple o compuesto). Ejemplo:

> *Te dije (decía, hube dicho, había dicho, diría, habría dicho) que vinieses.*

El **pretérito pefecto** expresa que lo que se habla ofrece las características de tiempo pasado y acción terminada, dentro de las características del subjuntivo. El verbo en este tiempo va subordinado a los tiempos presente y futuro de indicativo. Ejemplos:

No creo que Paco haya salido.
Espero que haya salido Paco.
Me contento con que Charo haya aprobado.
Me contentaré con que Charo haya aprobado.

El **pretérito pluscuamperfecto** indica una acción pasada respecto de otra pasada, dentro de las características del subjuntivo. Puede también tener sentido de probabilidad en el pasado. Depende de un tiempo pasado de indicativo, de un condicional (simple o compuesto) o de otro pluscuamperfecto empleado como condicional compuesto. Ejemplos:

Yo no sabía que hubieras (hubieses) ganado el premio.
Nadie lo hubiera (hubiese) creído.
Negó (negaba, había negado, negaría, habría negado, hubiera negado)
    que hubiese ganado el premio.
Nunca hubiera creído tal cosa (= Nunca habría creído tal cosa).

Este tiempo corresponde al pluscuamperfecto de indicativo y al condicional com

realidad	irrealidad
Sabía que habías ganado el premio.	No sabía que hubieras (hubieses) ganado el premio.
Creí que habías ganado el premio.	No creí que hubieras (hubieses) ganado el premio.

El **futuro simple** expresa una acción no acabada, en presente o en futuro. Se trata de un tiempo poco usado, cuyo sentido hipotético se va olvidando poco a poco. Ejemplo:

Si dudares de esto, te convenceré de tu error.

El **futuro compuesto** expresa el hecho futuro como acabado respecto de otro futuro. Ejemplo:

Si no hubiéremos vuelto hasta diciembre, no nos esperéis.

Los dos futuros de subjuntivo se usaron hasta el siglo XVIII, aunque limitados oraciones condicionales. En la lengua hablada moderna se conservan en algunos modismos y a escritos de tipo solemne. El futuro simple se sustituye por el presente de indicativo o el presente de subjuntivo. El futuro compuesto se sustituye por el pretérito perfecto compuesto de indicativo. Ejemplos:

Si dudares de esto, te convenceré de tu error. = Si dudas...
Si no hubiéremos vuelto hasta diciembre, no nos esperéis. = Si no hemos vuelto...

IMPERATIVO

1 presente	1 persona	canta / cantá (2.ª de singular) cantad (2.ª de plural)

En español el modo imperativo sólo tiene como formas peculiares las de segunda persona (*canta tú / cantá vos, cantad vosotros*); las demás coinciden con las del presente de subjuntivo (*cante usted, cantemos nosotros, canten ustedes*). Por su naturaleza, el imperativo no puede tener más que un tiempo, el **presente**, y una persona, la segunda, en singular y en plural: *habla* (tú) y *hablad* (vosotros). En el registro formal se usa el presente de subjuntivo: *pase* (usted), *salgan* (ustedes); para expresar prohibición, en las oraciones negativas, también se usa el presente de subjuntivo: *no hables* (tú), *no habléis* (vosotros), *no entre* (usted), *no salgan* (ustedes). Ejemplos:

REGISTRO INFORMAL

singular = tú	**plural = vosotros, vosotras**
Toma. Quédate con la vuelta.	*Tomad. Quedaos con la vuelta.*
Rellena este impreso y firma en este renglón.	*Rellenad este impreso y firmad en este renglón.*
Si necesitas algo, no dudes en consultarnos.	*Si necesitáis algo, no dudéis en consultarnos.*
Ten cuidado con los niños y las palomas...	*Tened cuidado con los niños y las palomas...*
Oye, no dejes de bajarte en la Sagrada Familia.	*Oíd, no dejéis de bajaros en la Sagrada Familia.*

REGISTRO INFORMAL

singular = vos	plural = ustedes
Tomá. Quedate con la vuelta.	*Tomen. Quédense con la vuelta.*
Rellená este impreso y firmá en este renglón.	*Rellenen este impreso y firmen en este renglón.*
Si necesitás algo, no dudes en consultarnos.	*Si necesitan algo, no duden en consultarnos.*
Tené cuidado con los niños y las palomas...	*Tengan cuidado con los niños y las palomas...*
Oí, no dejes de bajarte en la calle de Alcalá.	*Oigan, no dejen de bajarse en la calle de Alcalá.*

REGISTRO FORMAL

singular = usted	plural = ustedes
Tome. Quédese con la vuelta.	*Tomen. Quédense con la vuelta.*
Rellene este impreso y firme en este renglón.	*Rellenen este impreso y firmen en este renglón.*
Si necesita algo, no dude en consultarnos.	*Si necesitan algo, no duden en consultarnos.*
Tenga cuidado con los niños y las palomas...	*Tengan cuidado con los niños y las palomas...*
Oiga, no deje de bajarse en la calle de Alcalá.	*Oigan, no dejen de bajarse en la calle de Alcalá.*

Formación de los tiempos simples

Para formar los tiempos simples en español hay que observar lo siguiente.

1. Con el radical del verbo se forman:

los presentes (de indicativo, subjuntivo e imperativo [1]:

cant–o ..., cant–e..., cant–a...

---

[1] El imperativo sólo tiene dos formas propias: la 2.ª de singular y la 2.ª de plural. Las demás pertenecen al presente de subjuntivo.

2. Con el infinitvo se forman:

el futuro de indicativo:

cantar–é...,

el condicional:

cantar–ía...

la 2.ª persona de plural del imperativo, cambiando la desinencia *–r* por *–d*:

*canta**r** > canta**d***.

3. Con la 3.ª persona de plural del pretérito perfecto simple de indicativo, quitando la terminación *–ron*, se forman:

el pretérito imperfecto de subjuntivo:

*canta–**ron** > canta–**ra** o canta–**se**...*;

el futuro simple de subjuntivo:

*canta–**ron** > canta–**re**...*

Formación de los tiempos compuestos

Los tiempos compuestos se forman con el verbo *haber* más el participio del verbo que se conjuga. Ejemplos: *he cantado, había cantado, hube cantado, habré cantado, habría cantado, haya cantado, hubiera cantado o hubiese cantado, hubiere cantado* [1]...

Voz

En español la comunicación se realiza en ***voz activa*** y en ***voz pasiva***.

La voz pasiva transforma uno de los complementos de un verbo en su sujeto gramatical, lo cual quiere decir que el sujeto activo del proceso se convierte en agente.

---

[1] Véase más adelante el paradigma de la conjugación de los tiempos compuestos.

Por ejemplo:

El pueblo construyó *la catedral*	→	*La catedral* fue construida por *el pueblo*
sujeto activo complemento	→	sujeto gramatical agente

La voz pasiva, según veremos más adelante, también puede ser **reflexa**, cuando se construye con *se*:

Los billetes ya han sido vendidos	→	***Se** han vendido ya los billetes*

Voz pasiva

La voz pasiva se construye en español con las formas correspondientes del verbo *ser* y el participio del verbo que se conjuga: de *cantar*, **amado** o **amada**; de *temer*, **temido** o **temida**; de *partir*, **partido** o **partida** [1]. Existe también la llamada **voz pasiva refleja**, con *se*, como cuando decimos: *se vende, se alquila, se cierra*.

La voz pasiva refleja es mucho más frecuente en español que la formada con el verbo *ser*. Véanse algunos ejemplos de una y otra:

PASIVA REFLEJA	PASIVA CON *SER*
*Desde mi casa **se ve** la iglesia.*	*La iglesia **es vista** desde mi casa.*
***Se han cerrado** las tiendas antes de la hora.*	*Las tiendas **han sido cerradas** antes de la hora.*
***Se han vendido** ya todos los billetes.*	*Todos los billetes ya **han sido vendidos**.*

---

[1] En la voz pasiva el participio concuerda en género y número con el sujeto: *él es amado, ella es amada*.

TIEMPOS	PASIVA REFLEJA	PASIVA CON *SER*
INDICATIVO		
presente	se venden	son vendidos
pret. perfecto compuesto	se han vendido	han sido vendidos
pretérito imperfecto	se vendían	eran vendidos
pret. pluscuamperfecto	se habían vendido	habían sido vendidos
pret. perfecto simple	se vendieron	fueron vendidos
pretérito anterior	se hubieron vendido	hubieron sido vendidos
futuro simple	se venderán	serán vendidos
futuro compuesto	se habrán vendido	habrán sido vendidos
condicional simple	se venderían	serían vendidos
condicional compuesto	se habrían vendido	habrían sido vendidos
SUBJUNTIVO		
presente	se vendan	sean vendidos
pretérito perfecto	se hayan vendido	hayan sido vendidos
pretérito imperfecto	se vendieran	fueran vendidos
	se vendiesen	fuesen vendidos
pret. pluscuamperfecto	se hubieran vendido	hubieran sido vendidos
	se hubiesen vendido	hubiesen sido vendidos
futuro simple	se vendieren	fueren vendidos
futuro compuesto	se hubieren vendido	hubieren sido vendidos

Verbos auxiliares

Significación. Los verbos auxiliares pierden su significación propia y sirven para matizar la significación del otro verbo al que auxilian. El verbo *haber*, que antiguamente significaba *'tener'*, ha perdido del todo su significación y sólo sirve para la formación de los tiempos compuestos de todos los verbos y para las oraciones impersonales (*hay gente, había mucho ruido*). El verbo copulativo *ser* sirve para calificar (*Juan es bueno*) o para clasificar (*Juan es estudiante*); pero, unido con el participio de ciertos verbos, sirve para formar la voz pasiva del verbo a que se junta (*Pompeyo fue vencido por César*), declarando a la vez el tiempo y la persona. *Estar* significa situación y estado (*está aquí, está enfermo*); pero, unido al gerundio de otro verbo, sirve para expresar la acción del otro verbo en su duración (*¿qué estás diciendo?*, *está lloviendo*), declarando a la vez el tiempo y la persona. *Estar* se construye también con el participio de ciertos verbos, alternando con ser (*estaba escrito*, *la casa está edificada sobre un cerro*).

Ser y estar con participio. El participio con *ser* significa la acción misma como sufrida por el sujeto. El participio con *estar* significa el resultado de la acción o un estado consecuencia de la acción. Opónganse estas oraciones:

> *Sarmiento fue desterrado por Rosas.*
> *Sarmiento estuvo desterrado en Chile.*

La oración *Sarmiento fue desterrado por Rosas* equivale a *Rosas desterró a Sarmiento*. *Sarmiento estuvo desterrado en Chile* significa que Sarmiento había sido desterrado y que, en consecuencia, quedó viviendo en Chile. Con *ser*, la acción del participio ocurre en el tiempo del auxiliar (*fue desterrado = lo desterraron*). Con *estar*, la acción del participio es anterior al tiempo del auxiliar (*estuvo desterrado = ya lo habían antes desterrado*).

Verbos auxiliares		
SER	ESTAR	HABER
INDICATIVO		
presente		
soy	estoy	he
eres / sos	estás	has
es	está	ha (hay)
somos	estamos	hemos
sois / son	estáis / están	habéis / han
son	están	han
pretérito imperfecto		
era	estaba	había
eras	estabas	habías
era	estaba	había
éramos	estábamos	habíamos
erais / eran	estabais / estaban	habíais / habían
eran	estaban	habían

Verbos auxiliares

SER	ESTAR	HABER
INDICATIVO		
pretérito perfecto simple		
fui	estuve	hube
fuiste	estuviste	hubiste
fue	estuvo	hubo
fuimos	estuvimos	hubimos
fuisteis / fueron	estuvisteis / estuvieron	hubisteis / hubieron
fueron	estuvieron	hubieron
futuro simple		
seré	estaré	habré
serás	estarás	habrás
será	estará	habrá
seremos	estaremos	habremos
seréis / serán	estaréis / estarán	habréis / habrán
serán	estarán	habrán
condicional simple (o potencial)		
sería	estaría	habría
serías	estarías	habrías
sería	estaría	habría
seríamos	estaríamos	habríamos
seríais / serían	estaríais / estarían	habríais / habrían
serían	estarían	habrían
SUBJUNTIVO		
presente		
sea	esté	haya
seas	estés	hayas
sea	esté	haya
seamos	estemos	hayamos
seáis / sean	estéis / estén	hayáis / hayan
sean	estén	hayan

Verbos auxiliares

SER		ESTAR		HABER	

SUBJUNTIVO

pretérito imperfecto

fuera	fuese	estuviera	estuviese	hubiera	hubiese
fueras	fueses	estuvieras	estuvieses	hubieras	hubieses
fuera	fuese	estuviera	estuviese	hubiera	hubiese
fuéramos	fuésemos	estuviéramos	estuviésemos	hubiéramos	hubiésemos
fuerais	fueseis	estuvierais	estuvieseis	hubierais	hubieseis
/ fueran	/ fuesen	/ estuvieran	/ estuviesen	/ hubieran	/ hubiesen
fueran	fuesen	estuvieran	estuviesen	hubieran	hubiesen

futuro simple

SER	ESTAR	HABER
fuere	estuviere	hubiere
fueres	estuvieres	hubieres
fuere	estuviere	hubiere
fuéremos	estuviéremos	hubiéremos
fuereis / fueren	estuviereis / estuvieren	hubiereis / hubieren
fueren	estuvieren	hubieren

IMPERATIVO

SER	ESTAR	HABER
sé tú / vos	está tú / vos	he tú / vos
sea usted	esté usted	haya usted
sed vosotros / sean uds.	estad vosotros / estén uds.	habed vosotros / hayan uds.
sean ustedes	estén ustedes	hayan ustedes

FORMAS NO PERSONALES

INFINITIVO

ser	estar	haber

GERUNDIO

siendo	estando	habiendo

PARTICIPIO

sido	estado	habido

Verbos regulares

CANTAR	TEMER	PARTIR
\multicolumn{3}{c}{INDICATIVO}		

presente

CANTAR	TEMER	PARTIR
cant–o	tem–o	part–o
cant–as / cant–ás	tem–es / tem–és	part–es / part–ís
cant–a	tem–e	part–e
cant–amos	tem–emos	part–imos
cant–áis / cant–an	tem–éis / tem–en	part–ís / part–en
cant–an	tem–en	part–en

pretérito imperfecto

CANTAR	TEMER	PARTIR
cant–aba	tem–ía	part–ía
cant–abas	tem–ías	part–ías
cant–aba	tem–ía	part–ía
cant–ábamos	tem–íamos	part–íamos
cant–abais / cant–aban	tem–íais / tem–ían	part–íais / part–ían
cant–aban	tem–ían	part–ían

pretérito perfecto simple

CANTAR	TEMER	PARTIR
cant–é	tem–í	part–í
cant–aste	tem–iste	part–iste
cant–ó	tem–ió	part–ió
cant–amos	tem–imos	part–imos
cant–asteis / cant–aron	tem–isteis / tem–ieron	part–isteis / part–ieron
cant–aron	tem–ieron	part–ieron

futuro simple

CANTAR	TEMER	PARTIR
cantar–é	temer–é	partir–é
cantar–ás	temer–ás	partir–ás
cantar–á	temer–á	partir–á
cantar–emos	temer–emos	partir–emos
cantar–éis / cantar–án	temer–éis / temer–án	partir–éis / partir–án
cantar–án	temer–án	partir–án

Verbos regulares

CANTAR	TEMER	PARTIR
condicional simple		
cantar–ía	temer–ía	partir–ía
cantar–ías	temer–ías	partir–ías
cantar–ía	temer–ía	partir–ía
cantar–íamos	temer–íamos	partir–íamos
cantar–íais / cantar–ían	temer–íais / temer–ían	partir–íais / partir–ían
cantar–ían	temer–ían	partir–ían

SUBJUNTIVO

CANTAR	TEMER	PARTIR
presente		
cant–e	tem–a	part–a
cant–es	tem–as	part–as
cant–e	tem–a	part–a
cant–emos	tem–amos	part–amos
cant–éis / cant–en	tem–áis / tem–an	part–áis / part–an
cant–en	tem–an	part–an
pretérito imperfecto		
cant–ara	tem–iera	part–iera
cant–aras	tem–ieras	part–ieras
cant–ara	tem–iera	part–iera
cant–áramos	tem–iéramos	part–iéramos
cant–arais / cant–aran	tem–ierais / tem–ieran	part–ierais / part–ieran
cant–aran	tem–ieran	part–ieran
cant–ase	tem–iese	part–iese
cant–ases	tem–ieses	part–ieses
cant–ase	tem–iese	part–iese
cant–ásemos	tem–iésemos	part–iésemos
cant–aseis / cant–asen	tem–ieseis / tem–iesen	part–ieseis / part–iesen
cant–asen	tem–iesen	part–iesen

Verbos regulares

CANTAR	TEMER	PARTIR
futuro simple		
cant–are	tem–iere	part–iere
cant–ares	tem–ieres	part–ieres
cant–are	tem–iere	part–iere
cant–áremos	tem–iéremos	part–iéremos
cant–areis / cant–aren	tem–iereis / tem–ieren	part–iereis / part–ieren
cant–aren	tem–ieren	part–ieren
IMPERATIVO		
cant–a tú / cant–á vos	tem–e tú / tem–é vos	part–e tú / part–í vos
cant–e usted	tem–a usted	part–a usted
cant–ad vosotros/–en uds.	tem–ed vosotros/–an uds.	part–id vosotros/–an uds.
cant–en ustedes	tem–an ustedes	part–an ustedes

FORMAS NO PERSONALES

INFINITIVO		
cant–ar	tem–er	part–ir
GERUNDIO		
cant–ando	tem–iendo	part–iendo
PARTICIPIO		
cant–ado	tem–ido	part–ido

Tiempos compuestos

HABER	SER	ESTAR

INDICATIVO

pretérito perfecto compuesto (presente + participio)

HABER	SER	ESTAR
he habido	he sido	he estado
has habido	has sido	has estado
ha habido	ha sido	ha estado
hemos habido	hemos sido	hemos estado
habéis habido	habéis sido	habéis estado
/ han habido	/ han sido	/ han estado
han habido	han sido	han estado

pretérito pluscuamperfecto (pretérito imperfecto + participio)

HABER	SER	ESTAR
había habido	había sido	había estado
habías habido	habías sido	habías estado
había habido	había sido	había estado
habíamos habido	habíamos sido	habíamos estado
habíais habido	habíais sido	habíais estado
/ habían habido	/ habían sido	/ habían estado
habían habido	habían sido	habían estado

pretérito anterior (pretérito perfecto simple + participio)

HABER	SER	ESTAR
hube habido	hube sido	hube estado
hubiste habido	hubiste sido	hubiste estado
hubo habido	hubo sido	hubo estado
hubimos habido	hubimos sido	hubimos estado
hubisteis habido	hubisteis sido	hubisteis estado
/ hubieron habido	/ hubieron sido	/ hubieron estado
hubieron habido	hubieron sido	hubieron estado

futuro compuesto (futuro simple + participio)

HABER	SER	ESTAR
habré habido	habré sido	habré estado
habrás habido	habrás sido	habrás estado
habrá habido	habrá sido	habrá estado
habremos habido	habremos sido	habremos estado
habréis habido	habréis sido	habréis estado
/ habrán habido	/ habrán sido	/ habrán estado
habrán habido	habrán sido	habrán estado

GRAMÁTICA DEL VERBO ESPAÑOL

Tiempos compuestos

HABER	SER	ESTAR
INDICATIVO		
condicional compuesto (condicional simple + participio)		
habría habido	habría sido	habría estado
habrías habido	habrías sido	habrías estado
habría habido	habría sido	habría estado
habríamos habido	habríamos sido	habríamos estado
habríais habido	habríais sido	habríais estado
/ habrían habido	/ habrían sido	/ habrían estado
habrían habido	habrían sido	habrían estado
SUBJUNTIVO		
pretérito perfecto compuesto (presente + participio)		
haya habido	haya sido	haya estado
hayas habido	hayas sido	hayas estado
haya habido	haya sido	haya estado
hayamos habido	hayamos sido	hayamos estado
hayáis habido	hayáis sido	hayáis estado
/ hayan habido	/ hayan sido	/ hayan estado
hayan habido	hayan sido	hayan estado
pretérito plucuamperfecto (pretérito imperfecto + participio)		
hubiera habido	hubiera sido	hubiera estado
hubieras habido	hubieras sido	hubieras estado
hubiera habido	hubiera sido	hubiera estado
hubiéramos habido	hubiéramos sido	hubiéramos estado
hubierais habido	hubierais sido	hubierais estado
/ hubieran habido	/ hubieran sido	/ hubieran estado
hubieran habido	hubieran sido	hubieran estado
hubiese habido	hubiese sido	hubiese estado
hubieses habido	hubieses sido	hubieses estado
hubiese habido	hubiese sido	hubiese estado
hubiésemos habido	hubiésemos sido	hubiésemos estado
hubieseis habido	hubieseis sido	hubieseis estado
/ hubiesen habido	/ hubiesen sido	/ hubiesen estado
hubiesen habido	hubiesen sido	hubiesen estado

Tiempos compuestos		
HABER	SER	ESTAR
INDICATIVO		
futuro compuesto (futuro simple + participio)		
hubiere habido	hubiere sido	hubiere estado
hubieres habido	hubieres sido	hubieres estado
hubiere habido	hubiere sido	hubiere estado
hubiéremos habido	hubiéremos sido	hubiéremos estado
hubiereis habido / hubieren habido	hubiereis sido / hubieren sido	hubiereis estado / hubieren estado
hubieren habido	hubieren sido	hubieren estado

FORMAS NO PERSONALES		
INFINITIVO		
compuesto (infinitivo simple + participio)		
haber habido	haber sido	haber estado
GERUNDIO		
compuesto (gerundio simple + participio)		
habiendo habido	habiendo sido	habiendo estado

CANTAR	TEMER	PARTIR
INDICATIVO		
pretérito perfecto compuesto (presente + participio)		
he cantado	he temido	he partido
has cantado	has temido	has partido
ha cantado	ha temido	ha partido
hemos cantado	hemos temido	hemos partido
habéis cantado / han cantado	habéis temido / han temido	habéis partido / han partido
han cantado	han temido	han partido

CANTAR	TEMER	PARTIR
\multicolumn{3}{c}{INDICATIVO}		

INDICATIVO

pretérito pluscuamperfecto (pretérito imperfecto + participio)

CANTAR	TEMER	PARTIR
había cantado	había temido	había partido
habías cantado	habías temido	habías partido
había cantado	había temido	había partido
habíamos cantado	habíamos temido	habíamos partido
habíais cantado / habían cantado	habíais temido / habían temido	habíais partido / habían partido
habían cantado	habían temido	habían partido

pretérito anterior (pretérito perfecto simple + participio)

CANTAR	TEMER	PARTIR
hube cantado	hube temido	hube partido
hubiste cantado	hubiste temido	hubiste partido
hubo cantado	hubo temido	hubo partido
hubimos cantado	hubimos temido	hubimos partido
hubisteis cantado / hubieron cantado	hubisteis temido / hubieron temido	hubisteis partido / hubieron partido
hubieron cantado	hubieron temido	hubieron partido

futuro compuesto (futuro simple + participio)

CANTAR	TEMER	PARTIR
habré cantado	habré temido	habré partido
habrás cantado	habrás temido	habrás partido
habrá cantado	habrá temido	habrá partido
habremos cantado	habremos temido	habremos partido
habréis cantado / habrán cantado	habréis temido / habrán temido	habréis partido / habrán partido
habrán cantado	habrán temido	habrán partido

condicional compuesto (condicional simple + participio)

CANTAR	TEMER	PARTIR
habría cantado	habría temido	habría partido
habrías cantado	habrías temido	habrías partido
habría cantado	habría temido	habría partido
habríamos cantado	habríamos temido	habríamos partido
habríais cantado / habrían cantado	habríais temido / habrían temido	habríais partido / habrían partido
habrían cantado	habrían temido	habrían partido

CANTAR	TEMER	PARTIR
SUBJUNTIVO		
pretérito perfecto (presente + participio)		
haya cantado	haya temido	haya partido
hayas cantado	hayas temido	hayas partido
haya cantado	haya temido	haya partido
hayamos cantado	hayamos temido	hayamos partido
hayáis cantado	hayáis temido	hayáis partido
/ hayan cantado	/ hayan temido	/ hayan partido
hayan cantado	hayan temido	hayan partido
pretérito plucuamperfecto (pretérito imperfecto + participio)		
hubiera cantado	hubiera temido	hubiera partido
hubieras cantado	hubieras temido	hubieras partido
hubiera cantado	hubiera temido	hubiera partido
hubiéramos cantado	hubiéramos temido	hubiéramos partido
hubierais cantado	hubierais temido	hubierais partido
/ hubieran cantado	/ hubieran temido	/ hubieran partido
hubieran cantado	hubieran temido	hubieran partido
hubiese cantado	hubiese temido	hubiese partido
hubieses cantado	hubieses temido	hubieses partido
hubiese cantado	hubiese temido	hubiese partido
hubiésemos cantado	hubiésemos temido	hubiésemos partido
hubieseis cantado	hubieseis temido	hubieseis partido
/ hubiesen cantado	/ hubiesen temido	/ hubiesen partido
hubiesen cantado	hubiesen temido	hubiesen partido
futuro compuesto (futuro simple + participio)		
hubiere cantado	hubiere temido	hubiere partido
hubieres cantado	hubieres temido	hubieres partido
hubiere cantado	hubiere temido	hubiere partido
hubiéremos cantado	hubiéremos temido	hubiéremos partido
hubiereis cantado	hubiereis temido	hubiereis partido
/ hubieren cantado	/ hubieren temido	/ hubieren partido
hubieren cantado	hubieren temido	hubieren partido

GRAMÁTICA DEL VERBO ESPAÑOL

FORMAS NO PERSONALES

INFINITIVO

compuesto (infinitivo simple + participio)

| haber cantado | haber temido | haber partido |

GERUNDIO

compuesto (gerundio simple + participio)

| habiendo cantado | habiendo temido | habiendo partido |

Voz pasiva con *ser*

AMAR	TEMER	DIRIGIR

INDICATIVO

presente

soy amado (-a)	soy temido (-a)	soy dirigido (-a)
eres / sos amado (-a)	eres / sos temido (-a)	eres / sos dirigido (-a)
es amado (-a)	es temido (-a)	es dirigido (-a)
somos amados (-as)	somos temidos (-as)	somos dirigidos (-as)
sois / son amados (-as)	sois / son temidos (-as)	sois / son dirigidos (-as)
son amados (-as)	son temidos (-as)	son dirigidos (-as)

pretérito imperfecto

era amado (-a)	era temido (-a)	era dirigido (-a)
eras amado (-a)	eras temido (-a)	eras dirigido (-a)
era amado (-a)	era temido (-a)	era dirigido (-a)
éramos amados (-as)	éramos temidos (-as)	éramos dirigidos (-as)
erais / eran amados (-as)	erais / eran temidos (-as)	erais / eran dirigidos (-as)
eran amados (-as)	eran temidos (-as)	eran dirigidos (-as)

pretérito perfecto simple

fui amado (-a)	fui temido (-a)	fui dirigido (-a)
fuiste amado (-a)	fuiste temido (-a)	fuiste dirigido (-a)
fue amado (-a)	fue temido (-a)	fue dirigido (-a)
fuimos amados (-as)	fuimos temidos (-as)	fuimos dirigidos (-as)
fuisteis / fueron amados (-as)	fuisteis / fueron temidos (-as)	fuisteis / fueron dirigidos (-as)
fueron amados (-as)	fueron temidos (-as)	fueron dirigidos (-as)

Voz pasiva con *ser*

AMAR	TEMER	DIRIGIR
INDICATIVO		
futuro simple		
seré amado (-a)	seré temido (-a)	seré dirigido (-a)
serás amado (-a)	serás temido (-a)	serás dirigido (-a)
será amado (-a)	será temido (-a)	será dirigido (-a)
seremos amados (-as)	seremos temidos (-as)	seremos dirigidos (-as)
seréis / serán amados (-as)	seréis / serán temidos (-as)	seréis / serán dirigidos (-as)
serán amados (-as)	serán temidos (-as)	serán dirigidos (-as)
condicional simple (o potencial)		
sería amado (-a)	sería temido (-a)	sería dirigido (-a)
serías amado (-a)	serías temido (-a)	serías dirigido (-a)
sería amado (-a)	sería temido (-a)	sería dirigido (-a)
seríamos amados (-as)	seríamos temidos (-as)	seríamos dirigidos (-as)
seríais / serían amados (-as)	seríais / serían temidos (-as)	seríais / serían dirigidos (-as)
serían amados (-as)	serían temidos (-as)	serían dirigidos (-as)
SUBJUNTIVO		
presente		
sea amado (-a)	sea temido (-a)	sea dirigido (-a)
seas amado (-a)	seas temido (-a)	seas dirigido (-a)
sea amado (-a)	sea temido (-a)	sea dirigido (-a)
seamos amados (-as)	seamos temidos (-as)	seamos dirigidos (-as)
seáis / sean amados (-as)	seáis / sean temidos (-as)	seáis / sean dirigidos (-as)
sean amados (-as)	sean temidos (-as)	sean dirigidos (-as)
pretérito imperfecto		
fuera amado (-a)	fuera temido (-a)	fuera dirigido (-a)
fueras amado (-a)	fueras temido (-a)	fueras dirigido (-a)
fuera amado (-a)	fuera temido (-a)	fuera dirigido (-a)
fuéramos amados (-as)	fuéramos temidos (-as)	fuéramos dirigidos (-as)
fuerais / fueran amados (-as)	fuerais / fueran temidos (-as)	fuerais / fueran dirigidos (-as)
fueran amados (-as)	fueran temidos (-as)	fueran dirigidos (-as)

fuese amado (-a)	fuese temido (-a)	fuese dirigido (-a)
fueses amado (-a)	fueses temido (-a)	fueses dirigido (-a)
fuese amado (-a)	fuese temido (-a)	fuese dirigido (-a)
fuésemos amados (-as)	fuésemos temidos (-as)	fuésemos dirigidos (-as)
fueseis / fuesen amados (-as)	fueseis / fuesen temidos (-as)	fueseis / fuesen dirigidos (-as)
fuesen amados (-as)	fuesen temidos (-as)	fuesen dirigidos (-as)
	futuro simple	
fuere amado (-a)	fuere temido (-a)	fuere dirigido (-a)
fueres amado (-a)	fueres temido (-a)	fueres dirigido (-a)
fuere amado (-a)	fuere temido (-a)	fuere dirigido (-a)
fuéremos amados (-as)	fuéremos temidos (-as)	fuéremos dirigidos (-as)
fuereis / fueren amados (-as)	fuereis / fueren temidos (-as)	fuereis / fueren dirigidos (-as)
fueren amados (-as)	fueren temidos (-as)	fueren dirigidos (-as)

Verbos irregulares

En su conjunto, las irregularidades son resultado de la acción de las leyes fonéticas sobre el sistema entero de la lengua española; las que se presentan en la conjugación española, con raras excepciones, afectan a la raíz verbal. En pocos casos estos cambios proceden del latín, como, en parte, los pretéritos fuertes.

La irregularidad puede ser (a) *vocálica*, (b) *consonántica* o (c) *mixta*.

(a) **Irregularidad vocálica**. La forma irregular presenta ya el cambio de la debilitación vocálica, ya el de la diptongación, como en:

> *ped–ir, pid–ió;*
> *mor–ir, mur–ió;*
> *quer–er, quier–o;*
> *volv–er, vuelv–o.*

(b) **Irregularidad consonántica**. La forma irregular presenta ya la sustitución de una consonante por otra, ya la adición de una consonante a la raíz del infinitivo. Hay dos casos de adición consonántica: entre la consonante final de la raíz del infinitivo y la desinencia, y entre la última vocal de la raíz del infinitivo y la desinencia. Ejemplos:

*hac–er, ha**g**–a;*
*hab–er, ha**y**–a;*
*nac–er, na**zc**–o;*
*sal–ir, sal**g**–o;*
*ven–ir, ven**g**–o;*
*hu–ir, hu**y**–o;*
*o–ír, o**y**–e.*

(c) **Irregularidad mixta**. La forma irregular presenta ya la sustitución simultánea de una vocal y una consonante por otra vocal y otra consonante, ya por la adición del grupo *-ig-* a la última vocal de la raíz, como en:

*dec–ir, d**ig**–o;*
*sab–er, s**ep**–a;*
*cab–er, qu**ep**–a;*
*o–ír, o**ig**–o;*
*tra–er, tra**ig**–a.*

Considerando lo expuesto y con miras a una mejor eficiencia didáctica, hemos organizado el estudio de los verbos irregulares españoles clasificándolos de la siguiente manera:

Clases de verbos irregulares
1.ª = verbos con diptongación
2.ª = verbos con debilitación vocálica
3.ª = verbos con diptongación y debilitación vocálica
4.ª = verbos con epéntesis consonántica
5.ª = verbos con futuro irregular
6.ª = verbos con pretérito fuerte
7.ª = verbos con especial irregularidad en los presentes
8.ª = otros verbos con especial irregularidad

Clase 1.ª: verbos con diptongación

Un número considerable de verbos que tienen **e / o** (a veces **i / u**) en sus radicales, diptongan **e**, **i** en **ie / o**, **u** en **ue** en las formas rizotónicas de los presentes. Se trata de las tres personas de singular y 3.ª persona de plural de los presentes de indicativo, subjuntivo e imperativo. Por ejemplo, *acertar*, *adquirir*, *mover*, *jugar*:

acertar ⇒	ac**ie**rto	adquirir ⇒	adqu**ie**ro
	acertamos		adquirimos
mover ⇒	m**ue**vo	jugar ⇒	j**ue**go
	movemos		jugamos

e > ie	i > ie	o > ue	u > ue
acertar	adquirir	mover	jugar
presente de indicativo			
ac**ie**rto	adqu**ie**ro	m**ue**vo	j**ue**go
ac**ie**rtas	adqu**ie**res	m**ue**ves	j**ue**gas
/ acertás	/ adquirís	/ mové	/ jugás
ac**ie**rta	adqu**ie**re	m**ue**ve	j**ue**ga
acertamos	adquirimos	movemos	jugamos
acertáis	adquirís	movéis	jugáis
/ ac**ie**rtan	/ adqu**ie**ren	/ m**ue**ven	/ j**ue**gan
ac**ie**rtan	adqu**ie**ren	m**ue**ven	j**ue**gan
presente de subjuntivo			
ac**ie**rte	adqu**ie**ra	m**ue**va	j**ue**gue
ac**ie**rtes	adqu**ie**ras	m**ue**vas	j**ue**gues
ac**ie**rte	adqu**ie**ra	m**ue**va	j**ue**gue
acertemos	adquiramos	movamos	juguemos
acertéis	adquiráis	mováis	juguéis
/ ac**ie**rten	/ adqu**ie**ran	/ m**ue**van	/ j**ue**guen
ac**ie**rten	adqu**ie**ran	m**ue**van	j**ue**guen
imperativo			
ac**ie**rta (tú)	adqu**ie**re (tú)	m**ue**ve (tú)	j**ue**ga (tú)
/ acertá (vos)	/ adquirí (vos)	/ mové (vos)	/ jugá (vos)
ac**ie**rte (usted)	adqu**ie**ra (usted)	m**ue**va (usted)	j**ue**gue (usted)
acertad (vosotros)	adquirid (vosotros)	moved (vosotros)	jugad (vosotros)
ac**ie**rten (ustedes)	dqu**ie**ran (ustedes)	m**ue**van (ustedes)	j**ue**guen (ustedes)

Se conjugan como **acertar / adquirir** (e / i > ie):

concertar	deshelar	entender	pensar
condescender	desherbar	enterrar	perder
confesar	desinvernar	entrecerrar	perniquebrar
contender	deslendrar	entrepernar	perquirir
decentar	desmelar	envesar	pesquirir
defender	desmembrar	ermar	plegar
dementar	desnegar	errar	quebrar
denegar	desnervar	escarmentar	querer
dentar	desnevar	estercar	reapretar
derrenegar	desosegar	estregar	reaventar
derrengar	desoterrar	extender	recalentar
desacertar	despedrar	ferrar	recentar
desaferrar	despernar	fregar	recomendar
desalentar	despertar	gobernar	recomenzar
desapretar	despezar	hacendar	refregar
desarrendar	desplegar	heder	regar
desasentar	desquerer	helar	regimentar
desasosegar	destentar	hender	reherrar
desatender	desterrar	herbar	remembrar
desatentar	desventar	herrar	remendar
desaterrar	discernir	herventar	renegar
desatravesar	distender	hervir	repensar
desaventar	ementar	incensar	replegar
descender	emparentar	infernar	requebrar
descerrar	empedrar	inquirir	resegar
descimentar	empezar	invernar	resembrar
desconcertar	encender	jimenzar	resquebrar
desdentar	encerrar	malquerer	restregar
desembrar	encomendar	manifestar	retemblar
desempedrar	encubertar	melar	retentar
desencerrar	endentar	membrar	retesar
desentenderse	enhestar	mentar	reventar
desenterrar	enlenzar	merendar	reverter
desentropezar	enmelar	negar	salpimentar
desferrar	enmendar	nevar	sangrentar
desgobernar	ensangrentar	patiquebrar	sarmentar

segar	sobreverterse	superentender	trasfregar
sembrar	sorregar	temblar	trasverter
sentar	sosegar	tender	tropezar
serrar	soterrar	transfregar	ventar
sobrentender	subarrendar	trascender	verter
sobresembrar	subtender	trasegar	

Se conjugan como **contar** / **volver** / jugar (o / u > ue):

absolver	conmover	desmajolar	ensoñar
abuñolar	consolar	desolar	entortar
acolgar	consonar	desoldar	entremostrar
acollar	contar	desollar	entrevolver
acordar	contorcerse	desosar	envolver
acostar	costar	despoblar	escocer
afollar	dedolar	destorcer	escolar
aforar	degollar	destrocar	esfogar
agorar	demoler	desvolver	esforzar
almorzar	demostrar	devolver	follar
amolar	denostar	discordar	forzar
amover	derrocar	disolver	grandisonar
apostar	desacollar	disonar	holgar
aprobar	desacordar	dolar	hollar
asolar	desaforar	doler	improbar
asoldar	desaprobar	emporcar	jugar
asonar	descolgar	enclocar	llover
atronar	descollar	encontrar	mancornar
avergonzar	desconsolar	encorar	moler
azolar	descontar	encordar	morder
cocer	descordar	encovar	mostrar
colar	descornar	engrosar	mover
colgar	desencordar	enmostrar	oler [1]
comprobrar	desencovar	enrocar	percollar
concordar	desengrosar	enrodar	poblar
condoler	desenvolver	ensolver	poder [2]

[1] Se escriben con *h* las formas del verbo *oler* que empiezan por *ue*: hue*lo*, hue*len*, hue*la*, hue*las*, hue*lan*.
[2] *Poder* y *querer* tienen también futuro irregular (clase 5.ª) y pretérito fuerte (clase 6.ª).

premorir	remorder	revolcar	sonrodarse
premostrar	remover	revolver	torcer
probar	renovar	rodar	tostar
promover	repoblar	rogar	trascolar
recocer	reprobar	sobresolar	trascordarse
recolar	rescontrar	sobrevolar	trastrocar
recontar	resollar	solar	trasvolar
recordar	resolver	soldar	trocar
recostar	resonar	soler	tronar
reforzar	retorcer	soltar	unisonar
regoldar	retostar	sonar	volar
rehollar	retronar	soñar	volcar
remoler	revolar		

Clase 2.ª: verbos con debilitación vocálica

Muchos verbos que tienen **e** / **o** en sus radicales, cierran **e** en **i** / **o** en **u**. Este fenómeno, que se denomina tradicionalmente debilitación vocálica, ocurre: (a) en las formas rizotónicas de los presentes (de indicativo, subjuntivo e imperativo); (b) en las formas no rizotónicas del presente de subjuntivo, imperativo, pretérito perfecto simple con sus derivados y gerundio, cuando la desinencia empieza en *–a* o *–i semiconsonante*. Por ejemplo, *servir*, *podrir*:

servir ⇒	**s**i**rvo**		podrir ⇒	**pu**dro
	si**rvamos**			**pu**dramos
	servimos			podrimos

o > u	e > i
servir	podrir [1]

presente de indicativo

si**rvo**	**pu**dro
si**rves** / servís	**pu**dres / podrís
si**rve**	**pu**dre
servimos	podrimos
servís / **s**i**rven**	podrís / **pu**dren
si**rven**	**pu**dren

[1] A los efectos de evitar confusiones con el verbo *poder*, la Real Academia Española ha creído conveniente fijar su conjugación inclinándose por la forma *pudrir*, salvo en el infinitivo y en el participio. El verbo *pudrir* hace el participio como *podrir*, es decir, *podrido*.

e > i	o > u
servir	podrir

presente de subjuntivo

s*i*rva	p*u*dra
s*i*rvas	p*u*dras
s*i*rva	p*u*dra
s*i*rvamos	p*u*dramos
s*i*rváis / s*i*rvan	p*u*dráis / p*u*dran
sirvan	p*u*dran

imperativo

s*i*rve (tú) / serví (vos)	p*u*dre (tú) / podrí (vos)
s*i*rva (usted)	p*u*dra (usted)
servid (vosotros)	podrid (vosotros)
s*i*rvan (ustedes)	p*u*dran (ustedes)

pretérito perfecto simple de indicativo

serví	podrí
serviste	podriste
s*i*rvió	p*u*drió
servimos	podrimos
servisteis / s*i*rvieron	podristeis / p*u*drieron
s*i*rvieron	p*u*drieron

pretérito imperfecto de subjuntivo

s*i*rviera, -iese	p*u*driera, -iese
s*i*rvieras, -ieses	p*u*drieras, -ieses
s*i*rviera, -iese	p*u*driera, -iese
s*i*rviéramos, -iésemos	p*u*driéramos, -iésemos
s*i*rvierais, -ieseis / s*i*rvieran, -iesen	p*u*drierais, -ieseis / p*u*drieran, -iesen
s*i*rvieran, -iesen	p*u*drieran, -iesen

futuro simple de subjuntivo

s*i*rviere	p*u*driere
s*i*rvieres	p*u*drieres
s*i*rviere	p*u*driere
s*i*rviéremos	p*u*driéremos
s*i*rviereis / s*i*rvieren	p*u*driereis / p*u*drieren
s*i*rvieren	p*u*drieren

gerundio

s*i*rviendo	p*u*driendo

Se incluyen en esta clase, además de *servir* y *podrir*, los verbos terminados en *–ebir*, *–edir*, *–egir*, *–eguir*, *–eír*, *–emir*, *–enchir*, *–endir*, *–eñir* [1], *–estir*, y *–etir*: *concebir, medir, pedir, elegir, regir, conseguir, seguir, freír* [2], *reír* [3]*, gemir, henchir, rendir, ceñir, reñir, teñir, vestir, competir, repetir.*

Se conjugan como **pedir** (e > i):

acomedirse	despedir	medir	rendir
ceñir	desteñir	perseguir	reñir
colegir	desvestir	preconcebir	repetir
comedir	elegir	preelegir	reseguir
competir	embestir	proseguir	reteñir
concebir	engreír	receñir	revestir
conseguir	estreñir	recolegir	seguir
constreñir	expedir	reelegir	servir
corregir	freír	reexpedir	sobrevestir
derretir	gemir	refreír	sofreír
desceñir	henchir	regir	sonreír
descomedirse	heñir	rehenchir	subseguir
desleír	impedir	reír	teñir
desmedirse	investir	remedir	vestir

Clase 3.ª : verbos con diptongación y debilitación vocálica

Hay verbos que reúnen las irregularidades de las clases 1.ª y 2.ª, o sea, presentan diptongación y debilitación vocálica. La diptongación ocurre en las formas rizotónicas de los presentes (de indicativo, subjuntivo e imperativo) y la debilitación vocálica, en las formas rizotónicas del presente de subjuntivo, imperativo, pretérito perfecto simple con sus derivados y gerundio, cuando la desinencia empieza en *-a* o *-i semiconsonante*. Por ejemplo, *sentir, morir*:

sentir ⇒	**si**ento **si**ntamos **si**ntió	morir ⇒	muero muramos murió

[1] Los verbos en *-eñir* suprimen la *i* que sigue a *ñ* en el pret.indefinido, pret.imperf.de subjuntivo y gerundio: *ciñó, ciñeron, riñera, riñese, riñeran, riñesen, tiñere, tiñeren, ciñen-do, riñendo, tiñendo.*

GRAMÁTICA DEL VERBO ESPAÑOL

e > ie, i	o > ue, u	e > ie, i	o > ue, u
sentir	morir	sentir	morir
presente de indicativo		**pretérito perfecto simple de indicativo**	
s**ie**nto	m**ue**ro	sentí	morí
s**ie**ntes / sentís	m**ue**res	sentiste	moriste
s**ie**nte	m**ue**re	s**i**ntió	m**u**rió
sentimos	morimos	sentimos	morimos
sentís / s**ie**nten	morís / m**ue**ren	sentisteis / s**i**ntieron	moristeis / m**u**rieron
s**ie**nten	m**ue**ren	s**i**ntieron	m**u**rieron
presente de subjuntivo		**pretérito imperfecto de subjuntivo**	
s**ie**nta	m**ue**ra	s**i**ntiera, –iese	m**u**riera, –iese
s**ie**ntas	m**ue**ras	s**i**ntieras, –ieses	m**u**rieras, –ieses
s**ie**nta	m**ue**ra	s**i**ntiera, –iese	m**u**riera, –iese
s**i**ntamos	m**u**ramos	s**i**ntiéramos, –iésemos	m**u**riéramos, –iésemos
s**i**ntáis / s**ie**ntan	m**u**ráis / m**ue**ran	s**i**ntierais, –ieseis / s**i**ntieran, –iesen	m**u**rierais, –ieseis / m**u**rieran, –iesen
s**ie**ntan	m**ue**ran	**i**ntieran, –iesen	m**u**rieran, –iesen
futuro simple de subjuntivo		**imperativo**	
s**i**ntiere	m**u**riere		
s**i**ntieres	m**u**rieres	s**ie**nte (tú) / sentí (vos)	m**ue**re (tú) / morí (vos)
s**i**ntiere	m**u**riere	s**ie**nta (usted)	m**ue**ra (usted)
s**i**ntiéremos	m**u**riéremos		
s**i**ntiereis / s**i**ntieren	m**u**riereis / m**u**rieren	sentid (vosotros)	morid (vosotros)
s**i**ntieren	m**u**rieren	s**ie**ntan (ustedes)	m**ue**ran (ustedes)
gerundio			
s**i**ntiendo	m**u**riendo		

Pertenecen a esta clase, además de *hervir*, *dormir* y *morir*, los verbos terminados en *–entir*, *–erir* y *–ertir*: *adherir*, *advertir*, *arrepentirse*, *convertir*, *digerir*, *divertir*, *herir*, *mentir*, *pervertir*.

Se conjugan como **sentir** (e > ie / i):

adherir	circunferir	convertir	diferir
advertir	conferir	deferir	digerir
arrepentirse	consentir	desconsentir	disentir
asentir	controvertir	desmentir	divertir

herir	invertir	presentir	revertir
hervir	malherir	proferir	sentir
inferir	manferir	referir	subvertir
ingerir	mentir	reherir	sugerir
injerir	pervertir	rehervir	transferir
interferir	preferir	requerir	zaherir

Se conjugan como **morir** (o > ue / u):

adormir
dormir
entremorir
morir
premorir

Clase 4.ª : verbos con epéntesis consonántica

En esta clase se encuentran verbos que añaden consonantes al radical. Los estudiamos en tres grupos:

(1) –z–
(2) –g–
(3) –y–

(1) Los verbos terminados en *–acer* [1], *–ecer* [2], *–ocer* [3] y *–ucir* toman una **z** antes de la **c** radical, cuando ésta va seguida de **o** o de **a**, en los presentes (de indicativo, subjuntivo e imperativo). Esto ocurre, por lo tanto, en la primera persona de singular del presente de indicativo, en todo el presente de subjuntivo y en el imperativo formal. Por ejemplo:

conocer ⇒	**conozco (cono–z–c+o)** [4]
	conozca (cono–z–c+a)
	conoce (cono–c+e)

[1] Se exceptúan *hacer* y sus compuestos.
[2] Salvo *mecer* y *remecer*, que son regulares.
[3] Menos *cocer, descocer, escocer* y *recocer*, que se encajan en la clase 1.ª.
[4] Fonéticamente, sin embargo, la consonante epentética es la c [k] y no la ʐ [T]: conozco ⇒ [kono@Tko].

GRAMÁTICA DEL VERBO ESPAÑOL

nacer	agradecer	conocer	conducir
presente de indicativo			
nazco	agradezco	conozco	conduzco
naces / nacés	agradeces / agradecés	conoces / conocés	conduces / conducís
nace	agradece	conoce	conduce
nacemos	agradecemos	conocemos	conducimos
nacéis / nacen	agradecéis / agradecen	conocéis / conocen	conducís / conducen
nacen	agradecen	conocen	conducen
presente de subjuntivo			
nazca	agradezca	conozca	conduzca
nazcas	agradezcas	conozcas	conduzcas
nazca	agradezca	conozca	conduzca
nazcamos	agradezcamos	conozcamos	conduzcamos
nazcáis / nazcan	agradezcáis / agradezcan	conozcáis / conozcan	conduzcáis / conduzcan
nazcan	agradezcan	conozcan	conduzcan
imperativo			
nace (tú) / nacé (vos)	agradece (tú) / agradecé (vos)	conoce (tú) / conocé (vos)	conduce (tú) / conducí (vos)
nazca (usted)	**agradezca**/(usted)	**conozca** (usted)	**conduzca** (usted)
naced (vosotros)	agradeced (vosotros)	conoced (vosotros)	conducid (vosotros)
nazcan (ustedes)	**agradezcan** (ustedes)	**conozcan** (ustedes)	**conduzcan** (ustedes)

Se conjugan como nacer (*nazco*), agradecer (*agradezco*), conocer (*conozco*), conducir (*conduzco*) [radical + z + a / o]:

abastecer	afeblecerse	aplacer	complacer
aborrecer	aflaquecerse	arborecer	condolecerse
acaecer	amanecer	aridecer	conducir
aclarecer	amarillecer	atardecer	conocer
acontecer	amorecer	aterecerse	convalecer
acrecer	amortecerse	blanquecer	crecer
adolecer	anochecer	canecerse	decrecer
adormecer	aparecer	carecer	deducir
aducir	apetecer	compadecer	defenecer

desabastecer
desadormecer
desagradecer
desaparecer
desconocer
desembebecerse
desembravecer
desembravecer
desenfurecer
desenmohecer
desenmudecer
desenrudecer
desensoberbecer
desentollecer
desentorpecer
desentumecer
desfallecer
desfavorecer
desfortalecer
desguarnecer
deshumedecer
deslucir
desmerecer
desobedecer
desperecerse
desplacer
desvanecer
educir
eflorecerse
elobreguecer
embarbecer
embastecer
embebecer
embellaquecerse
emblandecerse
emblanquecerse
embobecer
embosquecer

embravecer
embrutecer
emellecer
empavorecer
empequeñecer
emplastecer
emplumecer
empobrecer
enaltecer
enardecer
encabellecerse
encallecer
encalvecer
encandecer
encanecer
encarecer
encarnecer
encorecer
encrudecer
encruelecer
endelgadecer
endentecer
endurecer
enflaquecer
enfranquecer
enfurecer
engrandecer
engravecer
engrumecerse
enllentecer
enloquecer
enloquecer
enlucir
enlustrecer
enmagrecer
enmalecer
enmalecerse
enmarillecerse

enmohecer
enmugrecer
ennegrecer
ennoblecer
ennudecer
enorgullecer
enralecer
enrarecer
enronquecer
enrubescer
enrudecer
enruinecer
ensandecer
ensarnecer
ensilvecerse
ensoberbecer
ensombrecer
ensordecer
entallecer
entenebrecer
enternecer
entestecer
entigrecerse
entontecer
entorpecer
entrelucir
entreparecerse
entreyacer
entristecer
entullecer
entumecer
envanecer
envarescer
envejecer
enverdecer
envilecer
enzurdecer
escaecer

escalfecerse
escarnecer
esmorecer
establecer
estremecer
exardecer
excandecer
fallecer
favorecer
fenecer
florecer
fortalecer
fulgurecer
guarecer
guarnecer
humedecer
inducir
introducir
juvenecer
languidecer
lentecer
lividecer
lobreguecer
lozanecer
lucir
merecer
nacer
negrecer
nocir
nucir
obedecer
ofrecer
oscurecer
pacer
padecer
palidecer
parecer
perecer

permanecer	rarefacer	rehumedecer	retraducir
pertenecer	reaparecer	rejuvenecer	revejecer
pimpollecer	reblandecer	relentecer	reverdecer
placer	reconducir	relucir	robustecer
plastecer	reconocer	remanecer	seducir
preconocer	reconvalecer	renacer	sobrecrecer
prelucir	recrecer	repacer	tallecer
prevalecer	recrudecer	reproducir	traducir
producir	reducir	resplandecer	traslucirse
provecer	reflorecer	restablecer	verdecer
pubescer	regradecer	retallecer	vilecer

(2) Los verbos *asir*, *valer*, *salir*, *tener*, *poner*, *venir* y sus compuestos toman una **g** detrás de la **n** o **l** del radical ante las vocales **o**, **a** de las desinencias, en los presentes. Esto ocurre en la primera persona de singular del presente de indicativo, en todo el presente de subjuntivo y en el imperativo formal. En este grupo se incluyen los verbos *oír* y *traer*, que presentan irregularidad mixta, o sea, agregan el grupo –*ig*– a la última vocal de la raíz. *Hacer* y *decir* cambian la **c** en **g**. Por ejemplo:

salir ⇒	salgo (sal–g–o)
	salga (sal–g–a)
tener ⇒	tengo (ten–g–o)
	tenga (ten–g–a)

presente de indicativo

asir	valer	salir	tener	poner
asgo	**valgo**	**salgo**	**tengo**	**pongo**
ases / asís	vales / valés	sales / salís	tienes / tenés	pones / ponés
ase	vale	sale	tiene	pone
asimos	valemos	salimos	tenemos	ponemos
asís / asen	valéis / valen	salís / salen	tenéis / tienen	ponéis / ponen
asen	valen	salen	tienen	ponen

presente de indicativo

venir	oír	traer	hacer	decir
vengo	oigo	traigo	hago	digo
vienes / venís	oyes / oís	traes / traés	haces / hacés	dices / decís
viene	oye	trae	hace	dice
venimos	oímos	traemos	hacemos	decimos
venís / vienen	oís / oyen	traéis / traen	hacéis / hacen	decís / dicen
vienen	oyen	traen	hacen	dicen

presente de subjuntivo

asir	valer	salir	tener	poner
asga	valga	salga	tenga	ponga
asgas	valgas	salgas	tengas	pongas
asga	valga	salga	tenga	ponga
asgamos	valgamos	salgamos	tengamos	pongamos
asgáis / asgan	valgáis / valgan	salgáis / salgan	tengáis / tengan	pongáis / pongan
asgan	valgan	salgan	tengan	pongan

venir	oír	traer	hacer	decir
venga	oiga	traiga	haga	diga
vengas	oigas	traigas	hagas	digas
venga	oiga	traiga	haga	diga
vengamos	oigamos	traigamos	hagamos	digamos
vengáis / vengan	oigáis / oigan	traigáis / traigan	hagáis / hagan	digáis / digan
vengan	oigan	traigan	hagan	digan

imperativo

asir	valer	salir	tener	poner
ase (tú) / así (vos)	val (tú) / valé (vos)	sal (tú) / salí (vos)	ten (tú) / tené (vos)	pon (tú) / poné (vos)
asga (usted)	**valga** (usted)	**salga** (usted)	**tenga**	**ponga** (usted)
asid (vosotros) / asgan (uds.)	valed (vosotros) / **valgan** (uds.)	salid (vosotros) / salgan (uds.)	tened (vosotros) / **tengan**(uds.)	poned (vosotros) / **pongan** (uds.)
asgan (ustedes)	**valgan** ustedes)	**salgan**(ustedes)	**tengan** (uds.)	**pongan** (uds.)

venir	oír	traer	hacer	decir
ven (tú) / vení (vos)	oye (tú) / oí (vos)	trae (tú) / traé (vos)	haz (tú) / hacé (vos)	di (tú) / decí (vos)
venga (usted)	**oiga** (usted)	**traiga** (usted)	**haga** (usted)	**diga** (usted)
venid (vosotros) / **vengan**(uds.)	oíd (vosotros) / **oigan** (uds.)	traed (vosotros) / **traigan**(uds.)	haced (vosotros) / **hagan** (uds.)	decid (vosotros) / **digan** (uds.)
vengan (uds.)	**oigan** (ustedes)	**traigan** (uds.)	**hagan** (ustedes)	**digan** (ustedes)

GRAMÁTICA DEL VERBO ESPAÑOL

Se conjugan como **asir** (*asgo*), **valer** (*valgo*), **salir** (*salgo*), **tener** (*tengo*), **poner** (*pongo*), **venir** (*vengo*) [radical en –s / –n / –l + g + a / o]:

abstenerse	desasir	manutener	resalir
adaponer	descomponer	obtener	retener
advenir	desimponer	oponer	salir
anteponer	detener	poner	sobreponer
aponer	disponer	posponer	sobresalir
atener	entretener	predisponer	sostener
avenir	equivaler [1]	preponer	superponer
circunvenir	exponer	presuponer	suponer
componer	imponer	prevaler [2]	transponer
contener	indisponer	proponer	valer
contraponer	interponer	recomponer	venir
contravenir	mantener	reponer	yuxtaponer
deponer			

Se conjugan como **traer** (*traigo*), **oír** (*oigo*) [radical en –a / –o + ig + a / o]:

abstraer	desoír	extraer	retraer
atraer	detraer	maltraer	retrotraer
caer	distraer	oír	sustraer
contraer	entreoír	recaer	trasoír
decaer			

Se conjugan como **decir** (*digo*), **hacer** (*hago*) [–c– > –g–]:

antedecir	contrahacer	entredecir	predecir
bendecir	decir	hacer	redecir
condecir	desdecir	interdecir	rehacer
contradecir	deshacer	maldecir	satisfacer

---

[1] Exceto la segunda persona de singular del imperativo, que es equivale.
[2] Exceto la segunda persona de singular del imperativo, que es prevale.

(3) Los verbos terminados en *–uir* toman una *y* después de la *u* radical ante las vocales *a*, *e*, *o* de las desinencias, en los presentes. Esto ocurre en la primera persona de singular del presente de indicativo, en todo el presente de subjuntivo y en el imperativo formal. Por ejemplo:

huir ⇒	**huyo (hu–y–o)**
	huya (hu–y–a
	huye (hu–y–e)
	huimos (hu–imos)
	huían (hu–ían)
concluir ⇒	**concluyo (conclu–y–o)**
	concluya (conclu–y–a
	concluye (conclu–y–e)
	concluimos (conclu–imos)
	concluían (conclu–ían)

presente de indicativo		presente de subjuntivo	
huir	**concluir**	**huir**	**concluir**
huyo	**concluyo**	**huya**	**concluya**
huyes / huís	**concluyes** / concluís	**huyas**	**concluyas**
huye	**concluye**	**huya**	**concluya**
huimos	concluimos	**huyamos**	**concluyamos**
huís / **huyen**	concluís / **concluyen**	huyáis / **huyan**	concluyáis / **concluyan**
huyen	**concluyen**	**huyan**	**concluyan**

imperativo	
huir	**concluir**
huye (tú) / **huí** (vos)	**concluye** (tú) / **concluí** (vos)
huya (usted)	**concluya** (usted)
huid (vosotros)	concluid (vosotros)
huyan (ustedes)	**concluyan** (ustedes)

Se conjugan como **huir** (*huyo*), **concluir** (*concluyo*) [radical en –u + y + a / e / o]:

afluir	desobstruir	gruir	ocluir
argüir	destituir	huir	prostituir
atribuir	destruir	imbuir	reargüir
circuir	difluir	incluir	recluir
concluir	diluir	influir	reconstituir
confluir	disminuir	instituir	reconstruir
constituir	distribuir	instruir	redargüir
construir	estatuir	intuir	refluir
contribuir	excluir	irruir	rehuir
defuir	fluir	luir	restituir
derruir	fruir	obstruir	sustituir

Clase 5.ª: verbos con futuro irregular

Históricamente, el futuro simple de indicativo y el condicional simple del español son el resultado de una perífrasis formada por el infinitivo del verbo que se conjuga seguido del presente y pretérito imperfecto de indicativo, respectivamente. Así, por ejemplo:

infinitivo	pres.ind. de *haber*	futuro simple
	+	=
llamar	he	**llamaré**
infinitivo	pret.imperf. de *haber*	condicional simple
	+	=
llamar	*había > hía*	***llamaría***

    (1) *caberé* > **cabré** / *cabería* > **cabría**
    (2) *poneré* > *pon'ré* > **pondré** / *ponería* > *pon'ría* > **pondría**
    (3) *deciré* > **diré** / *deciría* > **diría**

La pérdida de la vocal de la desinencia que ocurría, a veces, en estas formas, da origen a tres tipos de irregularidad en el futuro y condicional:

(1) Simple pérdida de la vocal desinencial:

$$caber \Rightarrow \textbf{cabré}$$

caber	haber	saber	poder	querer
futuro simple de indicativo				
cabré	habré	sabré	podré	querré
cabrás	habrás	sabrás	podrás	querrás
cabrá	habrá	sabrá	podrá	querrá
cabremos	habremos	sabremos	podremos	querremos
cabréis / cabrán	habréis / habrán	sabréis / sabrán	podréis / podrán	querréis / querrán
cabrán	habrán	sabrán	podrán	querrán
condicional simple				
cabría	habría	sabría	podría	querría
cabrías	habrías	sabrías	podrías	querrías
cabría	habría	sabría	podría	querría
cabríamos	habríamos	sabríamos	podríamos	querríamos
cabríais / cabrían	habríais / habrían	sabríais / sabrían	podríais / podrían	querríais / querrían
cabrían	habrían	sabrían	podrían	querrían

Se conjugan como **caber** > cabré / cabría

bienquerer	haber	querer
caber	malquerer	resaber
desquerer	poder	saber

(2) La pérdida de la vocal desinencial origina la epéntesis de una *–d–* para facilitar el sonido:

$$poner \Rightarrow \textbf{pondré}$$

GRAMÁTICA DEL VERBO ESPAÑOL

poner	tener	venir	salir	valer
futuro simple de indicativo				
pondré	tendré	vendré	saldré	valdré
pondrás	tendrás	vendrás	saldrás	valdrás
pondrá	tendrá	vendrá	saldrá	valdrá
pondremos	tendremos	vendremos	saldremos	valdremos
pondréis / pondrán	tendréis / tendrán	vendréis / vendrán	saldréis / saldrán	valdréis / valdrán
pondrán	tendrán	vendrán	saldrán	valdrán
condicional simple				
pondría	tendría	vendría	saldría	valdría
pondrías	tendrías	vendrías	saldrías	valdrías
pondría	tendría	vendría	saldría	valdría
pondríamos	tendríamos	vendríamos	saldríamos	valdríamos
pondríais / pondrían	tendríais / tendrían	vendríais / vendrían	saldríais / saldrían	valdríais / valdrían
pondrían	tendrían	vendrían	saldrían	valdrían

Se conjugan como **poner** > pon'ré > pondré

abstener	desconvenir	oponer	revenir
advenir	desimponer	poner	salir
anteponer	detener	posponer	sobreponer
aponer	devenir	predisponer	sobresalir
atener	disponer	preponer	sobrevenir
avenir	entretener	presuponer	sostener
circunvenir	equivaler	prevaler	subvenir
componer	exponer	prevenir	superponer
contener	imponer	proponer	supervenir
contraponer	indisponer	provenir	suponer
contravenir	interponer	recomponer	tener
convenir	intervenir	reconvenir	transponer
deponer	mantener	reponer	valer
desavenir	manutener	resalir	venir
descomponer	obtener	retener	yuxtaponer

(3) La pérdida de la vocal desinencial origina la síncopa de la consonante contigua:

$$hacer \Rightarrow haré$$

hacer	decir	hacer	decir
futuro simple de indicativo		condicional simple	
haré	diré	haría	diría
harás	dirás	harías	dirías
hará	dirá	haría	diría
haremos	diremos	haríamos	diríamos
haréis / harán	diréis / dirán	haríais / harían	diríais / dirían
harán	dirán	harían	dirían

Se conjugan como **decir** > diré, **hacer** > haré:

afacer	contrahacer	entredecir	rarefacer
bendecir	decir	hacer	redecir
condecir	desdecir	maldecir	rehacer
contradecir	deshacer	predecir	satisfacer

Clase 6.ª : verbos con pretérito fuerte

Algunos verbos conservan del latín un pretérito perfecto simple de indicativo con acentuación en la penúltima sílaba, al contrario de los verbos regulares que tienen sus pretéritos indefinidos acentuados en la sílaba final. Como del pretérito perfecto simple derivan el pretérito imperfecto y el futuro simple de subjuntivo, esta irregularidad se extiende a estos tiempos. Pertenecen a esta clase los siguientes verbos: *andar, tener, estar, haber, poder, poner, caber, saber, venir, querer, hacer, decir, traer, conducir* y todos los verbos que terminan en *–ducir*.

GRAMÁTICA DEL VERBO ESPAÑOL

andar	tener	estar	haber
pretérito perfecto simple de indicativo			
anduve	tuve	estuve	hube
anduviste	tuviste	estuviste	hubiste
anduvo	tuvo	estuvo	hubo
anduvimos	tuvimos	estuvimos	hubimos
anduvisteis / anduvieron	tuvisteis / tuvieron	estuvisteis / estuvieron	hubisteis / hubieron
anduvieron	tuvieron	estuvieron	hubieron
pretérito imperfecto de subjuntivo			
anduviera	tuviera	estuviera	hubiera
anduvieras	tuvieras	estuvieras	hubieras
anduviera	tuviera	estuviera	hubiera
anduviéramos	tuviéramos	estuviéramos	hubiéramos
anduvierais / anduvieran	tuvierais / tuvieran	estuvierais / estuvieran	hubierais / hubieran
anduvieran	tuvieran	estuvieran	hubieran
anduviese	tuviese	estuviese	hubiese
anduvieses	tuvieses	estuvieses	hubieses
anduviese	tuviese	estuviese	hubiese
anduviésemos	tuviésemos	estuviésemos	hubiésemos
anduvieseis / anduviesen	tuvieseis / tuviesen	estuvieseis / estuviesen	hubieseis / hubiesen
anduviesen	tuviesen	estuviesen	hubiesen
futuro simple de subjuntivo			
anduviere	tuviere	estuviere	hubiere
anduvieres	tuvieres	estuvieres	hubieres
anduviere	tuviere	estuviere	hubiere
anduviéremos	tuviéremos	estuviéremos	hubiéremos
anduviereis / anduvieren	tuviereis / tuvieren	estuviereis / estuvieren	hubiereis / hubieren
anduvieren	tuvieren	estuvieren	hubieren

poder	poner	caber	saber
pretérito perfecto simple de indicativo			
pude	puse	cupe	supe
pudiste	pusiste	cupiste	supiste
pudo	puso	cupo	supo
pudimos	pusimos	cupimos	supimos
pudisteis / pudieron	pusisteis / pusieron	cupisteis / cupieron	supisteis / supieron
pudieron	pusieron	cupieron	supieron
pretérito imperfecto de subjuntivo			
pudiera	pusiera	cupiera	supiera
pudieras	pusieras	cupieras	supieras
pudiera	pusiera	cupiera	supiera
pudiéramos	pusiéramos	cupiéramos	supiéramos
pudierais / pudieran	pusierais / pusieran	cupierais / cupieran	supierais / supieran
pudieran	pusieran	cupieran	supieran
pudiese	pusiese	cupiese	supiese
pudieses	pusieses	cupieses	supieses
pudiese	pusiese	cupiese	supiese
pudiésemos	pusiésemos	cupiésemos	supiésemos
pudieseis / pudiesen	pusieseis / pusiesen	cupieseis / cupiesen	supieseis / supiesen
pudiesen	pusiesen	cupiesen	supiesen
futuro simple de subjuntivo			
pudiere	pusiere	cupiere	supiere
pudieres	pusieres	cupieres	supieres
pudiere	pusiere	cupiere	supiere
pudiéremos	pusiéremos	cupiéremos	supiéremos
pudiereis / pudieren	pusiereis / pusieren	cupiereis / cupieren	supiereis / supieren
pudieren	pusieren	cupieren	supieren

venir	querer	hacer	decir	traer	conducir
\multicolumn{6}{c}{**pretérito perfecto simple de indicativo**}					
vine	quise	hice	dije	traje	conduje
viniste	quisiste	hiciste	dijiste	trajiste	condujiste
vino	quiso	hizo	dijo	trajo	condujo
vinimos	quisimos	hicimos	dijimos	trajimos	condujimos
vinisteis / vinieron	quisisteis / quisieron	hicisteis / hicieron	dijisteis / dijeron	trajisteis / trajeron	condujisteis / condujeron
vinieron	quisieron	hicieron	dijeron	trajeron	condujeron
\multicolumn{6}{c}{**pretérito imperfecto de subjuntivo**}					
viniera	quisiera	hiciera	dijera	trajera	condujera
vinieras	quisieras	hicieras	dijeras	trajeras	condujeras
viniera	quisiera	hiciera	dijera	trajera	condujera
viniéramos	quisiéramos	hiciéramos	dijéramos	trajéramos	condujéramos
vinierais / vinieran	quisierais / quisieran	hicierais / hicieran	dijerais / dijeran	trajerais / trajeran	condujerais / condujeran
vinieran	quisieran	hicieran	dijeran	trajeran	condujeran
viniese	quisiese	hiciese	dijese	trajese	condujese
vinieses	quisieses	hicieses	dijeses	trajeses	condujeses
viniese	quisiese	hiciese	dijese	trajese	condujese
viniésemos	quisiésemos	hiciésemos	dijésemos	trajésemos	condujésemos
vinieseis / viniesen	quisieseis / quisiesen	hicieseis / hiciesen	dijeseis / dijesen	trajeseis / trajesen	condujeseis / condujesen
viniesen	quisiesen	hiciesen	dijesen	trajesen	condujesen
\multicolumn{6}{c}{**futuro simple de subjuntivo**}					
viniere	quisiere	hiciere	dijere	trajere	condujere
vinieres	quisieres	hicieres	dijeres	trajeres	condujeres
viniere	quisiere	hiciere	dijere	trajere	condujere
viniéremos	quisiéremos	hiciéremos	dijéremos	trajéremos	condujéremos
viniereis / vinieren	quisiereis / quisieren	hiciereis / hicieren	dijereis / dijeren	trajereis / trajeren	condujereis / condujeren
vinieren	quisieren	hicieren	dijeren	trajeren	condujeren

Verbos con pretérito fuerte:

abstener	deponer	intervenir	rehacer
abstraer	desavenir	introducir	relucir
aducir	descomponer	lucir	reponer
advenir	desconvenir	maldecir	reproducir
afacer	desdecir	malquerer	resalir
andar	deshacer	maltraer	retener
anteponer	desimponer	mantener	retraducir
aponer	deslucir	manutener	retraer
atener	desquerer	obtener	retrotraer
atraer	detener	oponer	revenir
avenir	detraer	poder	saber
bendecir	devenir	poner	satisfacer
bienquerer	disponer	posponer	seducir
caber	distraer	predecir	sobreponer
circunvenir	educir	predisponer	sobrevenir
componer	enlucir	preponer	sostener
condecir	entredecir	presuponer	subvenir
conducir	entrelucir	prevenir	superponer
conducir	entretener	producir	supervenir
contener	estar	proponer	suponer
contradecir	exponer	provenir	sustraer
contraer	extraer	querer	tener
contrahacer	haber	rarefacer	traducir
contraponer	hacer	recomponer	traer
contravenir	imponer	reconducir	transponer
convenir	indisponer	reconvenir	traslucirse
decir	inducir	redecir	venir
deducir	interponer	reducir	yuxtaponer

Clase 7.ª : verbos con especial irregularidad en los presentes

(1) Además de las irregularidades de los presentes explicadas en la clase 4.ª, los verbos **hacer**, **valer**, **poner** y **salir** hacen sus imperativos con apócope de la –*e* final, a los que se añaden **decir**, **tener** y **venir**:

hacer	⇒	hace	>	**haz**
valer	⇒	vale	>	**val**
poner	⇒	pone	>	**pon**
salir	⇒	sale	>	**sal**
decir	⇒	dice	>	**di**
tener	⇒	tene	>	**ten**
venir	⇒	vene	>	**ven**

imperativo			
hacer	**valer**	**poner**	**salir**
haz (tú) / hacé (vos)	**val** (tú) / valé (vos)	**pon** (tú) / poné (vos)	**sal** (tú) / salí (vos)
haga (usted)	valga (usted)	ponga (usted)	salga (usted)
haced (vosotros)	valed (vosotros)	poned (vosotros)	salid (vosotros)
hagan (ustedes)	valgan (ustedes)	pongan (ustedes)	salgan (ustedes)
decir		**tener**	**venir**
di (tú) / decí (vos)		**ten** (tú) / tené (vos)	**ven** (tú) / vení (vos)
diga (usted)		tenga (usted)	venga (usted)
decid (vosotros)		tened (vosotros)	venid (vosotros)
digan (ustedes)		tengan (ustedes)	vengan (ustedes)

Verbos con especial irregularidad en el imperativo:

abstener	condecir	desconvenir
advenir	contener	desdecir
afacer	contradecir	deshacer
anteponer	contrahacer	desimponer
aponer	contraponer	detener
atener	contravenir	devenir
avenir	convenir	disponer
bendecir	decir	entredecir
caber	deponer	entretener
circunvenir	desavenir	estar
componer	descomponer	exponer

haber	predecir	revenir
hacer	predisponer	satisfacer
imponer	preponer	ser
indisponer	presuponer	sobreponer
interponer	prevenir	sobrevenir
intervenir	proponer	sostener
ir	provenir	subvenir
maldecir	rarefacer	superponer
malquerer	recomponer	supervenir
mantener	reconvenir	suponer
manutener	redecir	sustraer
obtener	rehacer	tener
oponer	reponer	transponer
poner	resalir	venir
posponer	retener	yuxtaponer

Verbos con especial irregularidad en los presentes de indicativo y subjuntivo:

> dar [1]
> saber
> ser [1]

(2) Los verbos *caber*, *saber*, *estar* y *haber* tienen formas especiales en los presentes:

caber	saber	estar	haber
presente de indicativo			
quepo	**sé**	**estoy**	**he**
cabes / cabés	sabes / sabés	estás	**has**
cabe	sabe	está	**ha (hay)**
cabemos	sabemos	estamos	**hemos**
cabéis / caben	sabéis / saben	estáis / están	habéis / han
caben	saben	están	**han**

[1] Véase Clase 8.ª.

caber	saber	estar	haber
presente de subjuntivo			
quepa	sepa	esté	haya
quepas	sepas	estés	hayas
quepa	sepa	esté	haya
quepamos	sepamos	estemos	hayamos
quepáis/ quepan	sepáis / sepan	estéis / **estén**	hayáis / hayan
quepan	sepan	estén	hayan
imperativo			
cabe (tú) / cabé (vos)	sabe (tú) / sabé (vos)	**está** (tú) / **está** (vos)	**he** (tú) / **he** (vos)
quepa (usted)	**sepa** (usted)	**esté** (usted)	**haya** (usted)
cabed (vosotros) / **quepan** (ustedes)	sabed (vosotros) / **sepan** (ustedes)	estad (vosotros) / **estén** (ustedes)	habed (vosotros) / **hayan** (ustedes)
quepan (ustedes)	**sepan** (ustedes)	**estén** (ustedes)	**hayan** (ustedes)

Clase 8.ª : otros verbos con especial irregularidad

Los verbos *dar*, *ir*, *ver* y *ser* ofrecen irregularidades de tipo muy peculiar:

dar	ir	ver	ser
presente de indicativo			
doy	voy	veo	soy
das	vas	ves	**eres / sos**
da	va	ve	es
damos	vamos	vemos	somos
dais / dan	vais / van	veis / ven	sois / son
dan	van	ven	son

ir	ver	ser
pretérito imperfecto de indicativo		
iba	veía	era
ibas	veías	eras
iba	veía	era
íbamos	veíamos	éramos
ibais / iban	veíais / veían	erais / eran
iban	veían	eran

dar	ir	ser
pretérito perfecto simple de indicativo		
di	fui	fui
diste	fuiste	fuiste
dio	fue	fue
dimos	fuimos	fuimos
disteis / dieron	fuisteis / fueron	fuisteis / fueron
dieron	fueron	fueron

ir	ver
presente de subjuntivo	
vaya	vea
vayas	veas
vaya	vea
vayamos	veamos
vayáis / vayan	veáis / vean
vayan	vean

dar	ir	ser
pretérito imperfecto de subjuntivo		
diera	fuera	fuera
dieras	fueras	fueras
diera	fuera	fuera
diéramos	fuéramos	fuéramos
dierais / dieran	fuerais / fueran	fuerais / fueran
dieran	fueran	fueran

diese	fuese	fuese
dieses	fueses	fueses
diese	fuese	fuese
diésemos	fuésemos	fuésemos
dieseis / diesen	fueseis / fuesen	fueseis / fuesen
diesen	fuesen	fuesen

futuro simple de subjuntivo

diere	fuere	fuere
dieres	fueres	fueres
diere	fuere	fuere
diéremos	fuéremos	fuéremos
diereis / dieren	fuereis / fueren	fuereis / fueren
dieren	fueren	fueren

ir	ser

imperativo

ir	ser
ve (tú) / andá (vos)	sé (tú / vos)
vaya (usted)	sea (usted)
id (vosotros)	sed (vosotros)
vayan (ustedes)	sean (ustedes)

Además de la irregularidad con debilitación vocálica del gerundio (clases 2.ª y 3.ª), en la flexión española sólo hay otra, representada por las dos formaciones excepcionales *viniendo* y *pudiendo*, basadas en el tema del pretérito fuerte de los verbos *venir* y *poder*.

Verbo reflexivo

levantarse

INDICATIVO

presente	pretérito perfecto compuesto
me levanto	me he levantado
te levantas / te levantás	te has levantado
se levanta	se ha levantado
nos levantamos	nos hemos levantado
os levantáis / se levantan	os habéis levantado / se han levantado
se levantan	se han levantado

pretérito imperfecto	pretérito pluscuamperfecto
me levantaba	me había levantado
te levantabas	te habías levantado
se levantaba	se había levantado
nos levantábamos	nos habíamos levantado
os levantabais / se levantaban	os habíais levantado / se habían levantado
se levantaban	se habían levantado

pretérito perfecto simple	pretérito anterior
me levanté	me hube levantado
te levantaste	te hubiste levantado
se levantó	se hubo levantado
nos levantamos	nos hubimos levantado
os levantasteis / se levantaron	os hubisteis levantado / se hubieron levantado
se levantaron	se hubieron levantado

futuro simple	futuro compuesto
me levantaré	me habré levantado
te levantarás	te habrás levantado
se levantará	se habrá levantado
nos levantaremos	nos habremos levantado
os levantaréis / se levantarán	os habréis levantado / se habrán levantado
se levantarán	se habrán levantado

condicional simple	condicional compuesto
me levantaría	me habría levantado
te levantarías	te habrías levantado
se levantaría	se habría levantado
nos levantaríamos	nos habríamos levantado
os levantaríais / se levantarían	os habríais levantado / se habrían levantado
se levantarían	se habrían levantado

SUBJUNTIVO

presente	pretérito perfecto compuesto
me levante	me haya levantado
te levntes	te hayas levantado
se levante	se haya levantado
nos levantemos	nos hayamos levantado
os levantéis / se levanten	os hayáis levantado / se hayan levantado
se levanten	se hayan levantado

pretérito imperfecto	pretérito pluscuamperfecto
me levantara	me hubiera levantado
te levantaras	te hubieras levantado
se levantara	se hubiera levantado
nos levantáramos	nos hubiéramos levantado
os levantarais / se levantaran	os hubierais levantado / se hubieran levantado
se levantaran	se hubieran levantado
me levantase	me hubiese levantado
te levantases	te hubieses levantado
se levantase	se hubiese levantado
nos levantásemos	nos hubiésemos levantado
os levantaseis / se levantasen	os huieseis levantado / se hubiesen levantado
se levantasen	se hubiesen levantado

futuro simple	futuro compuesto
me levantare	me hubiere levantado
te levantares	te hubieres levantado
se levantare	se hubiere levantado
nos levantáremos	nos hubiéremos levantado
os levantareis / se levantaren	os hubiereis levantado / se hubieren levantado
se levantaren	se hubieren levantado

IMPERATIVO

levántate (tú) / levantate (vos)

levántese (usted)

levantaos (vosotros) / levántense (ustedes)

levántense (ustedes)

FORMAS NO PERSONALES

INFINITIVO

simple	compuesto
levantarse	haberse levantado

GERUNDIO

simple	compuesto
levantándose	habiéndose levantado

PARTICIPIO

levantado

Verbo recíproco

tutearse

INDICATIVO

presente	pretérito perfecto compuesto
—	—
—	—
—	—
nos tuteamos	nos hemos tuteado
os tuteáis / se tutean	os habéis tuteado / se han tuteado
se tutean	se han tuteado

pretérito imperfecto	pretérito pluscuamperfecto
—	—
—	—
—	—
nos tuteábamos	nos habíamos tuteado
os tuteabais / se tuteaban	os habíais tuteado / se habían tuteado
se tuteaban	se habían tuteado

pretérito perfecto simple	pretérito anterior
—	—
—	—
—	—
nos tuteamos	nos hubimos tuteado
os tuteasteis / se tutearon	os hubisteis tuteado / se hubieron tuteado
se tutearon	se hubieron tuteado

futuro simple	futuro compuesto
—	—
—	—
—	—
nos tutearemos	nos habremos tuteado
os tutearéis / se tutearán	os habréis tuteado / se habrán tuteado
se tutearán	se habrán tuteado
condicional simple	**condicional compuesto**
—	—
—	—
—	—
nos tutearíamos	nos habríamos tuteado
os tutearíais / se tutearían	os habríais tuteado / se habrían tuteado
se tutearían	se habrían tuteado

SUBJUNTIVO

presente	pretérito perfecto
—	—
—	—
—	—
nos tuteemos	nos hayamos tuteado
os tuteéis / se tuteen	os hayáis tuteado / se hayan tuteado
se tuteen	se hayan tuteado
pretérito imperfecto	**pretérito pluscuamperfecto**
—	—
—	—
—	—
nos tuteáramos	nos hubiéramos tuteado
os tutearais / se tutearan	os hubierais tuteado / se hubieran tuteado
se tutearan	se hubieran tuteado
—	—
—	—
—	—
nos tuteásemos	nos hubiésemos tuteado
os tuteaseis / se tuteasen	os hubieseis tuteado / se hubiesen tuteado
se tuteasen	se hubiesen tuteado

futuro simple	futuro compuesto
—	—
—	—
—	—
nos tuteáremos	nos hubiéremos tuteado
os tuteareis / se tutearen	os hubiereis tuteado / se hubieren tuteado
se tutearen	se hubieren tuteado

IMPERATIVO

tuteaos vosotros / tutéense ustedes

tutéense ustedes

FORMAS NO PERSONALES

INFINITIVO

simple	compuesto
tutearos vosotros / tutearse ustedes	haberos tuteado vosotros / haberse tuteado ustedes
tutearse ustedes	haberse tuteado ustedes

GERUNDIO

simple	compuesto
tuteándoos vosotros / tuteándose ustedes	habiéndoos tuteado vosotros / habiéndose tuteado ustedes
tuteándose ustedes	habiéndose tuteado ustedes

Verbo unipersonal

amanecer

INDICATIVO

presente	amanece
pretérito perfecto compuesto	ha amanecido
pretérito imperfecto	amanecía
pretérito pluscuamperfecto	había amanecido
pretérito perfecto simple	amaneció
pretérito anterior	hubo amanecido
futuro simple	amanecerá
futuro compuesto	habrá amanecido
condicional simple	amanecería
condicional compuesto	habría amanecido

SUBJUNTIVO

presente	amanezca
pretérito perfecto compuesto	haya amanecido
pretérito imperfecto	amaneciera / amaneciese
pretérito pluscuamperfecto	hubiera amanecido / hubiese amanecido
futuro simple	amaneciere
futuro compuesto	hubiere amanecido

FORMAS NO PERSONALES

INFINITIVO

simple	amanecer
compuesto	haber amanecido

GERUNDIO

simple	amaneciendo
compuesto	habiendo amanecido

PARTICIPIO

amanecido

Verbo defectivo

soler

INDICATIVO

presente	pretérito perfecto compuesto
suelo	he solido
sueles	has solido
suele	ha solido
solemos	hemos solido
soléis	habéis solido
suelen	han solido

pretérito imperfecto	pretérito perfecto simple
solía	solí
solías	soliste
solía	solió
solíamos	solimos
solíais	solisteis
solían	solieron

SUBJUNTIVO

presente	pretérito imperfecto	
suela	soliera	soliese
suelas	solieras	solieses
suela	soliera	soliese
solamos	soliéramos	soliésemos
soláis	solierais	solieseis
suelan	solieran	soliesen

FORMAS NO PERSONALES

INFINITIVO

soler

PARTICIPIO

solido

Verbos terminados en *–iar* y en *–uar*
(1) Conservan los diptongos *–io* y *–uo*

cambiar		averiguar	
INDICATIVO			
presente			
cambio	(cam-bio)	averiguo	(a-ve-ri-guo)
cambias / cambiás	(cam-bias / cam-biás)	averiguas / averiguás	(a-ve-ri-guas) / (a-ve-ri-guás)
cambia	(cam-bia)	averigua	(a-ve-ri-gua)
cambiamos	(cam-bia-mos)	averiguamos	(a-ve-ri-gua-mos)
cambiáis / cambian	(cam-biáis) / (cam-bian)	averiguáis / averiguan	(a-ve-ri-guáis) / (a-ve-ri-guan)
cambian	(cam-bian)	averiguan	(a-ve-ri-guan)

pretérito imperfecto

cambiaba	(cam-bia-ba)	averiguaba	(a-ve-ri-gua-ba)
cambiabas	(cam-bia-bas)	averiguabas	(a-ve-ri-gua-bas)
cambiaba	(cam-bia-ba)	averiguaba	(a-ve-ri-gua-ba)
cambiábamos	(cam-biá-ba-mos)	averiguábamos	(a-ve-ri-guá-ba-mos)
cambiabais / cambiaban	(cam-bia-bais) / (cam-bia-ban)	averiguabais / averiguaban	(a-ve-ri-gua-bais) / (a-ve-ri-gua-ban)
cambiaban	(cam-bia-ban)	averiguaban	(a-ve-ri-gua-ban)

pretérito perfecto simple

cambié	(cam-bié)	averigüé	(a-ve-ri-güé)
cambiaste	(cam-bias-te)	averiguaste	(a-ve-ri-guas-te)
cambió	(cam-bió)	averiguó	(a-ve-ri-güó)
cambiamos	(cam-bia-mos)	averiguamos	(a-ve-ri-gua-mos)
cambiasteis / cambiaron	(cam-bias-teis) / (cam-bia-ron)	averiguasteis / averiguaron	(a-ve-ri-guas-teis) / (a-ve-ri-gua-ron)
cambiaron	(cam-bia-ron)	averiguaron	(a-ve-ri-gua-ron)

futuro simple

cambiaré	(cam-bia-ré)	averiguaré	(a-ve-ri-gua-ré)
cambiarás	(cam-bia-rás)	averiguarás	(a-ve-ri-gua-rás)
cambiará	(cam-bia-rá)	averiguará	(a-ve-ri-gua-rá)
cambiaremos	(cam-bia-re-mos)	averiguaremos	(a-ve-ri-gua-re-mos)
cambiaréis / cambiarán	(cam-bia-réis) / (cam-bia-rán)	averiguaréis / averiguarán	(a-ve-ri-gua-réis) / (a-ve-ri-gua-rán)
cambiarán	(cam-bia-rán)	averiguarán	(a-ve-ri-gua-rán)

condicional simple

cambiaría	(cam-bia-rí-a)	averiguaría	(a-ve-ri-gua-rí-a)
cambiarías	(cam-bia-rí-as)	averiguarías	(a-ve-ri-gua-rí-as)
cambiaría	(cam-bia-rí-a)	averiguaría	(a-ve-ri-gua-rí-a)
cambiaríamos	(cam-bia-rí-a-mos)	averiguaríamos	(a-ve-ri-gua-rí-a-mos)
cambiaríais / cambiarían	(cam-bia-rí-ais) / (cam-bia-rí-an)	averiguaríais / averiguarían	(a-ve-ri-gua-rí-ais) / (a-ve-ri-gua-rí-an)
cambiarían	(cam-bia-rí-an)	averiguarían	(a-ve-ri-gua-rí-an)

cambiar		averiguar	
SUBJUNTIVO			
presente			
cambie	(cam-bie)	averigüe	(a-ve-ri-güe)
cambies	(cam-bies)	averigües	(a-ve-ri-gües)
cambie	(cam-bie)	averigüe	(a-ve-ri-güe)
cambiemos	(cam-bie-mos)	averigüemos	(a-ve-ri-güe-mos)
cambiéis / cambien	(cam-biéis) / (cam-bien)	averigüeis / averigüen	(a-ve-ri-güéis) / (a-ve-ri-güen)
cambien	(cam-bien)	averigüen	(a-ve-ri-güen)
pretérito imperfecto			
cambiara	(cam-bia-ra)	averiguara	(a-ve-ri-gua-ra)
cambiaras	(cam-bia-ras)	averiguaras	(a-ve-ri-gua-ras)
cambiara	(cam-bia-ra)	averiguara	(a-ve-ri-gua-ra)
cambiáramos	(cam-biá-ra-mos)	averiguáramos	(a-ve-ri-guá-ra-mos)
cambiarais / cambiaran	(cam-bia-rais) / (cam-bia-ran)	averiguarais / averiguaran	(a-ve-ri-gua-rais) / (a-ve-ri-gua-ran)
cambiaran	(cam-bia-ran)	averiguaran	(a-ve-ri-gua-ran)
cambiase	(cam-bia-se)	averiguase	(a-ve-ri-gua-se)
cambiases	(cam-bia-ses)	averiguases	(a-ve-ri-gua-ses)
cambiase	(cam-bia-se)	averiguase	(a-ve-ri-gua-se)
cambiásemos	(cam-biá-se-mos)	averiguásemos	(a-ve-ri-guá-se-mos)
cambiaseis / cambiasen	(cam-bia-seis) / (cam-bia-sen)	averiguaseis / averiguasen	(a-ve-ri-gua-seis) / (a-ve-ri-gua-sen)
cambiasen	(cam-bia-sen)	averiguasen	(a-ve-ri-gua-sen)
futuro simple			
cambiare	(cam-bia-re)	averiguare	(a-ve-ri-gua-re)
cambiares	(cam-bia-res)	averiguares	(a-ve-ri-gua-res)
cambiare	(cam-bia-re)	averiguare	(a-ve-ri-gua-re)
cambiáremos	(cam-biá-re-mos)	averiguáremos	(á-ve-ri-guá-re-mos)
cambiareis / cambiaren	(cam-bia-reis) / (cam-bia-ren)	averiguareis / averiguaren	(a-ve-ri-gua-reis) / (a-ve-ri-gua-ren)
cambiaren	(cam-bia-ren)	averiguaren	(a-ve-ri-gua-ren)

GRAMÁTICA DEL VERBO ESPAÑOL

cambiar		averiguar	
IMPERATIVO			
cambia (tú) / cambiá (vos)	(cam-bia) / (cam-biá)	averigua (tú) / averiguá (vos)	(a-ve-ri-gua) / (a-ve-ri-guá)
cambie (usted)	(cam-bie)	averigüe (usted)	(a-ve-ri-güe)
cambiad (vosotros) / cambien (ustedes)	(cam-biad) / (cam-bien)	averiguad (vosotros) / averigüen (ustedes)	(a-ve-ri-guad) / (a-ve-ri-güen)
cambien (ustedes)	(cam-bien)	averigüen (ustedes)	(a-ve-ri-güen)
FORMAS NO PERSONALES			
INFINITIVO			
simple			
cambiar	(cam-biar)	averiguar	(a-ve-ri-guar)
GERUNDIO			
simple			
cambiando	(cam-bian-do)	averiguando	(a-ve-ri-guan-do)
PARTICIPIO			
cambiado	(cam-bia-do)	averiguado	(a-ve-ri-gua-do)

Los verbos terminados en *–iar* que no acentúan la *i* del diptongo *io* no llevan acento gráfico y se conjugan según el paradigma de ***cambiar***:

abreviar	ajusticiar	apreciar	auxiliar
acariciar	alaciarse	apremiar	beneficiar
acequiar	albriciar	apropiar	calumniar
acopiar	aliviar	aquerenciarse	cambiar
acuciar	ambiciar	arpegiar	cariarse
afiliar	amustiar	arranciarse	codiciar
agenciar	anestesiar	arreciar	columpiar
agobiar	angustiar	asalariar	comerciar
agraciar	anidiar	asediar	compendiar
agraviar	anunciar	atrofiar	conciliar
ajuiciar	aparroquiar	auspiciar	conferenciar

congeniar	endemoniar	expropiar	menospreciar
congraciar	engarriar	fastidiar	miniar
contagiar	engaviar	feriar	murciar
copiar	enjarciar	filiar	mustiar
custodiar	enjuiciar	financiar	negociar
deliciarse	enlabiar	foliar	noticiar
denunciar	enlaciar	fotocopiar	obsequiar
depreciar	enneciarse	hiperestesiar	obviar
derrubiar	enquiciar	hipertrofiarse	ociar
desagraviar	enrabiar	historiar	odiar
desaparroquiar	enranciar	incendiar	oficiar
desapreciar	enripiar	indiciar	oprobiar
desapropiarse	enrubiar	industriar	paliar
descambiar	enseriarse	influenciar	parodiar
descontagiar	ensuciar	ingeniar	pendenciar
desendemoniar	enterciar	iniciar	penitenciar
desgraciar	entibiar	injuriar	pifiar
desgraciarse	entremediar	insidiar	plagiar
desmemoriarse	enturbiar	interfoliar	preciar
desperdiciar	enunciar	intermediar	preludiar
despreciar	enviciar	irradiar	premiar
desprestigiar	envidiar	justiciar	prenunciar
desquiciar	escanciar	justipreciar	presagiar
destapiar	escariar	licenciar	presenciar
desustanciar	escoliar	lidiar	presidiar
diferenciar	esgrafiar	limpiar	prestigiar
diligenciar	espaciar	lisiar	principiar
diluviar	estipendiar	lixiviar	privilegiar
disociar	estudiar	ludiar	promediar
distanciar	evidenciar	lujuriar	pronunciar
divorciar	excoriar	maleficiar	propiciar
domiciliar	exfoliar	maliciar	proverbiar
elogiar	expatriar	matrimoniar	providenciar
encabriar	expatriarse	matrimoniarse	quintaesenciar
encomiar	expoliar	mediar	rabiar

radiar	repropiarse	seriar	tertuliar
ranciar	repudiar	serviciar	testimoniar
rebudiar	resabiar	sextaferiar	transubstanciar
recambiar	residenciar	silenciar	tripudiar
reconciliar	reverenciar	sitiar	turbiar
refugiar	ripiar	soliloquiar	vendimiar
regraciar	rumiar	soliviar	viciar
relimpiar	saciar	sustanciar	vidriar
remediar	salariar	tapiar	vilipendiar
renunciar	salmodiar	terciar	zurriar
repatriar	sentenciar		

Los verbos terminados en *–cuar* y *–guar* [1] no acentúan la *u* del diptongo *uo*, no llevan acento gráfico y se conjugan según el paradigma de ***averiguar***:

achiguarse	amortiguar	colicuar	licuar
aciguar	anticuar	desaguar	menguar
adaguar	apaciguar	deslenguar	oblicuar
adecuar	apaniguar	desmenguar	promiscuar
aguar	apropincuarse	enaguar	santiguar
alenguar	atestiguar	evacuar	sobreaguar
amenguar	averiguar	fraguar	

Verbos terminados en *–iar* y en *–uar*
(2) Alteran los diptongos en los hiatos *–ío* y *–úo*

confiar		actuar	
INDICATIVO			
presente			
confío	(con-fí-o)	actúo	(ac-tú-o)
confías /	(con-fí-as) /	actúas /	(ac-tú-as) /
confiás	(con-fi-ás)	actuás	(ac-tu-ás)
confía	(con-fí-a)	actúa	(ac-tú-a)
confiamos	(con-fi-a-mos)	actuamos	(ac-tu-a-mos)
confiáis /	(con-fi-áis) /	actuáis /	(ac-tu-áis) /
confían	(con-fí-an)	actúan	(ac-tú-an)
confían	(con-fí-an)	actúan	(ac-tú-an)

[1] En los verbos terminados en –uar, cuando la u va precedida de c o g, forma diptongo con la vocal siguiente (*evacuar*, *e-va-cuo*; *averiguar*, *a-ve-ri-guo*); se trata, pues, de los verbos terminados en –cuar y –guar.

pretérito imperfecto

confiaba	(con-fi-a-ba)	actuaba	(ac-tu-a-ba)
confiabas	(con-fi-a-bas)	actuabas	(ac-tu-a-bas)
confiaba	(con-fi-a-ba)	actuaba	(ac-tu-a-ba)
confiábamos	(con-fi-á-ba-mos)	actuábamos	(ac-tu-á-ba-mos)
confiabais /	(con-fi-a-bais) /	actuabais /	(ac-tu-a-bais) /
confiaban	(con-fi-a-ban)	actuaban	(ac-tu-a-ban)
confiaban	(con-fi-a-ban)	actuaban	(ac-tu-a-ban)

pretérito perfecto simple

confié	(con-fi-é)	actué	(ac-tu-é)
confiaste	(con-fi-as-te)	actuaste	(ac-tu-as-te)
confió	(con-fi-ó)	actuó	(ac-tu-ó)
confiamos	(con-fi-a-mos)	actuamos	(ac-tu-a-mos)
confiasteis /	(con-fi-as-teis) /	actuasteis /	(ac-tu-as-teis) /
confiaron	(con-fi-a-ron)	actuaron	(ac-tu-a-ron)
confiaron	(con-fi-a-ron)	actuaron	(ac-tu-a-ron)

futuro simple

confiaré	(con-fi-a-ré)	actuaré	(ac-tu-a-ré)
confiarás	(con-fi-a-rás)	actuarás	(ac-tu-a-rás)
confiará	(con-fi-a-rá)	actuará	(ac-tu-a-rá)
confiaremos	(con-fi-a-re-mos)	actuaremos	(ac-tu-a-re-mos)
confiaréis /	(con-fi-a-réis) /	actuaréis /	(ac-tu-a-réis) /
confiarán	(con-fi-a-rán)	actuarán	(ac-tu-a-rán)
confiarán	(con-fi-a-rán)	actuarán	(ac-tu-a-rán)

condicional simple

confiaría	(con-fi-a-rí-a)	actuaría	(ac-tu-a-rí-a)
confiarías	(con-fi-a-rí-as)	actuarías	(ac-tu-a-rí-as)
confiaría	(con-fi-a-rí-a)	actuaría	(ac-tu-a-rí-a)
confiaríamos	(con-fi-a-rí-a-mos)	actuaríamos	(ac-tu-a-rí-a-mos)
confiaríais /	(con-fi-a-rí-ais) /	actuaríais /	(ac-tu-a-rí-ais) /
confiarían	(con-fi-a-rí-an)	actuarían	(ac-tu-a-rí-an)
confiarían	(con-fi-a-rí-an)	actuarían	(ac-tu-a-rí-an)

GRAMÁTICA DEL VERBO ESPAÑOL

confiar		actuar	
SUBJUNTIVO			
presente			
confíe	(con-fí-e)	actúe	(ac-tú-e)
confíes	(con-fí-es)	actúes	(ac-tú-es)
confíe	(con-fí-e)	actúe	(ac-tú-e)
confiemos	(con-fi-e-mos)	actuemos	(ac-tu-e-mos)
confiéis /	(con-fi-éis) /	actuéis /	(ac-tu-éis) /
confíen	(con-fí-en)	actúen	(ac-tú-en)
confíen	(con-fí-en)	actúen	(ac-tú-en)
pretérito imperfecto			
confiara	(con-fi-a-ra)	actuara	(ac-tu-a-ra)
confiaras	(con-fi-a-ras)	actuaras	(ac-tu-a-ras)
confiara	(con-fi-a-ra)	actuara	(ac-tu-a-ra)
confiáramos	(con-fi-á-ra-mos)	actuáramos	(ac-tu-á-ra-mos)
confiarais /	(con-fi-a-rais) /	actuarais /	(ac-tu-a-rais) /
confiaran	(con-fi-a-ran)	actuaran	(ac-tu-a-ran)
confiaran	(con-fi-a-ran)	actuaran	(ac-tu-a-ran)
confiase	(con-fi-a-se)	actuase	(ac-tu-a-se)
confiases	(con-fi-a-ses)	actuases	(ac-tu-a-ses)
confiase	(con-fi-a-se)	actuase	(ac-tu-a-se)
confiásemos	(con-fi-á-se-mos)	actuásemos	(ac-tu-á-se-mos)
confiaseis /	(con-fi-a-seis) /	actuaseis /	(ac-tu-a-seis) /
confiasen	(con-fi-a-sen)	actuasen	(ac-tu-a-sen)
confiasen	(con-fi-a-sen)	actuasen	(ac-tu-a-sen)
futuro simple			
confiare	(con-fi-a-re)	actuare	(ac-tu-a-re)
confiares	(con-fi-a-res)	actuares	(ac-tu-a-res)
confiare	(con-fi-a-re)	actuare	(ac-tu-a-re)
confiáremos	(con-fi-á-re-mos)	actuáremos	(ac-tu-á-re-mos)
confiareis /	(con-fi-a-reis) /	actuareis /	(ac-tu-a-reis) /
confiaren	(con-fi-a-ren)	actuaren	(ac-tu-a-ren)
confiaren	(con-fi-a-ren)	actuaren	(ac-tu-a-ren)

confiar		actuar	
IMPERATIVO			
confía (tú) /	(con-fí-a)	actúa (tú) /	(ac-tú-a)
confiá (vos)	(con-fi-á)	actuá (vos)	(ac-tu-á)
confíe (usted)	(con-fí-e)	actúe (usted)	(ac-tú-e)
confiad (vosotros) /	(con-fi-ad) /	actuad (vosotros) /	(ac-tu-ad) /
confíen (ustedes)	(con-fí-en)	actúen (ustedes)	(ac-tú-en)
confíen (ustedes)	(con-fí-en)	actúen (ustedes)	(ac-tú-en)
FORMAS NO PERSONALES			
INFINITIVO			
simple			
confiar	(con-fi-ar)	actuar	(ac-tu-ar)
GERUNDIO			
simple			
confiando	(con-fi-an-do)	actuando	(ac-tu-an-do)
PARTICIPIO			
confiado	(con-fi-a-do)	actuado	(ac-tu-a-do)

Los verbos en *–iar* deshacen, mediante la tilde en la vocal débil *i*, los diptongos *ia*, *ie*, *io*, cuando les corresponde un nombre deverbal que no contiene ninguno de dichos diptongos (*criar / crío, enlejiar / lejía, enviar / envío, liar / lío*). Se conjugan como **confiar**:

acuantiar	autografiar	calofriarse	cuchichiar
adiar	averiar	chirriar	demasiarse
aliar	aviar	ciar	desafiar
almadiar	baquiar	cinematografiar	desataviar
amnistiar	biografiar	confiar	desaviar
arriar	cablegrafiar	criar	descarriar
ataviar	calcografiar	cromolitografiar	desconfiar
atraillar	caligrafiar	cuantiar	descriarse

GRAMÁTICA DEL VERBO ESPAÑOL

desliar	estenografiar	liar	recriar
desviar	estriar	litofotografiar	reenviar
enfriar	expiar	litografiar	refriar
enhastiar	extasiar	malcriar	resfriar
enlejiar	extraviar	mecanografiar	rociar
enriar	fiar	miar	taquigrafiar
entrecriarse	fotografiar	piar	telegrafiar
enviar	fotolitografiar	pipiar	traillar
escalofriar	grafiar	porfiar	triar
espiar	guiar	radiografiar	vaciar
esquiar	hastiar	radiotelegrafiar	vigiar

Unos pocos verbos en *–iar*, sin embargo, a pesar de tener deverbales que contienen los diptongos *ia*, *ie*, *io* (*agriar / agrio*, *ampliar / amplio*, *gloriar / gloria*, *variar / vario*), deshacen dichos diptongos, mediante la tilde en la vocal débil *i*, y también se conjugan como **confiar**:

agriar	congloriar	ejecutoriar	inventariar
ampliar	contrariar	espurriar	vanagloriarse
ansiar	desvariar	gloriar	variar

Los demás verbos en *–uar*, que no sean los ya transcriptos en *–cuar* y *–guar*, se conjugan deshaciendo, mediante la tilde en la vocal débil *u*, los diptongos *ua*, *ue*, *uo*, que pudieran corresponderles. Se conjugan como ***actuar***:

acensuar	desconceptuar	extenuar	preceptuar
acentuar	deshabituar	fluctuar	puntuar
actuar	desvirtuar	ganzuar	redituar
anticuar	devaluar	habituar	revaluar
arruar	discontinuar	individuar	ruar
atenuar	efectuar	infatuar	situar
conceptuar	estatuar	insinuar	tumultuar
contextuar	evaluar	menstruar	usufructuar
continuar	exceptuar	perpetuar	valuar
desbruar			

15. FORMAS NO PERSONALES DEL VERBO

Las formas no personales del verbo, también conocidas como *formas nominales del verbo* o *verboides*, son las que el verbo toma cuando deja de ser un verdadero verbo y se traslada a funciones distintas de la suya, o sea, a funciones de sustantivos, de adverbios y de adjetivos. Se trata del *infinitivo* (sustantivo verbal), del *gerundio* (adverbio verbal) y del *participio* (adjetivo verbal).

El infinitivo

El infinitivo es el nombre por el que se designa el verbo. Es, pues, un sustantivo verbal masculino, con características tanto del nombre como del verbo. Al radical del verbo el infinitivo añade las terminaciones *–ar*, *–er*, *–ir*, como en *cantar*, *comer*, *vivir*. Algunos infinitivos han llegado a lexicalizarse totalmente y a convertirse permanentemente en nombres; por consiguiente, admiten plural como los nombres:

el cantar → *los cantares*
el deber → *los deberes*
el haber → *los haberes*
el parecer → *los pareceres*
el pesar → *los pesares*

En tanto sustantivo verbal, el infinitivo puede llevar artículos, demostrativos, posesivos, indefinidos u otros determinativos, y concuerda en género y número con los adjetivos que lo acompañan. Por ejemplo:

El dulce lamentar de dos pastores
El hermoso atardecer
Un seguro adivinar
Un incierto pretender
Aquel suave trinar de los pájaros

Mi triste penar
Tu ardiente desear
Algunos lluviosos amaneceres

El infinitivo puede desempeñar en la oración todas las funciones propias del sustantivo:

Beber agua es muy sano (sujeto).
Esto es vivir (predicado nominal).
Quiero aprender mucho (objeto directo).
Oigo cantar al niño (objeto directo).
No da mucha importancia a vivir bien (objeto indirecto).
Teníamos ganas de comer (complemento del nombre).
Todo eso es muy fácil de hacer (complemento del adjetivo).
Ramón trató de contármelo (objeto preposicional).

El infinitivo adquiere valores circunstanciales con algunas preposiciones:

Al salir del trabajo, fueron al parque (temporal).
Con tener dinero, no es más feliz (concesivo).
De haberlo sabido, hubiéramos venido (condicional).
Del poco caminar se le atrofiaron las piernas (causal).
Vengo a darte las gracias (final).
Todavía me queda mucho por estudiar (imperfectivo).

Por carecer de desinencias, el infinitivo no puede expresar por sí mismo el modo, el tiempo ni la persona gramatical. Conserva, sin embargo, las siguientes funciones y cualidades del verbo:

(a) expresa significados pasivos con el auxiliar *ser*:

Todos desean ser estimados.
Recordaba muchas veces haber sido considerado.

(b) adquiere significado pasivo sin verbo auxiliar:

Este río es fácil de atravesar (de ser atravesado).

FORMAS NO PERSONALES DEL VERBO

El infinitivo simple (*cantar*) expresa la continuidad de la acción verbal y el compuesto (*haber cantado*) expresa el término de la la acción verbal:

Te premiaron por estudiar todo el curso (acción imperfecta).
Te premiaron por haber estudiado todo el curso (acción perfecta).

En el registro coloquial, se emplea con frecuencia el infinitivo para sustituir a la segunda persona de plural del imperativo afirmativo:

Venir acá = venid...
Iros al colegio = idos...
Sentaros = sentaos.
Ayudarme con las maletas = ayudadme...
Fijaros en este cuadro = fijaos...
Acordaros de lo que os digo = acordaos...
Mirar en el friso de la columna = mirad...
Poneros aquí a mi lado = poneos...

También ocurre la sustitución del imperativo por el infinitivo cuando se quiere dar una orden impersonal:

¡Hacer los deberes! = ¡Haced los deberes!
¡A comer y a callar! = ¡Comed y callad!

El gerundio

El gerundio es una forma verbal simple e invariable que no admite flexión y desempeña una función adverbial. Al radical del verbo el gerundio añade las terminaciones *–ando*, *–iendo*, como em *cantando, comiendo, viviendo*. Tampoco admite determinantes, pero sí complementos propios de la función verbal:

Estoy leyendo un libro.

El gerundio simple o imperfecto (*cantando, comiendo, viviendo*) asocia el sentido de duración con la simultaneidad y el compuesto o perfecto (*habiendo cantado, habiendo comido, habiendo vivido*) asocia el sentido de duración con la anterioridad:

Viene leyendo el periódico (simultaneidad).
   = *Viene y al mismo tiempo lee el periódico / mientras lee...*

Habiendo terminado su trabajo, se marchó (anterioridad).
   = *Terminó su trabajo (antes) y se marchó.*
   = *Terminó su trabajo y se marchó (después).*

Como ciertos adverbios, el gerundio puede desarrollar derivados de carácter afectivo:

Se acercó corriendillo.
Lo hicieron callandito.

Cuando el gerundio funciona como adverbio, expresa la manera de realizarse la acción verbal:

Contestó sonriendo.
Hablaba gritando.
Pasaron corriendo.

El gerundio, por lo general, va después del verbo. Pero puede ir antes del verbo y adquiere un valor estilístico semejante al de los adjetivos antepuestos al nombre:

Sonriendo, contestó.

Mientras el infinitivo puede ir precedido de preposiciones, el gerundio sólo admite *en* (poco frecuente), que permite distinguir referencias distintas:

En leyendo el periódico, se durmió (en cuanto leyó...).
Leyendo el periódico, se durmió (mientras leía...).

De los ejemplos siguientes se desprenden los diversos valores que puede expresar el gerundio en su empleo correcto:

Viene la muerte tan callando.
   (= *callada*)
Agua hirviendo.
   (= *que hierve*)

FORMAS NO PERSONALES DEL VERBO

Una casa ardiendo.
    (= *que arde*)
Las ranas pidiendo rey.
    (= en el momento de pedir)
Estoy pensando.
    (= *pienso*)
Sabiendo que eres tú, te daré lo que necesites.
    (= *porque sé...* : causal)
Estando tu padre contigo, no te pasará nada.
    (= *si está...* = condicional)
Habiendo pasado la frontera, fueron detenidos.
    (*cuando ya habían pasado...* = temporal)
Estando reñidos, todavía se hablan.
    (*aunque están...* = concesivo)
Juan es muy listo, sobresaliendo entre todos sus compañeros.

(*es muy listo y sobresale...* (copulativo)

Siempre ha habido prevención contra el uso del gerundio. Los abusos más frecuentes del empleo del gerundio se refieren a repetición cercana, corte súbito del párrafo, juntar mal lo que debieran ser párrafos distintos y galicismo. Damos a continuación ejemplos de algunos vicios en el uso del gerundio:

*Ley concediendo pensiones.
Ley por la que se conceden pensiones.
Ley en que se conceden pensiones.
Ley sobre concesión de pensiones.
*Cuatro cajas conteniendo cien libros.
Cuatro cajas que contienen cien libros.
Cien libros en cuatro cajas.
*Mató dos patos volando.
Mató dos patos que volaban.
*Se dictó la sentencia el viernes, verificándose la ejecución
    el día siguiente.
Se dictó la sentencia el viernes, y se verificó la ejecución
    el día siguiente.
*El agresor huyó, deteniéndose horas después.
El agresor huyó, y fue detenido horas después.

El participio

El participio es una forma no personal del verbo comparable, en sus funciones, a un adjetivo. Varía en género y número, excepto cuando funciona como auxiliar en la formación de los tiempos compuestos de los verbos. Por ejemplo:

> *Visto el parque, volveremos a casa.*
> *Vistos los jardines, volveremos a casa.*
> *Vista la plaza, volveremos a casa.*
> *Vistas las ramblas, volveremos a casa.*
> *Carmen ha visto a su tía en Segovia.*

Como el adjetivo, el participio admite gradación y no escapa a la formación diminutiva:

> *muy avanzado, muy avanzados, muy avanzada, muy avanzadas,*
> *demasiado avanzado, demasiado avanzados, demasiado avanzada,*
> *demasiado avanzadas,*
> *tan avanzado, tan avanzados, tan avanzada, tan avanzadas,*
> *más avanzado, más avanzados, más avanzada, más avanzadas,*
> *menos avanzado, menos avanzados, menos avanzada,*
> *menos avanzadas,*
> *poco avanzado, poco avanzados, poco avanzada, poco avanzadas,*
> *bastante avanzado, bastante avanzados, bastante avanzada,*
> *bastante avanzadas,*
> *elevadísimo, elevadísimos, elevadísima, elevadísimas etc.*

> *Tomaron una corridita.*
> *¡Qué calladito estás!*

El participio, por su origen, efectúa una referencia pasiva; sin embargo, en muchas oraciones se emplea también con sentido activo. Por ejemplo:

> *Mi abuelo es un hombre leído* (= que ha leído mucho).
> *He aquí los libros más leídos* (= que han sido leídos).

El participio puede desempeñar en la oración las funciones siguientes:

1. Atributo, con *ser*, *estar* u otros verbos copulativos (con *ser*, el participio denota que la cualidad verbal es inherente al sujeto; con *estar* u otros verbos, denota que la cualidad es de carácter transitorio.):

> *Pepe es callado.*
> *Pepe está callado.*
> *Ramón está arrepentido.*
> *Esta chica es atrevida.*
> *María está enfadada.*
> *Juan parece cansado.*
> *Rosa permaneció sentada.*

2. Atributo, de tipo adverbial:

> *El niño viene dormido.*
> *Llegaron retrasados a la fiesta.*
> *Hemos pasado el día muy divertidos.*

3. Predicativo del objeto directo, con verbos transitivos o pronominales:

> *La dejé satisfecha.*
> *Me quedé aturdido.*

4. Complemento de un nombre:

> *Comieron patatas asadas.*
> *Se hace leña del árbol caído.*

El participio absoluto

Es frecuente la aparición del participio en las estructuras llamadas absolutas y, por ello, suele denominarse *participio absoluto*. El participio absoluto, sin formar parte de la estructura de la oración principal, indica una circunstancia de ella. Puede tener distintos valores, como, por ejemplo:

> *Hechas las maletas, partimos hacia el campo* (= temporal).
> *Acabada la clase, se retiraron los alumnos* (= temporal).

Por el prado, el cuello erguido, caminaba el buen hombre (= modal).
Leído el discurso en voz alta, nadie lo comprendió (= concesivo).

El participio de presente

La lengua española ha recategorizado los participios de presente latinos

como adjetivos:

doliente	=	que duele
luciente	=	que luce
hiriente	=	que hiere
reinante	=	que reina
relampagueante	=	que relampaguea
sonante	=	que suena

como sustantivos y como adjetivos:

brillante	=	el brillante (joya)	/	el sol brillante (que brilla)
cantante	=	el cantante (profesional)	/	la voz cantante (que canta)

y casi exclusivamente como sustantivos:

carburante	=	el carburante (combustible)
poniente	=	el poniente (el ocaso)
delineante	=	el delineante / los delineantes
presidente	=	el presidente / la presidenta
escribiente	=	el escribiente / los escribientes
protestante	=	el protestante / los protestantes
estimulante	=	el estimulante / los estimulantes
regente	=	el regente / la regenta
estudiante	=	el estudiante / los estudiantes
sirviente	=	el sirviente / la sirvienta
hablante	=	el hablante / los hablantes
vigilante	=	el vigilante / los vigilantes

16. PERÍFRASIS VERBALES

Una peculiaridad de la lengua española consiste en la tendencia a substituir palabras, especialmente verbos, por perífrasis o rodeos. En este particular el español es rico en construcciones perifrásticas con verbos auxiliares, que le permiten completar la conjugación y expresar de manera especial la modalidad y el aspecto verbales. En este capítulo, tratamos de explicar algunas de las tantas perífrasis verbales españolas que interesan sobre todo al estudiante brasileño.

Algunos verbos, además del significado léxico, poseen también un significado gramatical que proviene del hecho de auxiliar a otras formas para modificar el significado aspectual de la acción. Las perífrasis verbales pueden ser ingresivas, incoativas, progresivas, durativas, perfectivas y resultativas.

Perífrasis ingresivas

Las perífrasis ingresivas significan que la acción está a punto de efectuarse, sea en la intención de quien habla, sea en la realidad objetiva que se expresa. Como ejemplos podemos citar las siguientes:

Ir a + infinitivo

En español la preposición *a* acompaña al verbo *ir* siempre que a éste le siga un infinitivo, lo que no ocurre en portugués:

Voy a cenar.
  (= *Vou jantar.*)

¿Vamos a jugar?
  (= *Vamos jogar/brincar?*)

¿Qué vas a hacer?
(= O que você vai fazer?)

Iba a decirte una cosa y se me olvidó.
(= Eu ia dizer-lhe uma coisa e esqueci.)

El tren va a llegar.
(= O trem vai chegar.)

Estar para + infinitivo

Yo estaba para decirle la verdad y sonó el teléfono.
Estábamos para salir y comenzó a llover.

Perífrasis incoativas

Las perífrasis incoativas indican una acción que comienza o comenzó a realizarse en la realidad objetiva.

Comenzar a + infinitivo:

Comienza a llover.
Mercedes comenzó a llorar.

Ponerse a + infinitivo:

Juan se pone a hablar por teléfono.
Mercedes se puso a llorar

Echarse a + infinitivo:

Los niños se echan a gritar como locos.
Los niños se echaron a correr.

Romper a + infinitivo:

Mercedes rompió a llorar
Los niños rompieron a gritar como locos.

Perífrasis progresivas

Las perífrasis progresivas presentan la acción verbal en desarrollo creciente.

Estar + gerundio:

>*Estoy escribiendo un libro.*

Ir + gerundio:

>*Voy sembrando amistad.*
>*El albañil va trabajando.*

Venir + gerundio:

>*Vengo escribiendo un libro.*
>*Vengo sembrando amistad.*
>*El albañil viene trabajando.*

Andar + gerundio:

>*Anda diciendo la gente que tienes mal carácter.*

Perífrasis durativas

Las perífrasis durativas indican que la acción continúa desarrollándose.

Andar + participio:

>*El ladrón anda escapado.*

Seguir + participio

>*La noche sigue tranquila.*

Ir + participio

>*La novia va vestida a la última moda.*

Venir + participio

> *Los jugadores vienen cansados de ejercitarse.*

Llevar + gerundio

> *¿Cuánto tiempo llevas buscando empleo?*
> *Llevo buscando empleo dos días.*
>> *[= Busco empleo hace dos días.]*
>> *[= Hace dos días que busco empleo.]*

Perífrasis perfectivas

Las perífrasis perfectivas expresan la acción perfecta o acabada en el tiempo en que se encuentra el auxiliar.

Acabar de + infinitivo

> *Mis padres acaban de llegar de viaje.*

Acabar por + infinitivo

> *Acabó por gustarme Dinamarca.*

Terminar de + infinitivo

> *Terminé de escribir una carta.*

Cesar de + infinitivo

> *Cesaron de llamarme con insistencia.*

Dejar de + infinitivo

> *Mi primo dejó de fumar.*

Llegar a + infinitivo

> *Llegó a gustarme Dinamarca*

Venir a + infinitivo

> *Vinieron a decirme lo ocurrido.*

Perífrasis resultativas

Las perífrasis resultativas expresan la acción perfecta o acabada como resultado o acumulación de actos distintos.

Llevar + participio

> *Llevo contados cien libros.*

Tener + participio

> *Tengo escritas veinte cuartillas.*
> *Siempre tiene la casa abandonada.*

Estar + participio

> *Está vista y comprobada la verdad.*

Ser + participio

> *Todo eso fue certificado.*

Traer + participio

> *Traigo castigados a muchos malos estudiantes.*

Quedar + participio

> *Quedé sorprendido con la noticia.*

Dejar + participio

> *La noticia me dejó sorprendido.*
> *Dejaron dicho que volverían pasado mañana.*

Perífrasis de obligación y suposición

1. Estas frases expresan obligación, necesidad o volición:

haber de	+	infinitivo:	***He de recompensar*** tu bondad.
haber que	+	infinitivo:	***Hay que estudiar*** mucho.
tener de	+	infinitivo:	***Tengo de decirle*** la verdad.
tener que	+	infinitivo:	***Tengo que hablar*** con mi hermano.
deber	+	infinitivo:	***Debo contárselo*** a mi padre.

La expresión *haber de* + *infinitivo* es más literaria que *tener que* + *infinitivo*. Pero se percibe alguna diferencia entre las dos: esta última, más intensa y más enérgica, se refiere a una obligación que se nos impone desde fuera, mientras la primera tiene un matiz subjetivo y se acerca a veces a significar intención de realizar algo.

Haber que se diferencia de *haber de* + *infinitivo* porque es impersonal, o sea, no tiene sujeto determinado. *Tener de* + *infinitivo* se formó por cruce de las dos anteriores; es una expresión anticuada, salvo en la primera persona del singular del presente de indicativo, como en el ejemplo anterior.

Deber + *infinitivo* denota obligación:

>*El contable DEBE ser honrado*
>   (= tiene la obligación de ser honrado).

2. Estas otras expresan suposición, conjetura, creencia, probabilidad o duda:

deber de	+	infinitivo:	***Debían de ser*** las doce y media.
creer que	+	indicativo:	***Creo que llegan*** mañana tus tíos.
suponer que	+	indicativo:	***Supongo que vuelven*** esta tarde.
a lo mejor	+	indicativo:	***A lo mejor llueve*** por la tarde.
puede que	+	subjuntivo:	***Puede que lleguen*** el martes.
es posible que	+	subjuntivo:	***Es posible que venga*** tu novia.
es probable que	+	subjuntivo:	***Es probable que llueva*** por la noche.
		futuro:	*Tu novio **pensará** en ti ahora.*

Deber de + *infinitivo* denota suposición, conjetura o creencia:

>*El contable **debe de** ser honrado*
>   (= creo, supongo, que el contable es honrado) [1].

---

[1] En la actualidad, hay mucha confusión en el empleo de *deber* (obligación) y *deber de* (suposición). Por ser esta diferencia muy expresiva, la Academia recomienda mantenerla.

17. ADVERBIO

El adverbio es una parte invariable de la oración, destinada a funcionar como adjunto circunstancial de un verbo, de un adjetivo, de otro adverbio, de un sustantivo o de una oración completa. Ejemplos:

*Este niño **anda despacio**.* (verbo + adverbio)
*Vivimos en un edificio **muy alto**.* (adverbio + adjetivo)
*Algunas personas hablan **muy mal**.* (adverbio + adverbio)
*Mi hijo es **muy hombre**.* (adverbio + sustantivo)
***Desgraciadamente, ocurrió así**.* (adverbio + oración)

Los adverbios no varían en género ni en número [1], pero pueden admitir formación de comparativos, superlativos y diminutivos:

*Juanito anda **menos deprisa que** yo.* (comparativo)
*Llegaremos **más tarde de** lo previsto.* (comparativo)
*Vuelve **lo más pronto que** puedas.* (superlativo relativo)
*Vamos caminando **despacito**.* (diminutivo)

En español hay muchas *locuciones adverbiales* que desempeñan en la oración función de adverbios. Se trata de expresiones especiales compuestas por una preposición unida a sustantivos, adjetivos o adverbios. Ejemplos:

*Lo hemos buscado **por todas partes**.*
*Suelo salir **de vez en cuando**.*
*Salieron todos **poco a poco**.*
*La verdad salta a la vista **sin duda**.*

---

[1] Incluso cuando los adverbios derivan de adjetivos, no se da la concordancia, como, por ejemplo:
  María llegó medio muerta.
  Se apuntaron todos salvo ella.
  Incluso nosotros te queremos.

En mi vida he visto a esa mujer.
A lo mejor iremos a la playa el próximo verano.

Desde el punto de vista semántico el adverbio señala modificaciones referidas a la cualidad de la acción (*adverbios calificativos*), a la determinación de la acción (*adverbios determinativos*), y al carácter afirmativo, negativo o dubitativo de la oración (*adverbios modalizadores*). El carácter de la modificación permite que se distribuyan los adverbios por las siguientes clases: (1) adverbios de modo (carácter calificativo); (2) adverbios de lugar, de tiempo y de cantidad (carácter determinativo); (3) adverbios de afirmación, de negación y de duda (modalizadores).

Adverbios de modo

Las siguientes formas y locuciones adverbiales representan en la oración una circunstancia de modo y corresponden al interrogativo *cómo*:

adrede	*hasta*	a pie	de rodillas
alto	*mal*	a traición	de hecho
apenas	*quedo*	a palos	de paso
aparte	*recio*	a besos	de veras
aposta	*salvo*	a hurtadillas	de memoria
aprisa	*a la inglesa*	a cuadros	de prisa
así	*a la española*	a rayas	de verdad
bajo	*a la italiana*	a patadas	de ninguna manera
bien	*a la francesa*	a tiros	de tal manera
como / cómo	*a lo grande*	a pisotones	de otro modo
conforme	*a escondidas*	a cada cual mejor	con (mucho) gusto
cuán	*a medias*	aparte de	con razón
deprisa	*a ciegas*	boca abajo	en un santiamén
despacio	*a carcajadas*	boca arriba	en un tris
duro	*a caballo*	de pie	en cuclillas
excepto			

La mayor parte de los adverbios de modo se forman añadiendo la terminación *–mente* a la forma singular femenina o indiferente del adjetivo calificativo:

ADVERBIO

bueno / buena → *buenamente*
malo / mala → *malamente*
justo / justa → *justamente*
fácil → *fácilmente*
solemne → *solemnemente*

Estos adverbios conservan el acento propio de cada uno de sus componentes, lo cual permite, en los casos de coordinación, que se elimine el sufijo del primero y se diga:

pura y simplemente
justa y solemnemente
buena, justa y fácilmente

Muchos adjetivos, en su forma masculina singular, pueden funcionar como adverbios, prescindiendo de la terminación –*mente*:

*No hables **alto**.*
*Los estudiantes cantaban **bajo**.*
*Manolo pisa **fuerte**.*
*Me lo dijo **muy claro**.*
*Se oye **poco**.*

Los adjetivos determinativos no admiten la forma en –*mente*. Se exceptúan *mismo* y los ordinales *primero* y *último*:

mismo → *mismamente*
primero → *primeramente*
último → *últimamente*

Sólo (= solamente = únicamente) es un adverbio cuyos correspondientes en portugués son "só", "somente", "apenas" [1]. Ejemplo:

***Sólo** me quedan cinco mil pesetas en la libreta de ahorros.*
*("Restam-me **apenas** cinco mil pesetas na caderneta de poupança.")*

---

[1] No confundir con el adjetivo *solo* (= port. *"sozinho"*) y el sustantivo *solo*: (un *solo* de violín; un *solo* de danza = port. *"solo"*; el *solo*, juego de naipes = port. *"paciência"*).

Adverbios de lugar

Las siguientes formas y locuciones adverbiales representan en la oración una circunstancia de lugar y corresponden al interrogativo *dónde* (poét. *do*):

abajo	*atrás*	*lejos*	allá arriba
acá	*cerca*	calle abajo	acá y allá
adelante	*debajo*	calle arriba	enfrente de
adentro	*delante*	río abajo	de enfrente
adonde	*dentro*	río arriba	a la derecha
afuera	*detrás*	a todas partes	a la izquierda
ahí	*donde (do)*	de todas partes	en el centro
alrededor	*dónde dó)*	por todas partes	en ninguna parte
allá	*encima*	a ninguna parte	en el medio
allí	*enfrente*	aquí y allí	al lado de
aquí	*fuera*	aquí abajo	de al lado
arriba	*junto*		

Se incluyen en este inventario las siguientes formas, ya de poco uso o arcaicas, que se emplean en obras literarias de épocas pasadas o de estilo arcaizante:

acullá (persiste en la expresión *acá y acullá*),
aquende (= 'en el lado de acá de': *aquende los Pirineos*),
allende (= 'al otro lado de': *allende los mares*)
aquén (= *aquende*)
daquén (= *de aquende*)
suso ('arriba'), *yuso* y *ayuso* ('abajo')

El uso de *aquí, ahí, allí* guarda estrecha relación con los demostrativos *éste, ése, aquél*, pues depende de la distancia expresada en relación con el hablante:

El libro está **aquí**
 (*es éste* = cerca de *quien habla*).
El libro está **ahí**
 (*es ése* = lejos de *quien habla* y cerca de *con quien se habla*).
El libro está **allí**
 (*es aquél* = lejos de *quien habla* y cerca de *de quien se habla*).

Acá, allá tienen un significado más impreciso que *aquí, allí* [1]. *Allá* puede indicar alejamiento en el tiempo. Ejemplos:

> *Ven **acá**.*
> *Vete **más allá**.*
> *El héroe vivió **allá** por los años 1200.*

Adonde resulta de la unión de *a* + *donde*; se escribe en una palabra si el antecedente está explícito y se escribe separado si el antecedente no está explícito:

> *El teatro **adonde** vamos.*
> *Cuando se acercaron **a donde** yo estaba, me escondí.*

Adverbios de tiempo

Las siguientes formas y locuciones adverbiales representan en la oración una circunstancia de tiempo y corresponden al interrogativo *cuándo*:

ahora	*hoy*	*ya*
antaño	*jamás*	*en breve*
anteayer	*luego*	*en el futuro*
anoche	*mañana*	*al día siguiente*
anteayer	*mientras*	*de vez en cuando*
antes	*nunca*	*a veces*
aún	*presto*	*a menudo*
ayer	*pronto*	*de ahora en adelante*
cuando	*recién*	*dentro de poco*
cuándo	*siempre*	*en ningún momento*
después	*tarde*	*hoy día*
entonces	*temprano*	*hoy en día*
hogaño	*todavía*	*hoy por hoy*

---

[1] En Hispanoamérica predomina el uso de *acá, allá* sobre el de *aquí, allí*.

ANTEAYER	AYER	HOY	MAÑANA	PASADO MAÑANA
antes		ahora / ya		después / luego

	AYER	HOY	MAÑANA
POR LA MAÑANA	ayer por la mañana	esta mañana	mañana por la mañana
POR LA TARDE	ayer por la tarde	esta tarde	mañana por la tarde
POR LA NOCHE	anoche	esta noche	mañana por la noche

El adverbio *pronto* se traduce al portugués por *"logo"*. Por ejemplo:

> *Salgo, pero vuelvo **pronto**.*
> *("Saio, mas volto **logo**.")*
> *Hasta **pronto**.*
> *("Até **logo**.")*

Los adverbios *todavía* y *aún* corresponden a *"ainda"* en portugués. Por ejemplo:

> *Mis compañeros no han llegado **todavía**.*
> *Mis compañeros no han llegado **aún**.*
> *("Os meus colegas **ainda** não chegaram.")*

Los adverbios de lugar se emplean con valor temporal en algunas expresiones:

> ***De aquí en adelante*** (= 'en el futuro').
> *Ya lo veremos **más adelante*** (= 'después').
> *Se marcharon **meses atrás*** ('hace varios meses').

Algunos adverbios en *–mente* tienen valor temporal:

> *primeramente, últimamente, antiguamente, recientemente,*
> *finalmente, frecuentemente, raramente, recientemente.*

Recientemente se apocopa ante participios:

> *Juan y María están **recién** casados.*
> *Este niño es un **recién** nacido.*

Adverbios de cantidad

Las siguientes formas y locuciones adverbiales representan en la oración una circunstancia de cantidad y corresponden al interrogativo *cuánto* o *cuán*:

algo	*menos*	*poco más o menos*
además	*mitad*	*al por menor*
apenas	*mucho*	*al por mayor*
bastante	*muy*	*al tanto por ciento*
casi	*nada*	*al ciento por ciento*
cuanto / cuan	*qué*	*poco a poco*
cuánto / cuán	*poco*	*por poco*
demasiado	*salvo*	*a lo sumo*
excepto	*sólo*	*cuanto más*
harto	*tan*	*no más (de)*
más	*tanto*	*nada más*
medio	*al menos*	*a lo menos*
		por lo menos

Empleo de *mucho/muy*

Observemos los siguientes grupos de oraciones, en que figuran las formas *mucho* y *muy* [1]:

I.

(1) *Ayer hemos trabajado **mucho**.*
(2) *Ha llovido **mucho** el año pasado.*
(3) *Tienes que caminar **mucho** para llegar a casa.*

---

[1] Estas formas vienen del latín: MULTU -> *muyto* > *muycho* > mucho;
MULTU -> *muy(to)* > muy.

II.

(1) *¿Cuántos eran los niños? Eran **muchos**.*
(2) *No se quedó con ninguna, porque quería a **muchas**.*
(3) ***Mucho** se espera de su talento de artista.*
(4) *Necesitamos **mucho** dinero.*
(5) *Maricruz tiene **muchos** hermanos.*
(6) *Sabías que ibas a tener **mucha** hambre.*
(7) *Tengo **muchas** cosas que decirte.*

III.

(1) *Ganó **mucho** menos dinero en esa empresa.*
(2) *Me regaló **muchos** más caramelos que a ti.*
(3) *El hermano tiene **mucha** más estatura que él.*
(4) *Ganaré **muchas** más perras.*
(5) *Creo que sabes **muchas** menos cosas sobre este asunto.*

IV.

(1) *Era un campo **muy** verde.*
(2) *Tenían **muy** poco que hacer allí.*
(3) *Se portaron **muy** dignamente.*
(4) *Vivo **muy** cerca de aquí.*
(5) *La Universidad está **muy** lejos del centro.*

V.

(1) *Juanito se consideraba **muy** hombre.*
(2) *Alicia es **muy** mujercita de su casa.*
(3) *Soy **muy** mayor y puedo hacer lo que me dé la gana.*
(4) *Era **muy** sinvergüenza el ladrón.*
(5) *Pepe era un pintor **muy** sin talento.*
(6) *Partiremos **muy** de noche.*
(7) *Tuvo que vivir **muy** a duras penas.*
(8) *Trabajaron Paco y Manolín **muy** al alimón.*

ADVERBIO

VI.

(1) *Vosotros dos trabajáis* **mucho** *más que yo.*
(2) *Cobráis* **mucho** *menos que yo.*
(3) *Llegaremos* **mucho** *antes de las cinco.*
(4) *Saldrán* **mucho** *después.*
(5) *Mi casa es* **mucho** *mayor que la tuya.*
(6) *Este libro es* **mucho** *mejor que el nuestro.*
(7) *Tu traje es* **mucho** *peor que el de Luis.*
(8) *Tu casa es* **mucho** *menor que la mía.*
(9) *¿Es* **muy** *bueno tu padre? Sí,* **mucho**.

En el primer grupo de ejemplos, la palabra *mucho* es invariable, porque funciona como adverbio y modifica las formas verbales *hemos trabajado, ha llovido* y *caminar*, añadiéndoles una circunstancia de intensidad o cantidad. Esa circunstancia también puede expresarse con otros adverbios, tales como *demasiado, tanto, abundantemente, extremadamente...*

En el grupo II, notamos que las formas son variables: *muchO, muchA, muchOS, muchAS*. Se trata de pronombres indefinidos, que pueden funcionar como sustantivos – masculino, ejemplo (1), femenino, ejemplo (2), y neutro, ejemplo (3) – o como adjetivos – masculino, ejemplos (4) y (5), y femenino, ejemplos (6) y (7) –.

En los ejemplos del grupo III, las formas *mucho, muchos, mucha, muchas*, precediendo a los adjetivos *más* y *menos*, son adjetivos y, por lo tanto, varían en género y número.

En el grupo IV, se usa siempre la forma *muy*, porque este adverbio precede a un adjetivo – ejemplos (1) y (2) – o a otro adverbio – ejemplos (3), (4) y (5) –.

Igualmente se usa siempre *muy* en los casos del grupo V, a causa de su valor adverbial delante de cualquier palabra o frase de sentido adjetivo –ejemplos (1), (2), (3), (4) y (5) – o adverbial – ejemplos (6), (7) y (8) –.

Ahora bien, en el último grupo de ejemplos, no hay apócope cuando *mucho* va seguido de las palabras *mayor, menor, mejor, peor, más, menos, antes* y *después* – ejemplos (1), (2), (3), (4), (5), (6), (7) y (8) –.

Hay que notar, sin embargo, que la diferencia entre el uso de las formas variables – grupo III – y de la forma invariable antes de *más* y *menos* – grupo VI, ejemplos (1) y (3) – estriba en que cuando *más* y *menos* son adverbios, *mucho* es adverbio también y, por consiguiente, no varía. Tampoco hay apócope en el ejemplo (9) de este último grupo, porque el adjetivo está sobrentendido.

Excepciones:

Se usa *mucho*, antes de los adverbios *más, menos, antes* y *después*:

> Lo supe **mucho después** de su muerte.
> Hoy te quiero **mucho más** que ayer.

Resumen

1. Mucho	2. Muy
– es adverbio y no varía, cuando modifica verbos:	– es siempre adverbio y se usa antepuesto a:
Llueve **mucho**. Te quiero **mucho**.	(a) adjetivos o frases adjetivas: Hombre **muy** bueno. Pareja **muy** feliz. Persona **muy** sin escrúpulos.
– es adjetivo y varía, cuando modifica sustantivos o los adjetivos *más* y *menos*:	
Bebió **mucha** agua. Vinieron **muchas** gentes del campo. Visitaré a **muchos** amigos. Madrid tiene **mucha** más población que Ávila. Quiero que tengas **mucho** menos compromisos que yo.	(b) adverbios o frases adverbiales: Partiré para **muy** lejos. Llegaste **muy** tarde. El río corre **muy** lentamente. Se fue **muy** a la francesa. Vivía **muy** a la buena de Dios.

Empleo de *cuanto/cuan, tanto/tan*

Los adverbios *tanto/cuanto* se apocopan en *tan/cuan* delante de adjetivo u otro adverbio o locución adverbial. *Tan/tanto* están en distribución complementaria, es decir, *tan* se usa ante adjetivos, adverbios y participios y *tanto* se usa ante verbos:

> *¡Te quiero **tanto**¡*
> ***Tanto** es así, que no ha venido a merme.*
> *¡Mi abuela era **tan** buena!*
> *Es **tan** temido como amado.*
> *Me trataron **tan** delicadamente...*
> *Lo hizo **tan** a lo tanto.*

Excepciones:

No hay apócope delante de *más, menos, peor, mayor, mejor,*:

> *Si te arrepientes, **tanto** peor para ti.*
> *Cuanto **más** quieras, menos tendrás.*
> *Cuanto **menos** digas, será lo mejor para el caso.*
> *Cuanto **mayor** es, peor lo hace.*
> *Cuanto **mejor** sea, más te beneficiará.*

Se dice, sin embargo,

> *Este niño es **tan** mayor ya...,*

porque *mayor* está adjetivado y equivale a *'adulto'*.

Adverbios de afirmación

Las siguientes formas y locuciones adverbiales representan en la oración una circunstancia de afirmación:

sí	*efectivamente*	*también*
cierto	*seguramente*	*verdaderamente*
ciertamente		

por cierto	a buen seguro	desde luego
sin duda	por supuesto	¡cómo no!

Las locuciones *por supuesto* y *desde luego* corresponden a "claro", "evidente", "é lógico", "é óbvio" en portugués. Ejemplo:

> *Mañana es domingo y **por supuesto** no vamos a trabajar.*
> *("Amanhã é domingo e **é claro que** não vamos trabalhar.")*

Adverbios de negación

Las siguientes formas y locuciones adverbiales representan en la oración una circunstancia de negación:

no	de ningún modo	eso sí que no
ni	ni hablar	en absoluto
nunca	ni con mucho	y nada más
jamás	ni por asomo	casi nada
tampoco	nada de eso	en mi vida
nada	que no	¡qué va!
de ninguna manera	claro que no	

Los adverbios *nunca, jamás, tampoco, nada*, acumulan el valor negativo de *no*. Tienen la particularidad de que sólo manifiestan lo negativo cuando van antepuestos al verbo; situados después del verbo, exigen la presencia previa de *no* u otra palabra negativa:

> ***Nunca** volveré a esta casa.*
> *No volveré **nunca** a esta casa.*
> *Tú **tampoco** volverás.*
> *Tú no volverás **tampoco**.*
> *Mi padre **jamás** se enteró de lo ocurrido.*
> *Mi padre no se enteró **nunca** de lo ocurrido.*
> *Yo **tampoco** me enteré de todo.*
> *Yo no me enteré **tampoco** de todo.*
> ***Nada** he visto.*
> *No he visto **nada**.*

Adverbios de duda

Las siguientes formas y locuciones adverbiales representan en la oración una circunstancia de duda:

acaso	*tal vez*
indudablemente	*a lo mejor*
posiblemente	*sin duda*
probablemente	*sin duda alguna*
quizá o *quizás*	*sin ninguna duda*
sí	*sin sombra de duda*

Tal vez se escribe separado en español y en una palabra en portugués (*"talvez"*):

Tal vez *no supieran escribir.*
(**"Talvez** *não soubessem escrever."*)

A lo mejor expresa duda, temor o esperanza e indica posibilidad. Se emplea siempre con el verbo en indicativo y debe encabezar la oración. Por ejemplo:

A lo mejor *vamos a tu casa.*
A lo mejor *iremos al cine mañana.*
A lo mejor *me aumentan el sueldo.*
A lo mejor *me echan del trabajo.*

18. CONJUNCIÓN

Las preposiciones, las conjunciones y los relativos tienen la misión propia de enlace. Los manuales de gramática, en su mayoría, demuestran falta de claridad en cuanto a la naturaleza del enlace, sin advertir su importancia como elemento conexivo. Ello se explica a causa de la variedad del origen de tales partículas, pues muy pocas conjunciones latinas se han conservado en español. De aquí, la dificultad de establecer un límite preciso entre conjunción y adverbio.

Las conjunciones, según los dos tipos distintos de enlace que realizan, se clasifican en *coordinantes* y *subordinantes*.

Conjunciones coordinantes

Las *conjunciones coordinantes* ligan oraciones coordinadas y son meros conectores que funden en un solo enunciado dos o más oraciones que podrían manifestarse aisladas como enunciados independientes. Así, por ejemplo, la oración

> *Llegaron solos y se marcharon conmigo*

podría manifestarse en dos oraciones independientes, porque la conjunción y no influye para nada en la estructura de las dos:

> *Llegaron solos. Se marcharon conmigo.*

Hay cuatro clases de conjunciones coordinantes: *copulativas, disyuntivas, alternativas, distributivas, adversativas* e *ilativas*.

Copulativas

Reúnen en una sola unidad funcional dos o más elementos homogéneos (palabras, grupos u oraciones) cuyas acciones se suman. Son: *y, e, ni, que*. Ejemplos:

> Padre **e** hijo caminan por el campo.
> Hace mucho frío **y** hiela.
> Siempre leo tebeos **y** así vivo feliz.
> No te enteras de nada **ni** quieres enterarte.
> El niño ríe **que** te ríe.

Disyuntivas

Sirven de nexo entre dos o más elementos, uno de los cuales excluye a los demás. Son: *o, u*. Ejemplos:

> Te quedas en casa **o** te vas a la calle.
> El testigo mentirá **u** honrará su palabra.

Alternativas

Las disyuntivas, que a veces se repiten, pueden aludir a la incompatibilidad de dos términos o más términos. Ejemplo:

> ¿Fue el torero que mató al toro, **o** fue el toro el que mató al torero?
> O me dices la verdad **o** no hablo más contigo.

Reglas de eufonía: conjunciones *y > e , o > u*

La conjunción *y* toma la forma *e* cuando precede a palabras que empiezan con *i–* o *hi–*, a no ser que el sonido de *i* forme diptongo. Ejemplos:

> Fernando **e** Isabel son buenos **e** inteligentes.
> Madre e hija matan **y** hieren sin piedad.
> Matas **y** hierbas crecen en el jardín.

La conjunción *o* adopta la forma *u* cuando va seguida de palabras que empiezan por *o–, ho–*. Ejemplos:

> Uno **u** otro llegan hoy.
> Eran diez **u** once chiquillos.
> Tendrás la ocasión **u** hora oportuna de hablar.

Pronunciación de las conjunciones *y, u*

1) La pronunciación de la conjunción *y* cambia según su entorno fonético:

Entre dos consonantes, la conjunción *y* se pronuncia como la vocal anterior palatal [i]:

> [consonante + *y* + consonante] → [i]
>
> *jamón y vino* → [xamón i bíno]
> *cortar y comer* → [kortár i komér]

Entre una vocal y una consonante, porque es átona, la conjunción *y* se produce como la semivocal [i̯]:

> [vocal + *y* + consonante] → [i̯]
>
> *carne y pan* → [kárnei̯ pán]
> *corta y come* → [kórtai̯ kóme]

Entre una consonante y una vocal o entre dos vocales, porque es átona, la conjunción *y* se produce como la semiconsonante [j]:

> [consonante + *y* + vocal]
>
> *comer y hablar* → [komér jablár]
> *buscar y encontrar* → [buskár jenkontrár]
>
> [vocal + *y* + vocal]
>
> *uno y otro* → [úno jótro]
> *tomo y obligo* → [tómo joblígo]

2) La conjunción *u* se emplea delante de palabras que empiezan por la vocal posterior velar [o] y, porque es átona, se produce como la semiconsonante [w]:

> [u + o–]
> *uno u otro* → [úno wótro]
> *amor u odio* → [amór wódjo]
> *ocasión u hora* → [okasjón wóra]

Distributivas

La disyuntiva *o* se incrementa a menudo con los adverbios *bien* y *ya* o se refuerza con la forma verbal *sea*, para efectuar una enumeración distributiva de los elementos enlazados. En algunos casos, se repiten, como *bien ... bien, ya ... ya, ora ... ora, sea ... sea*. Ejemplos:

> *Lo hicimos por tener cuidado,* **o bien** *por preocuparnos de la educación de tus hijos.*
> *Por la poca claridad del ambiente,* **ya** *por estar defectuosa la cámara, ya con propósito deliberado, salió muy mal la foto.*
> *Quiero que no le digas eso,* **o sea***, que te calles.*
> *Tu novia bien se lamenta,* **bien** *se alegra de verte.*
> *El niño* **ora** *llora,* **ora** *se ríe.*
> *No se está quieto* **sea** *por malo,* **sea** *por testarudo.*

Adversativas

Sirven de enlace para agrupar dos nociones contrapuestas. Son: *pero, mas* (en la lengua literaria), *sino*, a las que pueden sumarse las unidades adverbiales *empero, sin embargo, con todo, no obstante, aunque*. Ejemplos:

> *He logrado mantenerme con sacrificios,* **pero** *con mucha alegría.*
> *A Luis le han echado del trabajo,* **pero** *encontrará un empleo mejor.*
> *"Con sacrificios,* **mas** *con alegría se lleva a cabo la labor".*
> *Charo no sólo es tonta,* **sino** *presumida.*
> *Es muy listo y* **sin embargo** *no trabaja.*
> *No debía de quererte y* **sin embargo** *te quiero.*
> *Llegó contento,* **aunque** *cansado.*
> *Llegó contento;* **no obstante***, estaba cansado.*
> *María se muestra alegre;* **con todo***, sufre íntimamente.*

Las conjunciones *pero* y *mas* pueden encabezar una secuencia sin conexión directa con algo precedente; su función, en este caso, es puramente enfática. Ejemplos:

> *¡***Pero***, hombre, déjate de tonterías!*
> **Pero** *es que el próximo jueves es fiesta.*
> **Mas** *¿dónde están las ideas que antes defendías?*
> **Mas** *lo seguro es que cuando es fiesta no se trabaja.*

Sino X Si no

Sino – es una conjunción que opone un término a otro; se escribe en una sola palabra y equivale a *'pero sí'*. ***Si no*** son dos palabras: *si* = conjunción condicional; *no* = negación.

Ejemplos:

> *No soy el mayor **sino** el menor.*
> *A comer; **si no**, se enfría la sopa.*

Para saber cuándo debemos escribir *sino* o *si no*, intentamos colocar inmediatamente después de estas palabras la conjunción *que*; si la frase lo admite, escribiremos *sino*:

> *No soy el mayor **sino** (que soy) el menor.*

Entre la conjunción *si* y la negación *no*, pueden colocarse otras palabras:

> ***Si** (mi padre) **no** está.*

Empleamos la conjunción *sino* cuando negamos una cosa y a continuación afirmamos otra que ocupa su lugar:

> *No he sido yo, **sino** mi hermanito.*
> *Esta chica no es fea, **sino** poco hermosa.*
> *No digo que eres guapa, **sino** que eres menos fea que tu amiga.*

Sino es una palabra átona; ***si no***, en cambio, tiene tónico el segundo elemento. Compara estos ejemplos y date cuenta de la diferencia:

> *No come, **sino** trabaja (= 'trabaja en lugar de comer').*
> *No come, **si no** trabaja (= 'trabajar es condición para comer').*

¿No ocurre lo mismo en portugués con **"senão"** y **"se não"**?

Observación:

Sino es un sustantivo masculino y significa 'destino', 'hado', 'fatalidad', 'suerte':

Su sino es trabajar más de lo que puede.
Es mi sino aguantar a los pesados.

Sino, sustantivo masculino del español corresponde a **sina**, sustantivo femenino del portugués.

Sino, sustantivo masculino del portugués corresponde a **campana**, sustantivo femenino del español.

Ilativas

Denotan que la oración que sigue contiene una consecuencia o deducción de lo dicho antes. Son: *pues, que, luego* [1], *conque, así que, por consiguiente, por lo tanto, por tanto*. Ejemplos:

Este año no vamos a España, **pues** *no tenemos dinero.*
No me esperes **que** *hoy me quedo en casa.*
Está mojada la calle, **luego** *ha llovido.*
Son las tres, **conque** *ya nos vamos.*
Son las tres, **así que** *ya nos vamos.*
Aquí tienes el código de la cuenta; **por consiguiente**, *saca el dinero.*
Ya es la hora; **por lo tanto**, *entreguen sus ejercicios.*
Ya es la hora; **por tanto**, *entreguen sus ejercicios.*

En la lengua hablada, a veces, se utiliza *pues* después de pausa, al principio de la oración, con el propósito de continuar vagamente lo dicho antes. En este caso no existe coordinación, porque se trata de un *uso vacío* de la conjunción, para establecer un simple contacto entre dos oraciones o segmentos de oración. Ejemplos:

— ¿Cómo se encuentra usted? — **Pues**, *un poco mejor.*
— Yo creo que debemos contárselo. — **Pues** *a mí me parece que no.*
Como no tengo dinero, **pues** *me aguanto.*
Si estás contenta con esto, **pues** *yo también lo estoy.*

[1] La conjunción *luego* se pronuncia átona, a diferencia del adverbio *luego* ('después'), que se pronuncia tónico.

Conjunciones subordinantes

Las conjunciones subordinantes, en cambio, ligan una oración principal y una subordinada. Al igual que los relativos, degradan la oración en que se insertan y la transponen funcionalmente a una unidad de rango inferior que cumple alguna de las funciones propias del sustantivo, del adjetivo o del adverbio, o sea, la función de complementos o adjuntos subordinados a un núcleo verbal. Son, pues, transpositores que habilitan a determinadas unidades para funciones diferentes de las propias de su categoría. Podemos decir que las conjunciones subordinantes se asemejan a las preposiciones, porque éstas señalan la función del término que rigen. En el siguiente ejemplo,

Dicen que no nos queremos,

está claro que no se trata de dos oraciones independientes, porque la oración *que no nos queremos* es el complemento directo de la principal (*Dicen*).

Hay que considerar las siguientes clases de conjunciones subordinantes: *completivas, causales, comparativas, condicionales, concesivas, consecutivas, finales, modales* y *temporales*. Las completivas introducen oraciones sustantivas y las demás, oraciones adverbiales o circunstanciales.

Completivas

Habilitan a una oración para funciones propias del sustantivo. Son: *que, si*. Ejemplos:

*Te ruego **que** me lo des en seguida.* (complemento directo)
*La azafata anunció **que** ya estaban en Madrid.* (complemento directo)
*No sé **si** me entiendes.* (complemento directo)
*Me preguntó **si** tenía dinero.* (complemento directo)
*Mi deseo es **que** me lo des en seguida.* (predicativo)
*Me interesa **que** me lo des ahora mismo.* (sujeto)

La conjunción completiva, precedida del artículo, puede introducir una oración que funciona como sujeto de la principal:

*Le preocupaba mucho **el que** alguien se enterara.* (sujeto)

Precedida de una preposición, puede introducir una oración que funciona como complemento de un nombre o de un adjetivo:

*La alegría **de que** hayas venido me hace olvidarlo todo.*
    (complemento de un nombre)
*Estoy seguro **de que** no me has entendido.*
    (complemento de un adjetivo)

A veces, en la lengua escrita, principalmente en las cartas, puede omitirse la conjunción completiva, como, por ejemplo:

Te ruego me lo des en seguida.

Aditivas: *aparte de que, además de que.* Ejemplos:

***Aparte de que** no podría hacerlo, tampoco lo intenta.*
*Les pagan bien, **aparte de que** tienen mejor horario.*
*Ese artista, **además de que** es joven, tiene mucho talento.*

Concesivas: *aunque, a pesar de que, bien que, si bien, por más que, aun cuando.*

Ejemplos:

***Aunque** la casa era nueva, la derrumbaron.*
*Hemos llegado tarde, **a pesar de que** hemos venido corriendo.*
***Si bien** no es todo lo que pretendía, me doy por contento.*
*El resultado es bastante dudoso, **por más que** nos esforcemos.*
***Aun cuando** quería parecer tranquilo, se le notaba nervioso.*

Consecutivas: *que, tanto que, conque, de modo que, de manera que.* Ejemplos:

*Tengo un frío **que** me muero.*
*Hizo un esfuerzo tan grande **que** cayó agotado.*
*Loli habla tanto **que** no la aguanto.*
*No entiendes de este tema, **conque** cállate.*
*Te lo advertimos a tiempo, **de modo que** no puedes echarnos la culpa.*

Modales: *como, conforme, según, con arreglo a, de modo que, de manera que, así como.*

Ejemplos:

*Hacemos la tarea **como** podemos.*
*Lo he hecho **conforme** me has dicho.*
*Tu casa está **según** la dejaste.*
*Hemos procedido **con arreglo a** lo que nos ordenaron.*

Causales: *porque, pues, que, como, dado que, una vez que, ya que.* Ejemplos:

*Estoy feliz **porque** estamos juntos.*
*Cuéntame lo que te agobia, **que** soy tu padre.*
***Como** no tengo tiempo, te lo contaré otro día.*
***Ya que** es la una menos cuarto, voy a relevarte.*

Comparativas: *como, que, más que, menos que, así como, tanto como, igual que.*

*Tan sorprendido **como** estás tú, lo estoy yo.*
*Me gusta **más** el teatro **que** [me gusta] el cine.*
*Esa niña escribe **menos que** habla.*
*Cantan y bailan **así como** se ríen todos los jóvenes.*
*Cantan y bailan **igual que** se ríen todos los jóvenes.*
*Cantan y bailan **tanto como** se ríen todos los jóvenes.*

Condicionales: *si, con tal que, a menos que, a no ser que, salvo que.*

Si no llueve, habrá corrida de toros.
*Aquel hombre elogia a los otros **con tal que** ellos le elogien.*
*Acabaremos mal, **a menos que** cambies tu comportamiento.*
*Acabaremos mal, **a no ser que** cambies tu comportamiento.*

Finales: *para que, a fin de que, por que, por, por si, a que, con objeto de que, que.*

*Acércate **para que** te vea mejor.*
*Se amplía la jornada **a fin de que** el rendimiento sea mayor.*
*Me voy **por** no oírte.*
*Te lo doy **por si** lo necesitas.*

Temporales: *cuando, mientras, tan luego, no bien, nada más, siempre que, así que, en cuanto, apenas.*

Ejemplos:

*Iremos **cuando** nos convenga.*
*Canta **mientras** se ducha.*
***Mientras** hay vida, hay esperanza.*
***Tan luego** llegó a casa, llamó a su padre.*
***No bien** llegó a casa, llamó a su padre.*
***Nada más** llegar a casa, llamó a su padre.*
***Siempre que** llega de viaje, llama a su padre.*
***Así que** llega de viaje, llama a su padre.*
*Te avisaré **en cuanto** llegue a Cádiz.*
Apenas llegó, se puso a trabajar.

19. INTERJECCIÓN

Concepto

La interjección es una palabra que exterioriza la afectividad del hablante, que busca expresar su estado psíquico, en un movimiento súbito, en vez de utilizar una frase lógicamente estructurada.En otras palabras, la interjección traduce los estados de alma.

La interjección ha sido clasificada entre los adverbios por los gramáticos griegos; los latinos, en cambio, la incluyeron como una parte de la oración. La interjección coincide con los adverbios y las palabras de enlace en ser invariable, pero no pertenece a la estructura de la oración. Aunque no desempeñe ninguna función en la oración, está agregada a ella y le añade sus contenidos expresivos.

Según su función comunicativa, las interjecciones pueden agruparse en tres tipos: las *onomatopéyicas*, las *apelativas* y las *sintomáticas*. Las *onomatopéyicas*, cuyo inventario es totalmente abierto, pues el hablante puede crearlas libremente, son adaptaciones fonemáticas de ruidos o acciones (*¡glub!, ¡paf!, ¡pla!, ¡pum!,* etc.). Las *apelativas* se destinan a apelar al interlocutor, para llamarle la atención o imponerle alguna actitud (*¡chito!, ¡chst!, ¡ea!, ¡eh!, ¡ey!, ¡hola!* etc.). Las *sintomáticas*, que son muy abundantes, manifiestan el estado de ánimo del hablante sobre lo que comunica, sobre sus vivencias o la situación (*¡ah!, ¡ay!, ¡bah!, ¡caramba!, ¡caray!, ¡cáspita!, ¡oh!, ¡ojalá!, ¡uf!* etc.).

Inventario

Las interjecciones que constan de una sola palabra son las que propiamente se llaman interjecciones. Son:

INTERJECCIÓN

¡ah!,	¡glub!,	¡plas!,
¡ajá!,	¡guau!,	¡ps!,
¡ajajá!,	¡guay!,	¡pss!,
¡arre!,	¡hala!,	¡psh!,
¡ay!,	¡hale!,	¡pche!,
¡bah!,	¡hola!,	¡pu!,
¡ca!,	¡huy!,	¡puaf!,
¡caramba!,	¡ja!,	¡puf!,
¡caray!,	¡je!,	¡pum!,
¡cáspita!,	¡ji!,	¡quiá!,
¡cataplún!,	¡jo!,	¡so!,
¡chito!,	¡oh!,	¡sus!,
¡chst!,	¡ojalá![1],	¡tatata!,
¡crac!,	¡ole!,	¡tate!,
¡ea!,	¡ox!,	¡uf!,
¡eh!,	¡oxte!,	¡zape!,
¡eureka!,	¡paf!,	¡zas!
¡ey!,	¡pla!,	etc.

Por traslación, sin embargo, palabras o grupos de palabras de otras clases pueden convertirse en interjecciones, como, por ejemplo:

¡abur!,	¡calle!,	¡fuego!,
¡adiós!,	¡cómo!,	¡habráse visto!,
¡agur!,	¡cuidado!,	¡hombre!,
¡anda!,	¡dale!,	¡Jesús!,
¡buenas!,	¡dale que dale!,	¡madre mía!,
¡bueno!,	¡dale que te pego!,	¡madita sea!,
¡buenos días!,	¡demonio!,	¡menudo!,
¡buenas noches!,	¡diablo!,	¡oiga!,
¡buenas tardes!,	¡diantre!,	¡pero bueno!,
¡bravo!,	¡Dios mío!,	¡porra!,

---

[1] *Ojalá*, que viene del árabe y significa 'quiera Dios', se usa como elemento subordinante de oraciones con el verbo en subjuntivo: *"¡Ojalá vuelva!"*.

¡porras!, *¡sopla!,* *¡venga!,*
¡pues sí!, *¡toma!,* *¡ya!*
¡qué!, *¡vaya!,* etc.
¡que te den!,

20. PARTICULARIDADES LÉXICAS Y ESTRUCTURALES

Estudiamos en este capítulo algunas particularidades del español que lo distinguen del portugués en modalidad de expresión léxica, sintáctica o semántica.

El numeral *ambos*

Los numerales pueden funcionar como pronombres o como adjetivos y admiten sustantivación::

¿Cuántos libros tienes? — Dos. (= pronombre cuantitativo)
Tengo dos libros. (= adjetivo cuantitativo)
Ahí vienen los dos. (= sustantivado)

El numeral *ambos / ambas* no tiene singular y equivale a *los dos / las dos*; no admite la anteposición del artículo ni de otra palabra determinativa. Para emplearlo como pronombre hay que identificar previamente la referencia cuantitativa del nombre. Ejemplos:

Admiro a ambos hermanos.
  (*los dos hermanos* = adjetivo)

Admiro a ambas hermanas.
  (*las dos hermanas* = adjetivo)

Llegaron Paco y Pepe; ambos venían cansados.
  (*los dos* = pronombre)

Llegaron Paco y María; ambos venían cansados.
  (*los dos* = pronombre)

Llegaron Pepa y Lucía; ambas venían cansadas.
(*las dos* = pronombre)

El identificador *mismo*

El identificador *mismo* no es pronombre, sino adjetivo o adverbio. Cuando se trata de un adjetivo, varía en género y número (*mismo, misma, mismos, mismas*) y admite diminutivo (*mismito*) y superlativo (*mismísimo*).

La palabra *mismo* se usa en español y en portugués para expresar identidad o igualdad. Puede asimismo tener un valor enfático o de refuerzo significativo. Por ejemplo:

Esos dos son harina del mismo costal.
(= identidad)

La niña tiene la misma cara que su madre.
(= igualdad)

Siempre me manda las mismas flores.
(= igualdad)

Siempre me manda las mismísimas flores.
(= igualdad)

Quiero que tú mismo me ayudes.
(= refuerzo significativo)

Se lo entregué a él mismo.
(= refuerzo significativo)

Como adverbio que modifica otro adverbio, es frecuente el uso de *mismo* en construcciones como *aquí mismo, ahora mismo*, entre otras:

Aquí mismo viven mis hermanos.
Ahora mismo quiero marcharme.
Voy ahora mismito.

Hay que advertir, sin embargo, que en español no se usa *mismo* en el sentido enfático que tiene en algunas expresiones del portugués, como "é mesmo", "é isso mesmo". En casos como éstos pueden utilizarse expresiones como las siguientes: *¿de veras?, ¿de verdad?, ¡eso es!, efectivamente, en efecto, realmente.*

Expresión de lo impersonal

He aquí algunos de los varios recursos que hay en español para que el hablante presente una información sin expresar explícitamente el sujeto de un verbo.

Uno / una = "a gente" + verbo en tercera persona de singular; la persona que habla se refiere a sí misma, pero lo hace como algo impersonal:

>*No necesita uno hacer el recorrido en dos horas.*
>*Es que una nunca sabe si su visita a la ciudad va a tener éxito.*

Tú = "você" + verbo en segunda persona de singular; la persona que habla, se refiere a sí misma, pero quiere implicar también a su interlocutor, y lo hace como algo impersonal:

>*Si estás tan cansado, lo mejor es irte unos días de vacaciones.*
>*Pasan los días y nunca te dejan en paz.*

La gente / todo el mundo = verbo en tercera persona de singular:

>*La gente dice que hay que dejar llorar a los niños.*
>*Todo el mundo quiere ganar el premio de la lotería.*

Sujeto oculto = verbo en tercera persona de plural:

>*Dicen que van a crear un mercado común en las Américas.*

Se + verbo en tercera persona de singular o de plural; la persona que habla no excluye a nadie y lo dice como algo con valor universal:

*Aquí **se** pasa muy bien en verano.*
*En esta clase **se** habla sólo en español.*
*En verano **se** comen muchas verduras.*

Si + presente de indicativo / *Cuando* + presente de subjuntivo

Si viajo a Argentina, te enviaré una postal.
  (= "Se eu viajar para a Argentina, lhe enviarei um cartão".)
Cuando esté en Argentina, te enviaré una postal.
  (= "Quando eu estiver na Argentina, lhe enviarei um cartão".)

Los dos ejemplos arriba expresan una acción no acabada en futuro. El portugués ha conservado el futuro de subjuntivo hasta nuestros días mucho mejor que el español. Los futuros de subjuntivo del español fueron usados hasta el siglo XVIII, aunque limitados a las oraciones condicionales. Actualmente, han desaparecido no sólo de la lengua hablada, sino casi totalmente de la escrita. Al futuro simple de subjuntivo le sustituyen los presentes de indicativo y de subjuntivo. En las oraciones condicionales con *si*, se emplea el presente de indicativo para expresar una acción probable o posible en el presente o en el futuro; en las oraciones temporales con *cuando*, en cambio, se emplea el presente de subjuntivo para expresar temporalidad en el futuro.

Llevar + gerundio

En español, para expresar el aspecto durativo de una acción, se emplea la perífrasis *llevar + gerundio*, entre otras posibilidades. Por ejemplo:

¿Cuánto tiempo llevas buscando empleo?
Busco empleo hace dos días.
Hace dos días que busco empleo.
Llevo buscando empleo dos días.

Esperar

Esperar que + verbo en presente de subjuntivo ('confiar en que'):

Espero que vengas.
Confío en que vengas.

Esperar a que + verbo en presente de subjuntivo ('permanecer hasta que'):

> *Espero a que vengas.*
> *Esperaré hasta que vengas.*

Haber / tener

El verbo *haber*, en el sentido de 'existir', es impersonal: se emplea siempre en tercera persona de singular. Lo mismo ocurre en portugués, pero, como los brasileños, en el registro informal, suelen sustituir el verbo *haber* por el verbo *tener,* hay que practicar bien este uso. Uno de los sentidos de *tener* es 'poseer'. Por ejemplo:

> *Vamos a ver si hay entradas.*
> (= 'existir'; impersonal)

> *En Grecia hay muchas estatuas antiguas.*
> (= 'existir'; impersonal)

> *Yo tengo dos entradas.*
> (= 'poseer')

> *Clara tiene los ojos castaños.*
> (= 'poseer')

Significados del verbo *quedar*

Quedar ('permanecer, restar, sobrar, haber'):

> *El viaje ha quedado en proyecto.*
> *La tela quedó perfecta.*
> *Quedó acordado que nos reuniríamos el viernes.*
> *Mi casa queda fuera de los límites de la ciudad.*
> *No queda duda de que está loco.*
> *Sólo quedan dos plazas.*
> *Sólo queda este sabor.*

PARTICULARIDADES LÉXICAS Y ESTRUCTURALES

Quedar en, quedar con ('acordar lo que se expresa', 'fijar un encuentro'; portugués "combinar", "marcar encontro"):

> *Quedamos en vernos el domingo a las siete.*
> *¿En qué quedamos?*
> *He quedado con Mario a las ocho en el bar.*
> *¿Dónde quedamos? En la puerta del cine.*
> *¿A qué hora quedamos? A las ocho y cuarto.*

Quedarse (forma pronominal intransitiva de *quedar* usada en las acepciones de '*permanecer*' que equivalen a '*ponerse o ser puesto en cierta situación*'):

> *Pablo y su padre se quedarán en la ciudad.*
> *Hoy me quedo en casa.*
> *Si no se trata ese hombre, puede quedarse ciego.*
> *Cuando oiga usted toda la historia, va a quedarse asombrado.*
> *Hay que ahorrar para no quedarse sin dinero.*
> *Si te lo contaran, te quedarías de piedra.*
> *Si no le sale pronto un novio, puede quedarse para vestir imágenes*
> (= portugués *"ficar para titia"*).

Significados del verbo *echar*

Echar ('arrojar, lanzar, tirar una cosa'; portugués "atirar, jogar"):

> *Echar una cosa por la ventana*
> (=»*Jogar uma coisa pela janela*»)

Echar ('arrojar, despedir'; portugués "soltar"):

> *La locomotora echa humo*
> *A locomotiva solta fumaça*»)

Echar ('expulsar de un lugar o cargo'; portugués "mandar embora"):

Lo han echado del banco.
   (="Mandaram-no embora do banco")
Antonio me echó de su casa.
   (="Antônio me expulsou da sua casa")

Echar + a + verbo en infinitivo ('iniciar la acción que se expresa':

Echar a andar, correr, reír, llorar
   (="Pôr-se a, começar a andar, correr, rir, chorar")
Natalia estaba tranquila y de pronto echó a gritar como loca.
   (="Natália estava calma e de repente começou a gritar como louca.")

Echar mano de ('recurrir a';

   portugués "lançar mão de', 'recorrer a'):

Para aclarar dudas debemos echar mano del diccionario.
   (="Para esclarecer dúvidas devemos lançar mão do dicionário.")

Echar una mano a alguien ('ayudar a alguien';

   portugués "ajudar, dar uma mão a alguém"):

Echar a perder una cosa /un asunto ('desbaratar', 'arruinar';

   portugués "pôr a perder", "estragar"):

Con las mentiras que contó, echó a perder el empleo que tenía.
   (="Com as mentiras que contou, pôs a perder o emprego que tinha.")

Echar de menos ('sentir la necesidad de algo';

   portugués "sentir falta de alguma coisa"):

Elena echó de menos su reloj.
   (="Helena sentiu falta de seu relógio."
Echamos de menos el aire puro.
   (="Sentimos falta do ar puro."

Echar de menos ('lamentar la ausencia de alguien';

          Hispanoamérica 'extrañar';

       portugués "sentir saudades de alguém"):

Echo de menos a mi padre.

      Extraño a mi padre.
      (="Estou com saudades de meu pai.")

Echarse a + verbo en infinitivo ('empezar/ponerse a realizar algo';

      portugués "começar/pôr-se a realizar algo")

      Miguel se echa a explorar la tarde...
      (="Miguel põe-se a explorar a tarde.")

Echar una mirada / echar un vistazo ('dirigir una mirada';

      portugués "dar uma olhada")

Eche una mirada a su derecha.
      (="Dê uma olhada à sua direita."

Verbos de cambio o devenir

Los verbos de cambio o devenir son los que utilizamos para hablar de las transformaciones, los cambios que sufre el sujeto. Según el tipo de cambio a que nos referimos, utilizamos distintos verbos. Casi todos los verbos de cambio o devenir pueden corresponder a *"ficar"* del portugués.

Ponerse: cambios que se producen de manera rápida, instantánea o momentánea y que tienen poca duración:

      Me puse nervioso cuando el médico me pidió los análisis de sangre.
      Se ha puesto alegre.
      Me puse enfermo.
      Me puse roja cuando él me cogió la mano.

Volverse: cambios rápidos pero más definitivos:

> *Se volvió loco después de la cirugía en la cabeza.*
> *Se ha vuelto muy orgullosa después de que se casó con el diplomata.*
> *Las hojas de los árboles se vuelven amarillas en otoño.*

Hacerse: cambios considerados definitivos y, o bien decididos por el sujeto que los sufre, o bien resultantes de una evolución natural:

> *Se hace el tonto cuando le conviene.*
> *Tras vivir en Brasil durante veinte años, se hizo brasileño.*
> *Se hizo monja.*
> *Se hizo rico con aquel negocio.*

Quedarse: estado o característica que se atribuye a un sujeto y se presenta como el resultado o consecuencia de una situación anterior:

> *Durante la I Guerra Mundial Japón se quedó destruido.*
> *Se quedó sordo y ciego.*
> *Me quedé de piedra cuando me contaron lo sucedido.*

Verbos de movimiento: *ir* + infinitivo / *ir a* / *ir hacia*

En español la preposición *a* acompaña al verbo *ir* siempre que a éste le siga un infinitivo, lo que no ocurre en portugués:

> *Voy a cenar.*
>   (= *Vou jantar.*)
>
> *¿Vamos a jugar?*
>   (= *Vamos jogar/brincar?*)
>
> *¿Qué vas a hacer?*
>   (= *O que você vai fazer?*)

Con el significado de *moverse hacia un sitio*, el verbo *ir* se construye con las preposiciones *a* y *hacia*:

*Voy **a** Madrid.*
*Vamos **a** una discoteca.*
*Me voy **a** bailar.*
*Me voy **al** trabajo.*
*Me voy **a** casa.*
*Paco y Juan van **a** tu casa.*
*Vamos **hacia** el sur.*

Empleo de los verbos *gustar, encantar, parecer, apetecer*

Generalmente, el complemento de persona se repite pleonásticamente con el pronombre personal correspondiente, y el sujeto se coloca al final.

Gustar: En portugués la construcción del verbo *"gostar"* es inversa, o sea, el sujeto del español se hace complemento precedido de preposición y el complemento de persona se hace sujeto.

A mí me gusta el cine.
(="Eu gosto de cinema.")

A ti te /a él le / a ella le le gusta el cine.
(="Você / ele / ela gosta de cinema.")

A usted le gusta el cine.
(="O senhor / a senhora gosta de cinema.")

A nosotros nos gusta el cine.
(="Nós gostamos de cinema.")

A vosotros os / a ellos les / a ellas les gusta el cine.
(="Vocês / eles / elas gostam de cinema.")

A ustedes les gusta el cine.
(="Os senhores / as senhoras gostam de cinema.")

A mí me gustan las flores.
(="Eu gosto de flores.")

PARTICULARIDADES LÉXICAS Y ESTRUCTURALES

A ti te /a él le / a ella le gustan las flores
(="Você / ele / ela gosta de flores.")

A usted le gustan las flores.
(="O senhor / a senhora gosta de flores.")

A nosotros nos gustan las flores.
(="Nós gostamos de flores.")

A vosotros / a ellos les / a ellas les gustan las flores
(="Vocês / eles / elas gostam de flores.")

A ustedes les gustan las flores.
(="Os senhores / as senhoras gostam de flores.")

Encantar:

A mí me encanta el teatro.
A él le / a nosotros nos / a ellos les encanta el teatro.

A mí me encantan los paisajes marítimos.
A él le/ a nosotros / a ellos les encantan los paisajes marítimos.

Parecer:

A mí me parece una buena idea.
A él le / a nosotros nos / a ellos les parece una buena idea.

A mí me parecen muy caros estos perfumes.
A él le parecen / a ella le parecen muy caros estos perfumes.
A nosotros nos / a ellos les parecen muy caros estos perfumes.

Apetecer:

A mí me apetece un vaso de vino.
A él le / a nosotros nos / a ellos les apetece un vaso de vino.

A mí me apetecen las patatas fritas.
A él le / a nosotros nos / a ellos les apetecen las patatas fritas.

Las expresiones *quisiera / me gustaría* + nombre o infinitivo

Cuando se quiere *desear, solicitar, tener voluntad o determinación de ejecutar una cosa*, se utilizan los siguientes giros de cortesía:

quisiera + nombre o infinitivo

Quisiera un billete para Madrid, por favor.
Por favor, quisiera hablar con Don Luis Castillo.

me gustaría + infinitivo

Me gustaría ir al cine esta tarde
¿No te gustaría conocer a Luis?

Empleo del verbo *doler*

Este verbo se emplea en tercera persona de singular o plural haciendo la concordancia con la cosa y no con la persona. Su empleo es paralelo, en cuanto a la construcción, a los verbos *gustar, encantar, parecer* y *apetecer*. Ejemplos:

Me (te / le / nos / os / les) duele la cabeza.
Me (te / le / nos / os / les) duelen los pies.

Largar (coloquial)

Largar ('expulsar o despedir a alguien de un lugar, empleo u ocasión';
portugués "despedir, mandar embora"):

Hace un mes que me largaron del trabajo.
(= "Faz um mês que fui despedido.")

Largar ('decir de forma inoportuna o pesada';
portugués "dizer de forma inconveniente"):

Me largó un discurso de más de dos horas.
(= "Passou-me um enorme sermão.")

Largarse ('marcharse';
> portugués "ir embora", "dar o fora de", "mandar-se de"):

> *Me largué de allí en cuanto pude.*
> (= "Dei o fora dali assim que pude.")

> *¡Lárgate de aquí!*
> (= "Dá o fora daqui!")

Marchar

Marchar ('andar, caminar, andar los soldados en formación y marcando el paso'):

> *Marchaban los niños por la calle.*
> *Los soldados marchan marcando el paso.*

Marchar ('ir'):

> *¡Marchando dos cervezas!*

Marchar ('marchar bien o mal una cosa');
> portugués "ir ou desenvolver-se bem ou mal"):

> Esta clase no marcha muy bien / marcha mal.
> (="Esta classe não vai muito bem / vai mal.")

Marcharse ('irse, partir';
> portugués "ir embora"):

> *Se marchó sin dejar señas.*
> (="Foi embora sem deixar sinal.")

Pasar

Pasar ('ir de un sitio a otro'):

> *Pasar el río a nado.*
> (="Atravessar o rio a nado.)

PARTICULARIDADES LÉXICAS Y ESTRUCTURALES

    Pasar por una calle.
       (=«*Passar por uma rua.*»)

    El in-vierno ya pasó.
       (=«*O inverno já passou.*»)

Pasar ('entrar'):

    Pasa, por favor.
       (=«*Entre, por favor.*»)

Pasar ('ocurrir algo')

    ¿Qué te pasa hoy?
       (=«*O que está acontecendo com você hoje?*»)

Pasarlo (muy) bien ('pasarlo en grande', 'divertirse', 'vivir bien'):

    Cuando estuve en España, lo pasé muy bien.
    Cuando estuve en España, lo paséen grande.
       (=«*Quando estive na Espanha, me diverti muito.*»)

Pasarlo de maravilla ('divertirse mucho';
       portugués "divertir-se muito"):

    Cuando estuve en España, lo pasé de maravilla.
       (=«*Quando estive na Espanha, me diverti muito.*»)

Pasarlo (muy) mal ('pasarlo perramente'. 'vivir mal', 'vivir como un perro'):

    Cuando estuve en Alemania, lo pasé muy mal.
       (=«*Quando estive na Alemanha, passei muito mal.*»)

Pasarse una cosa ('estropearse, perder la sazón en que está buena';
       portugués "passar do ponto")

    El arroz se pasó.
       (=«*O arroz passou do ponto.*»)

La esencia no se pasa si no está bien tapada.
(=»A essência não estraga se estiver bem tampada.»)

Recurrir / recoger / recorrer

Recurrir   ('buscar remedio o solución para algo';
           portugués "recorrer"):

   Recurrí a mi hermana para que me ayudara a hacer la traducción.
   (="Recorri à minha irmã para que me ajudasse a fazer a tradução.")

Recoger   ('coger, cosechar, reunir, juntar';
           portugués "recolher, colher, pegar, juntar"):

   Paso a recogerte a las dos.
   (="Passo para pegá-lo às duas horas.")

   Por favor, recoge esa basura del suelo.
   (="Por favor, recolha esse lixo do chão.")

   Hay que recoger / coger / cosechar las manzanas.
   (="É preciso colher as maçãs.")

Recorrer   ('andar una distancia';
            portugués "percorrer")

   Recorrí dos quilómetros en media hora.
   (="Percorri dois quilômetros em meia hora.")

Formar parte

Formar parte de ('integrar, componer'):

   Pedro forma parte de nuestro equipo.
   (="Pedro faz parte de nosso time.")

Pedro integra nuestro equipo, es un miembro de él.
(="Pedro integra nosso time, é membro dele.")

Tomar parte

Tomar parte en ('participar de / en, intervenir':

Pedro tomó parte en las protestas de los vendedores callejeros.
(="Pedro tomou parte nos protestos dos camelôs.")

Pedro participó en dichas protestas.
(="Pedro participou de tais protestos.")

Su coche no toma parte en las carreras.
(="O seu carro não participa nas corridas".)

21. EL ESTILO INDIRECTO

El estilo indirecto consiste en reproducir las palabras que alguien **dice** o **dijo.** He aquí algunos de los verbos que se utilizan con más frecuencia para introducir el estilo indirecto: *decir, comentar, explicar, agregar, añadir, sugerir, pedir, aconsejar, mandar, preguntar, proponer, pretender, esperar, aceptar, rechazar, informar, avisar, advertir.* Al hacer el cambio del estilo directo al estilo indirecto no se repiten las mismas palabras, sino que se interpreta o se transmite el sentido del mensaje. De este modo, hay que adaptarse a la nueva situación de comunicación y tener en cuenta el cambio de interlocutor y los nuevos parámetros de espacio y tiempo. Ejemplos:

Estilo directo	Estilo indirecto
Pedro: — Yo estudio alemán.	
¿Qué dice Pedro?	Pedro dice que estudia alemán.
¿Qué dijo Pedro?	Pedro dijo que estudiaba alemán.
Pedro: — Yo estudié alemán.	
¿Qué dice Pedro?	Pedro dice que estudió alemán.
¿Qué dijo Pedro?	Pedro dijo que había estudiado alemán.
Pedro: — Yo estudiaré alemán.	
¿Qué dice Pedro?	Pedro dice que estudiará alemán.
¿Qué dijo Pedro?	Pedro dijo que estudiará alemán.
	Pedro dijo que estudiaría alemán.
Pedro: — Yo estudiaría alemán.	
¿Qué dice Pedro?	Pedro dice que estudiaría alemán.
¿Qué dijo Pedro?	Pedro dijo que estudiará alemán.

EL ESTILO INDIRECTO

Estilo directo	Estilo indirecto
Pedro: — Quizás yo estudie alemán.	
¿Qué dice Pedro?	Pedro dice que quizás estudie alemán.
¿Qué dijo Pedro?	Pedro dijo que quizás estudiara alemán.
Pedro: — Estudia alemán.	
¿Qué aconseja Pedro?	Pedro aconseja que estudie alemán.
¿Qué aconsejó Pedro?	Pedro aconsejó que estudiara alemán.
María: — Mi casa es ésta.	
¿Qué informa María	Maria informa que su casa es aquélla.
¿Qué informó María?	María informó que su casa era aquélla.
Ana: — Me quedo aquí.	
¿Qué avisa Ana?	Ana avisa que se queda allí.
¿Qué avisó Ana?	Ana avisó que se quedaba allí.

Si la pregunta directa contiene el ***pronombre interrogativo***, hay que repetirlo en la pregunta indirecta.

Estilo directo	Estilo indirecto
Pedro: — Ana, ¿a qué hora llega Pablo?	
¿Qué pregunta Pedro a Ana?	Pedro pregunta a Ana a qué hora llega Pablo.
¿Qué preguntó Pedro a Ana?	Pedro preguntó a Ana a qué hora llegaba/llegaría Pablo.

Si la pregunta directa no contiene ningún ***pronombre interrogativo***, hay que utilizar la conjunción **si** para introducir la pregunta indirecta.

EL ESTILO INDIRECTO

Estilo directo	Estilo indirecto
Pedro: — Ana, ¿sales todas las noches?	
¿Qué pregunta Pedro a Ana?	Pedro pregunta a Ana si ella sale todas las noches.
¿Qué preguntó Pedro a Ana?	Pedro preguntó a Ana si ella salía todas las noches.

Si la pregunta directa está en el futuro o el presente, lo contamos desde nuestro punto de vista.

Estilo directo	Estilo indirecto
Pedro: — Mañana te daré un regalo.	
¿Qué dice Pedro?	Pedro dice que mañana me dará un regalo.
¿Qué te dijo Pedro?	Pedro dijo que mañana me dará un regalo.

Si lo contamos en el condicional, no nos queremos comprometer o no lo creemos totalmente.

Estilo directo	Estilo indirecto
Pedro: — ¿Estás seguro de que no vendrá Ana?	
¿Qué te dijo Pedro?	No sé. Me dijo Pedro que no vendría Ana.

22. GRUPOS VOCÁLICOS

En español hay *vocales*, *semivocales* y *semiconsonantes*. Las vocales españolas son cinco:

a, e, i, o, u.

Cuando dos vocales se reúnen en una misma sílaba, una de ellas presenta mayor abertura y constituye el núcleo silábico. La vocal más cerrada recibe el nombre de *semiconsonante* o *semivocal* y constituye el margen silábico A eso se deben los nombres de *vocales abiertas* o *fuertes* para **a**, **e**, **o**, y *cerradas* o *débiles*, para **i**, **u**, en las combinaciones vocálicas.

Diptongos

La unión de una vocal y una semivocal (o de una semiconsonante y una vocal) en una sílaba se llama *diptongo*. Como podemos inducir fácilmente, son dos los tipos de diptongos en español:

Diptongo creciente o impropio (semiconsonante + vocal)

[ja]	As**ia**
[je]	espec**ie**
[jo]	od**io**
[ju]	c**iu**dad
[wa]	ag**ua**
[we]	s**ue**lo
[wo]	c**uo**ta
[wi]	r**ui**do

Diptongo decreciente o propio (vocal + semivocal)

[a̯i] baile
[e̯i] reina
[o̯i] oigo

[au̯] caudal
[eu̯] deuda
[ou̯] bou

Triptongos

La unión de tres vocales en una sílaba se llama *triptongo*. Como en el diptongo, el núcleo de la sílaba lo forma la vocal más abierta, que posee la mayor energía articulatoria. He aquí la composición del *triptongo*:

semiconsonante + vocal + semivocal

[jai̯] despreci**ái**s [wai̯] Urug**uay**
[jei̯] sentenci**éi**s [wei̯] b**uey**

Hiatos

Cuando se encuentran dos o más vocales y forman parte de sílabas distintas, se dice que están en *hiato*. *Hiato* es, pues, el efecto acústico que produce la concurrencia de dos o más vocales en núcleos silábicos distintos dentro de la misma palabra o grupo fónico. Ejemplos:

[i.a] p**ia**no, d**ía**, geograf**ía**
[i.e] b**ie**la, f**íe**, f**ié**
[i.o] est**ío**, m**ío**, bi**ó**xido
[u.a] act**úa**, p**úa**, contin**úa**
[u.e] sit**úe**, contin**úe**, act**úe**, actu**é**
[u.i] h**ui**r, destr**ui**r, infl**ui**r
[u.o] sit**úo**, d**úo**, contin**úo**
[a.i] bah**ía**, ca**í**da, ma**íz**, pa**ís**

[e.i] le**í**smo, le**í**, re**í**r, de**í**fico
[o.i] moh**í**no, o**í**do, o**í**r, lo**í**smo
[a.u] a**ú**lla, a**ú**na, ba**ú**l, Sa**ú**l
[e.u] re**ú**no, re**ú**ma, me **u**no, se **u**sa, Se**ú**l
[e.o] etér**eo**, v**eo**, l**eo**, rod**eo**, jal**eo**
[o.e] b**ohe**mio, p**oe**ta, s**oe**z, c**ohe**rente
[e.a] r**ea**l, s**ea**mos, v**ea**, l**ea**, b**ea**to
[o.a] l**oa**, **oa**sis, t**oa**lla, co**á**gulo
[a.e] c**ae**r, f**ae**na, Ja**é**n, p**ae**lla
[a.o] c**ao**s, lav**ao**jos, **aho**ra, n**ao**

	margen silábico	núcleo silábico	margen silábico
diptongo creciente [ja]	semiconsonante [j]	vocal [a]	
diptongo decreciente [a̯i]		vocal [a]	semivocal [i̯]
triptongo [ja̯i]	semiconsonante [j]	vocal [a]	semivocal [i̯]

23. ORTOGRAFÍA ESPAÑOLA

"La fijación de nuestra ortografía es el resultado de un largo proceso de constantes ajustes y reajustes entre la pronunciación y la etimología, gobernado por la costumbre lingüística. Entre ortografía y pronunciación existen, en consecuencia, desajustes motivados por la evolución fonética del idioma, por sus variedades dialectales (el español se extiende por más de veinte países) y por la misma tradición ortográfica." [1]

Al llamar la atención sobre la excesiva dejadez que hoy día se observa en cuanto a las normas académicas de la lengua, Don Emilio Lorenzo, de la Real Academia Española, confía en que las reglas se mantengan vigentes y destaca "el imperativo de velar por la uniformidad y cohesión de una lengua que abandonada al capricho de los hablantes perdería el carácter de instrumento internacional de comunicación basado en la observación de reglas y usos ortográficos que frenan su fragmentación y dispersión" [2].

El alfabeto o abecedario

El *alfabeto* o *abecedario* español, fijado en 1803, se compone de *29 letras*. Desde esa fecha, los dígrafos *ch* y *ll*, que representan los fonemas /c/ y /′/, pasaron a considerarse letras del abecedario. No obstante, desde 1994, la Real Academia Española de la Lengua recomienda que se adopte el orden alfabético latino universal, en el que la *ch* y la *ll* no se consideran letras independientes. En consecuencia, las palabras que comienzan por estas dos letras, o que las contienen, pasan a alfabetizarse dentro de las letras *c* y *l*, respectivamente. Esta reforma afecta únicamente al proceso de ordenación alfabética de las palabras, no a la composición del abecedario, del que los dígrafos *ch* y *ll* siguen formando parte. El dígrafo *rr*, que representa el fonema /r"/, nunca se ha considerado como una de las letras del alfabeto. En español, los nombres de las letras son del género femenino, a diferencia del portugués, y tienen las siguientes formas (mayúsculas y minúsculas):

---
[1] REAL ACADEMIA ESPAÑOLA. *Ortografía de la lengua española*. p. 3 (Cf. Bibliografía *in fine*.).
[2] LORENZO, Emilio. Ortografía regulada y desmadrada. *ABC*, Madrid, 27 ago. 2001, p. 3.

ORTOGRAFÍA ESPAÑOLA

A a	B b	C c	Ch ch [1]	D d
a	be / be alta / be larga	ce	che	de

E e	F f	G g	H h	I i
e	efe	ge	hache	i

J j	K k	L l	Ll ll [1]	M m
jota	ka	ele	elle	eme

N n	Ñ n	O o	P p	Q q
ene	eñe	o	pe	cu

R r	S s	T t	U u	V v
erre / ere	ese	te	u	uve, ve, ve baja o ve corta

W w	X x	Y y	Z z
uve doble / ve doble / doble ve	equis	i griega	ceta / ceda / zeta / zeda

[1] Las letras *CH* y *LL*, que representan los fonemas /c/ y /˄/ deben incluirse en las letras *C* y *L* respectivamente, por sugerencia de la Real Academia Española de la Lengua.

El acento ortográfico o tilde

En español *sólo existe un acento ortográfico*, de forma igual al *acento agudo* (@). No se usa el acento grave ni el circunflejo.

ç, z, c

No existe la letra ç. Casi siempre la ç portuguesa corresponde a una c o a una z del español:

> *caça = caza,*
> *aço = acero,*
> *coração = corazón,*
> *dançar = danzar,*
> *balanço = balance,*
> *laço = lazo.*

ph, th

No existen las combinaciones *ph*, *th*.

ss

Prácticamente no existe la combinación *ss*.

-i

La semivocal -*i*, cuando final de palabra, se escribe con *y* en español:

> *rey, buey, ley, muy, estoy,*
> *convoy, Paraguay, Uruguay...*

-m

La -*m* final portuguesa corresponde, en general, a una -*n* española. Hay algunas excepciones en palabras cultas o de origen latino, como:

> *álbum, ítem, memorándum,*
> *macadam (o macadán), ultimátum.*

Signos de puntuación

.	el punto	—	la raya
,	la coma	-	el guión
;	el punto y coma	" "	las comillas
:	los dos puntos	___	subrayado
...	los puntos suspensivos	@	el acento (la tilde)
( )	los paréntesis	¨	la crema o diéresis

Signos de entonación

¿	el principio de interrogación	¡	el principio de exclamación
?	el final de interrogación	!	el final de exclamación

División silábica (silabeo)

Cuando haya necesidad en la escritura de dividir una palabra, se habrá de observar lo siguiente:

1. Si un vocablo entero no cupiere al fin del renglón, se escribirá solo una parte, la cual debe formar siempre una sílaba cabal. Por ejemplo:

>*pro.ble.ma,*
>*ca.vi.dad,*
>*sub.si.guien.te,*
>*cro.mo,*
>*ar.tis.ta,*
>*in.fla.mar,*
>*cons.tan.do,*
>*ca.ba.llo,*
>*obs.tar,*
>*pers.pi.caz,*
>*ins.pi.ra.ción.*

2. Cuando un compuesto sea claramente analizable como formado de palabras o de palabras y un prefijo, será potestativo dividir el compuesto separando sus componentes, aunque no coincida la división con el silabeo del compuesto.

Por ejemplo:

no.so.tros o *nos.o.tros,*
de.sam.pa.ro o *des.am.pa.ro.*

3. Las letras que componen cualquier diptongo o triptongo no deben dividirse, porque estos encuentros vocálicos no forman sino una sílaba.

Ejemplos:

bue.no,
gra.cio.so,
a.ve.ri.güéis,
des.pre.ciáis.

4. Cuando la primera o la última sílaba de una palabra fuere una vocal, será mejor evitar poner esta letra sola en fin o en principio de renglón.

5. Cuando una *h* precedida de consonante haya de quedar en el principio de una línea, se dejará la consonante al fin de la línea y se comenzará la siguiente con la *h*.

Por ejemplo:

al.haraca,
in.humación,
clor.hidrato,
des.hidratar.

6. La *ch*, la *ll* y la *rr* (erre), que son dobles en su figura, pero simples en su pronunciación, no se deben separar nunca. Así:

co.che,
a.ve.lla.na,
pe.rro.

24. ACENTUACIÓN GRÁFICA

Las reglas generales de acentuación gráfica en español se resumen a lo siguiente:

1. Los **monosílabos**, en general, no se acentúan gráficamente:

> *fe, ya, pie, fue, fui, dio, vi, vio, paz, Dios,*
> *tal, son, bar, gas, ay, hoy, buey, haz,* etc.

2. Las palabras **agudas** terminadas en vocal y en las consonantes *-n, -s* reciben acento gráfico.

Ejemplos:

> *sofá, café, aquí, cantó,*
> *tisú, andén, ciprés,* etc.

3. Las palabras **llanas** terminadas en consonante que no sea *-n* ni *-s* llevan acento ortográfico.

Ejemplos:

> *árbol, álbum, cráter, ámbar, tórax,*
> *Narváez, Pérez, Rodríguez,* etc.

4. Todas las palabras **esdrújulas** y **sobresdrújulas**, sin excepción, tienen que marcarse con acento gráfico.

Ejemplos:

> *médico, trópico, cínico, alérgico,*
> *queriéndonos, diciéndoselo, apegándosenos,* etc.

Observaciones:

1.ª) Se usa la tilde diacrítica en una serie de monosílabos y otras palabras para diferenciarlas de otras **palabras de igual grafía, pero de diferente significado**:

él	=	pronombre personal	el	=	artículo
sí	=	pronombre personal o adverbio de afirmación	si	=	conjunción condicional o nombre de nota musical
sé	=	presente de indicativo de *saber* o imperativo de *ser*	se	=	pronombre personal
té	=	bebida	te	=	pronombre personal
dé	=	presente de subjuntivo de *dar*	de	=	preposición
más	=	adverbio de intensidad	mas	=	conjunción adversativa
aún	=	adverbio de tiempo (= 'todavía')	aun	=	adverbio de modo (= 'incluso')
sólo	=	adverbio	solo	=	adjetivo y sustantivo
mí	=	pronombre personal	mi	=	pronombre posesivo con función adjetiva
tú	=	pronombre personal	tu	=	pronombre posesivo con función adjetiva

La conjunción disyuntiva o no lleva normalmente tilde. La llevará, sin embargo, cuando esté escrita entre cifras, para no confundirse con el cero. Por ejemplo: 1 ó 2, 3 ó 4, 6 ó 7, 30 ó 40.

2.ª) Acentuamos gráficamente los **demostrativos** con función sustantiva para diferenciarlos de los demostrativos con función adjetiva:

(a) demostrativos con función sustantiva:

éste, ésta, éstos, éstas,
ése, ésa, ésos, ésas,
aquél, aquélla, aquéllos, aquéllas;

(b) demostrativos con función adjetiva:

> *este, esta, estos, estas,*
> *ese, esa, esos, esas,*
> *aquel, aquella, aquellos, aquellas.*

3.ª) Acentuamos gráficamente los pronombres y los adverbios **interrogativos y exclamativos** para distinguirlos de los pronombres y adverbios relativos:

pronombres interrogativos y exclamativos:

> *qué, quién, cuál, cuánto;*

pronombres relativos:

> *que, quien, cual, cuanto;*

adverbios interrogativos y exclamativos:

> *dónde, cuándo, cómo;*

adverbios relativos:

> *donde, cuando, como.*

4.ª) Las palabras donde aparecen **dos vocales juntas que no forman diptongos** llevan acento sobre la vocal cerrada:

> *sería, tenía, caída.*

5.ª) Los adverbios terminados en *–mente* tienen dos acentos fónicos. Por ello, el adverbio conserva la tilde en el lugar en que la lleva el adjetivo:

> *fácilmente, cortésmente, plácidamente.*

25. GLOSARIOS DE CONTRASTES

El español y el portugués, por ser lenguas hermanas, se asemejan en muchos aspectos, pero hay que estar atento a las diferencias y a las falsas semejanzas. En estos glosarios de contrastes reunimos las principales divergencias. Se indican las divergencias entre el español de España y el de Hispanoamérica de la siguiente manera: (E) = España; (H) = Hispanoamérica.

Heterográficos y heteromorfos

Algunas palabras presentan divergencias en la grafía, en la forma (morfología) de las palabras o en el empleo de palabras diferentes. Aunque pueden ser dos tipos distintos de divergencias, las relacionamos en una misma clase.

ESPAÑOL – PORTUGUÉS

a pesar de = apesar de
a través de = através de
abogado, el – = o advogado
absorber = absorver
aceite, el – o azeite
acreedor, el – o credor
adecuado = adequado
adherir = aderir
adhesión = adesão
adquisición, la – = a aquisição
ahí = aí
aire acondicionado, el – = o ar condicionado
aire, el – = o ar
ajeno = alheio
alcohol, el – = o álcool

Alemania = Alemanha
alijo de heroína, el – = o tráfico de heroína
alumno, el – = o aluno
ama de casa, el – (fem.) = a dona de casa
amplio = amplo **análisis**, el – = a análise
analizar = analisar
antigüedad, la – = a antigüidade
antiguo = antigo
apóstol, el – = o apóstolo
aprehender = apreender
aprehensión, la – = a apreensão
aprender = aprender
apresar = apresar / prender
apresurar = apressar
apropiado = apropriado

GLOSARIOS DE CONTRASTES

apropiar = apropriar

apuntar = apontar

archipiélago, el – = o arquipélago

arena, la – = a areia

argentería, la – = a argentaria

armonía, la – = a harmonia

armonizar = harmonizar

arpa, el – (fem.) = a harpa

arruga, la – = a ruga

artículo, el – = o artigo

artritis, la – = a artrite

aterrizaje, el – = a aterrissagem

aterrizar = aterrissar

autóctono = autóctone

autosuficiente = auto-suficiente

ayudar = ajudar

azogue, el – = o azougue / o mercúrio

balance, el – = o balanço

ballena, la – = a baleia

basada = baseada

basar = basear

blanqueo de dinero, el – = a lavagem de dinheiro

bohemio = boêmio

Bruselas = Bruxelas

campamento, el – = o acampamento

campiña, la – = a campina

canasta, la – = a canastra

cansancio, el – = o cansaço

carnicería, la = o açougue

cartulina, la – = a cartolina

caserío, el – = o casario

casi = quase

ciclope, el – (cíclope) = o cíclope

cigüeña, la – = a cegonha

cine, el – = o cinema

cirugía, la – = a cirurgia

cirujano, el – = o cirurgião

cocodrilo, el – = o crocodilo

coherente = coerente

colección, la – =a coleção

columna, la – = a coluna

combatir = combater

comienzo, el – =o começo

complementario = complementar

cómplice, el – = o cúmplice

complicidad, la – = a cumplicidade

comprender = compreender

comprensión, la – = a compreensão

conciencia, la – = a consciência

concretar = concretizar

conejo, el – = o coelho

conmemoración, la – = a comemoração

conmemorar = comemorar

conmemorativo = comemorativo

control, el – = o controle

costo, el – = o custo

creación, la – = a criação

crear / criar = criar

crecer = crescer

cualquiera = qualquer um

culero, el – = o cueiro

dato, el – = o dado   **de veras** = deveras

deber = dever

demostrar = demonstrar

dentífrico, el – = o dentifrício

deportes, los – = os esportes

deportivo = esportivo

derecho = direito

descifrar = decifrar

desproveer = desprover

desprovisto = desprovido

después = depois

diccionario, el – = o dicionário
diferencia, la – = a diferença
dificilísimo = dificílimo
difunto = defunto
dinero, el – = o dinheiro
diplomático, el – = o diplomata
diseño, el – = o desenho
dislocar = deslocar
disminuir = diminuir
disnea, la – = a dispnéia
distribución, la – = a distribuição
dorado = dourado
dosis, la – = a dose
editorial, la – = a editora
elegir = eleger
elemental = elementar
encima = em cima
enseguida = em seguida
ensenada, la – = a enseada
entrenamiento, el – = o treinamento
equipo, el – = a equipe
escena, la – = a cena **escenario**, el – = o cenário
escéptico = cético
escribir = escrever
esperanzador = esperançoso
espíritu, el – = o espírito
estirar = esticar / estirar
estreno, el – = a estréia
estrés, el – = o estresse
estrofa, la – = a estrofe
europea = européia
europeo = europeu
exageración, la – = o exagero
experto, el – = o perito
extender = estender
extranjero = estrangeiro

extremadamente = extremamente
facilísimo = facílimo
fatiga, la – = a fadiga
financiero = financeiro
flujo, el – = o fluxo
Francia = França
frecuente = freqüente
frenar = frear / brecar
freno, el – = o freio / o breque
garantizar = garantir
gastritis, la – = a gastrite
gentuza, la – = a gentalha
gimnasia, la – = a ginástica
gobernar = governar
gobierno, el – = o governo
gracia, la – = a graça
gracia, la – = a graça
grasa, la – = a graxa / a gordura
guardia, el – = o guarda
gubernamental = governamental
harina, la – = a farinha
harto = farto
hechicero = feiticeiro
hechizo, el – = o feitiço
hierba, la – = a erva
hijo, el – = o filho
hipótesis, la – = a hipotese
hombre, el – = o homem
hombro, el – = o ombro
hormona, la – = o hormônio, o –
hueco = oco
huevo, el – = o ovo
imán, el – = o ímã
impar = ímpar
ingeniero, el – = o engenheiro
inhumano = desumano

inmediatamente = imediatamente
inmediato = imediato
inmersión, la – = a imersão
inmunológico = imunológico
innumerable = inumerável
insomnio, el – = a insônia
intentar = tentar
izquierdo = esquerdo
jaqueca, la – = a enxaqueca
jeroglífico, jeroglífico, el – = o hieroglifo
jirafa, la – = a girafa
juez, el – = o juiz
laberinto, el – = o labirinto
lectura, la – = a leitura
libertad, la – = a liberdade
librar = livrar
libre = livre
liderazgo, el – = a liderança
lila = lilás
luna, la – = a lua
maestro, el – = o mestre
manicura, la – = a manicure
manzana, la – = a maçã
manzano, el – = a macieira
margen, el – = a margem
mascota, la – = o mascote
mensual = mensal
Mercosur, el – = o Mercosul
metrópoli, la – = a metrópole
milagro, el – = o milagre
monje, el – = o monge
moro = mouro
muelle, el – = a mola
mujer, la – = a mulher
multimedia, la – = a multimídia
musulmán = muçulmano

nacer = nascer
naranja, la – = a laranja
naranjo, el – = a laranjeira
naturaleza, la – = a natureza
nervioso = nervoso
neumático, el – = o pneumático
neurólogo, el – = o neurologista
noble = nobre
nobleza = nobreza
obligación = obrigação
obligar = obrigar
obligatorio = obrigatório
ofrecer = oferecer
ombligo, el – = o umbigo
ómnibus, el – = o ônibus
operativo, sistema – = sistema operacional
orden, el (la) – = a ordem
órgano, el – = o órgão
oro, el – = o ouro
orquesta, la – = a orquestra
padrastro, el – = o padrasto
pájaro, el – = o pássaro
palabra, la – = a palabra
panacea, la – = a panacéia
parálisis, a – = a paralisia
paralizar = paralisar
parlamentario = parlamentar
patata, la – = a batata
pene, el – = o pênis
perenne = perene
pesebre, el – = o presépio
pie, el – = o pé
piel, la – = a pele
píldora, la – = a pílula
pingüino, el – = o pingüim
plan, el – = o plano

GLOSARIOS DE CONTRASTES

planificación, la – = o planejamento
plata, la – = a prata
plateado = prateado
postgrado / posgrado, el – = a pós-graduação
preferentemente = preferencialmente
presentar = apresentar
primaveral = primaveril
probar = provar
profesión, la – = a profissão
profesional = profissional
pronosticar = prognosticar
pronóstico, el – = o prognóstico
propietario, el – = o proprietário
propio = próprio
prueba, la – = a prova
psiquis, la – = a psique
punta, la – = a ponta
quirúrgico = cirúrgico
reclutamiento, el – = o recrutamento
recurrir = recorrer
redondear = arredondar
reflejo, el – = o reflexo
regla, la – = a regra / a régua
remolcar = rebocar
remolque, el – = o reboque
reportero, el – = o repórter
restringido = restrito
resucitar = ressuscitar
retrasado = atrasado
retribución, la – = a retribuição
riguroso = rigoroso

ristra, la – = a réstia
rudo = rude
Sáhara = Saara
secreto, el – = o segredo
serrín, el – = a serragem
siglo, el – = o século
sirena, la – = a sereia
sordomudo = surdo-mudo
sorprendente = surpreendente
sorprender = surpreender
sorpresa, la – = a surpresa
súbdito, el – = o súdito
suero, el – = o soro
sumergir = submergir
sustancia, la – = a substância
tabla, la – = a tábua / a tabela
tal vez = talvez
tampoco = tampouco
tesis, la – = a tese
toro, el – = o touro
tortuga, la – = a tartaruga
trasplante, el – = o transplante
trastorno, el – = o transtorno
travesía, la – = a travessa
trayectoria, la – = a trajetória
trombosis, la – = a trombose
vientre, el – = o ventre
víspera, la – = a véspera
volumen, el – = o volume
zigzag, el – = o zigue-zague

GLOSARIOS DE CONTRASTES

PORTUGUÉS – ESPAÑOL

absorver = absorber
acampamento, o – = el campamento
açougue, o – = la carnicería
adequado = adecuado
adesão = adhesión
advogado, o – = el abogado
aí = ahí
ajudar = ayudar
álcool, o – = el alcohol
Alemanha = Alemania
alheio = ajeno
aluno, o – = el alumno
amplo = amplio
analisar = analizar
análise, a – = el análisis
antigo = antiguo
antigüidade, a – = la antigüedad
apesar de = a pesar de
apontar = apuntar
apóstolo, o – = el apóstol
apreender = aprehender
apreensão, a – = la aprehensión
aprender = aprender
apresar / prender = apresar
apresentar = presentar
apressar = apresurar
apropriado = apropiado
apropriar = apropiar
aquisição, a – = la adquisición
ar condicionado, o – = el aire acondicionado
ar, o – = el aire
areia, a – = la arena
argentaria, a – = la argentería

arquipélago, o – = el archipiélago
artigo, o – = el artículo
artrite, a – = la artritis
aterrissagem, a – = el aterrizaje
aterrissar = aterrizar
atrasado = atrasado / retrasado
através de = a través de
autóctone = autóctono
auto-suficiente = autosuficiente
azeite, o – = el aceite
azougue, o – / mercúrio, o – = el azogue
balanço, o – = el balance
baleia, a – = la ballena
baseada = basada
basear = basar
batata, a – = la patata
boêmio = bohemio
brecar / frear = frenar
breque, o – / freio, o – = el freno
Bruxelas = Bruselas
campina, a – = la campiña
canastra, a – = la canasta
cansaço, o – = el cansancio
cartolina, a – = la cartulina
casario, o – = el caserío
cegonha, a – = la cigüeña
cegonha, a – = la cigüeña
cena, a – = la escena
cenário, o – = el escenario
cético = escéptico
cíclope, o – = el ciclope (cíclope)
cinema, o – = el cine
cirurgia, a – = la cirugía

cirurgião, o – = el cirujano
cirúrgico = quirúrgico
coelho, o – = el conejo
coerente = coherente
coleção, a – = la colección
coluna, a – = la columna
combater = combatir
começo, o – = el comienzo
comemoração, a – = la conmemoración
comemorar = conmemorar
comemorativo = conmemorativo
complementar = complementario
compreender = comprender
compreensão, a – = la comprensión
concretizar = concretar
consciência, a – = la conciencia
controle, o – = el control
credor, o – = el acreedor
crescer = crecer
criação, a – = la creación
criar = crear / criar
crocodilo, o – = el cocodrilo
cueiro, o – = el culero
cúmplice, o – = el cómplice
cumplicidade, a – = la complicidad
custo, o – = el costo
dado, o = el dato
decifrar = descifrar
defunto = difunto
demonstrar = demostrar
dentifrício, o – = el dentífrico
depois = después
desenho, o – = el diseño
deslocar = dislocar
desprover = desproveer
desprovido = desprovisto

desumano = inhumano
dever = deber
deveras = de veras
dicionário, o – = el diccionario
diferença, a – = la diferencia
dificílimo = dificilísimo
diminuir = disminuir
dinheiro, o – = el dinero
diplomata, o – = el diplomático
direito = derecho
dispnéia, a – = la disnea
distribuição, a – = la distribución
dona de casa, a – = el ama de casa (fem.)
dose, a – = la dosis
dourado = dorado
editora, a – = la editorial eleger = elegir
elementar = elemental
em cima = encima
em seguida = enseguida
engenheiro, o – = el ingeniero
enseada, a – = la ensenada
enxaqueca, a – = la jaqueca
equipe, a – = el equipo
erva, a – = la hierba
escrever = escribir
esperançoso = esperanzador
espírito, o – = el espíritu
esportes, os – = los deportes
esportivo = deportivo
esquerdo = izquierdo
esquerdo = izquierdo
estender = extender
esticar / estirar = estirar
estrangeiro = extranjero
estréia, a – = el estreno
estresse, o – = el estrés

estrofe, a – = la estrofa
exagero, o – = la exageración
extremamente = extremadamente
facílimo = facilísimo
fadiga, a – = la fatiga
farinha, a – = la harina
feiticeiro = hechicero
feitiço, o – = el hechizo
filho, o – = el hijo
financeiro = financiero
fluxo, o – = el flujo
França = Francia
frear / **brecar** = frenar
freio, o – / **breque**, o – = el freno
freqüente = frecuente
garantir = garantizar
gastrite, a – = la gastritis
gentalha, a – = la gentuza
ginástica, a – = la gimnasia
girafa, a – = la jirafa
gordura, a – / **graxa**, a – = la grasa
governamental = gubernamental
governar = gobernar
governo, o – = el gobierno
graça, a – = la gracia
graxa, a – / **gordura**, a – = la grasa
guarda, o – = el guardia
guarda, o – = el guardia
harmonia, a – = la armonía
harmonizar = armonizar
harpa, a – = el arpa (fem.)
hieroglifo, o – = el jeroglífico
hipotese, a – = la hipótesis
homem, o – = el hombre
hormônio, o – = la hormona
ímã, o – = el imán

imediatamente = inmediatamente
imediato = inmediato
imersão, a – = la inmersión
ímpar = impar
imunológico = inmunológico
insônia, a – = el insomnio
inumerável = innumerable
juiz, o – = el juez
labirinto, o – = el laberinto
laranja, a – = la naranja
laranjeira, a – = el naranjo
lavagem de dinheiro, a – = el blanqueo de dinero
leitura, a – = la lectura
liberdade, a – = la libertad
liderança, a – = el liderazgo
lilás = lila
livrar = librar
livre = libre
lua, a – = la luna
maçã, a – = la manzana
macieira, a – = el manzano
manicure, a – = la manicura
margem, a – = el margen
mascote, o – = la mascota
mensal = mensual
Mercosul, o – = el Mercosur
mestre, o – = el maestro
metrópole, a – = la metrópoli
milagre, o – = el milagro **mola**, a – = el muelle
monge, o – = el monje
mouro, o – = el moro
móvel = móvil
muçulmano = musulmán
mueble, el – = o móvel
mulher, a = la mujer
multimídia, a – = la multimedia

nascer = nacer
natureza, a – = la naturaleza
nervoso = nervioso
neurologista, o – = el neurólogo
nobre = noble
nobreza = nobleza
obrigação = obligación
obrigar = obligar
obrigatório = obligatorio
oco = hueco
oferecer = ofrecer
ombro, o – = el hombro
ônibus, o – = el ómnibus
operacional, sistema – = sistema operativo
ordem, a – = el (la) orden
órgão, o – = el órgano
orquestra, a – = la orquesta
ouro, o – = el oro
ovo, o – = el huevo
padrasto, o – = el padrastro
palavra, a – = la palabra
panacéia, a – = la panacea
paralisar = paralizar
paralisia, a – = la parálisis
parlamentar = parlamentario
pássaro, o – = el pájaro
pé, o – = el pie
pele, a – = la piel
pênis, o – = el pene
perene = perenne
perito, o – = el experto
pílula, a – = la píldora
pingüim, o – = el pingüino
planejamento, o – = la planificación
plano, o – = el plan
pneumático, o – = el neumático

ponta, a – = la punta
pós-graduação, a – = el postgrado / posgrado
prata, a – = la plata
prateado = plateado
preferencialmente = preferentemente
presépio, o – = el pesebre
primaveril = primaveral
profissão, a – = la profesión
profissional = profesional
prognosticar = pronosticar
prognóstico, o – = el pronóstico
proprietário, o – = el propietario
próprio = propio
prova, a – = la prueba
provar = probar
psique, a – = la psiquis
qualquer um = cualquiera
quase = casi
rebocar = remolcar
reboque, o – = el remolque
recorrer = recurrir
recrutamento, o – = el reclutamiento
reflexo, o – = el reflejo
regra, a – / **régua**, a – = la regla
régua, a – / **regra**, a – = la regla
repórter, o – = el reportero
restrito = restringido
retribuição, a – = la retribución
ressuscitar = resucitar
réstia, a – = la ristra
rigoroso = riguroso
rude = rudo
ruga, a – = la arruga
Saara = Sáhara
século, o – = el siglo
segredo, o – = el secreto

selvagem = salvaje
sereia, a – = la sirena
serragem, a – = el serrín
soro, o – = el suero
submergir = sumergir
substância, a – = la sustancia
súdito, o – = el súbdito
surdo-mudo = sordomudo
surpreendente = sorprendente
surpreender = sorprender
surpresa, a – = la sorpresa
tabela, a – / **tábua**, a – = la tabla
tábua, a – / **tabela**, a – = la tabla
talvez = tal vez
tampouco = tampoco

tentar = intentar
tese, a – = la tesis
touro, o – = el toro
tráfico de heroína, o – = el alijo de heroína
trajetória, a – = la trayectoria
transplante, o – = el trasplante
transtorno, o – = el trastorno
travessa, a – = la travesía
treinamento, o – = el entrenamiento
trombose, a – = la trombosis
umbigo, o – = el ombligo
ventre, o – = el vientre
véspera, a – = la víspera
volume, o – = el volumen
zigue-zague, o – = el zigzag

Heterotónicos

Algunas palabras son iguales o semejantes en la grafía o en la pronunciación del español y del portugués, pero hay otras en que la posición de la sílaba tónica es diferente en ambas lenguas.

ESPAÑOL – PORTUGUÉS

acrobacia, la – = a acrobacia
acróbata = acrobata
acrofobia, la – = a acrofobia
agorafobia, la – = a agorafobia
alcohol, el – = o álcool
alergia, la – = a alergia
alguien = alguém
alófono, el – = o alofone
alquimia, la – = a alquimia
anécdota, la – = a anedota
anemia, la – = a anemia
aristocracia, la – = a aristocracia

aristócrata = aristocrata
arquetipo, el – = o arquétipo
atmósfera, la – = a atmosfera
atrofia, la – = a atrofia
burocracia, la – = a burocracia
burócrata = burocrata
cerebro, el – = o cérebro
cóndor, el – = o condor
cráter, el – = a cratera
demagogia, la – = a demagogia
democracia, la – = a democracia
demócrata = democrata

dramaturgia, la – = a dramaturgia
edén, el – = o éden
elogio, el – = o elogio
epilepsia, la – = a epilepsia
fobia, la – = a fobia
fútbol, el – = o futebol
gaucho = gaúcho
hidroterapia, la – = a hidroterapia
idiosincrasia, la – = a idiossincrasia
imbécil = imbecil
impar = ímpar
karaoke, el – = o karaokê
lila = lilás
límite, el – = o limite
magia, la – = a magia
metro, el – = o metrô
nitrógeno, el – = o nitrogênio
nivel, el – = o nível
nostalgia, la – = a nostalgia
océano, el – = o oceano
Olimpiada, la – (los juegos olímpicos) = a Olimpíada (os jogos olímpicos)
omóplato, el – (omoplato) = a omoplata
oxígeno, el – = o oxigênio
Pentecostés, el – = o Pentecostes
policía, la – = a polícia
políglota = poliglota
prototipo, el – = o protótipo
régimen, el – = o regime
regímenes, los – = os regimes
Sáhara = Saara
síntoma, el – = o sintoma
teléfono, el – = o telefone
terapia, la – = a terapia

PORTUGUÉS – ESPAÑOL

acrobacia, a – = la acrobacia
acrobata = acróbata
acrofobia, a – = la acrofobia
agorafobia, a – = la agorafobia
álcool, o – = el alcohol
alergia, a – = la alergia
alguém = alguien
alofone, o – = el alófono
alquimia, a – = la alquimia
anedota, a – = la anécdota
anemia, a – = la anemia
aristocracia, a – = la aristocracia
aristocrata = aristócrata
arquétipo, o – = el arquetipo
atmosfera, a – = la atmósfera
atrofia, a – = la atrofia
burocracia, a – = la burocracia
burocrata = burócrata
cérebro, o – = el cerebro
condor, o – = el cóndor
cratera, a – = el cráter
demagogia, a = la demagogia
democracia, a – = la democracia
democrata = demócrata
éden, o – = el edén
elogio, o – = el elogio
epilepsia, a – = la epilepsia
fobia, a – = la fobia
futebol, o – = el fútbol
gaúcho = gaucho

GLOSARIOS DE CONTRASTES

hidroterapia, a – = la hidroterapia
idiossincrasia, a – = la idiosincrasia
imbecil = imbécil
ímpar = impar
karaokê, o – = el karaoke
lilás = lila
limite, o – = el límite
magia, a – = la magia
metrô, o – = el metro
nitrogênio, o – = el nitrógeno
nível, o – = el nivel
nostalgia, a – = la nostalgia
oceano, o – = el océano
Olimpíada, a (os jogos olímpicos) = la Olimpiada (los juegos olímpicos)

omoplata, a – = el omóplato (omoplato)
oxigênio, o – = el oxígeno
Pentecostes, o – = el Pentecostés
polícia, a – = la policía
poliglota = políglota
protótipo, o – = el prototipo
regime, o – = el régimen
regimes, os – = los regímenes
Saara = Sáhara
sintoma, o – = el síntoma
telefone, o – = el teléfono
terapia, a – = la terapia

Heterogenéricos y heteronuméricos

Las dos lenguas presentan algunas diferencias en su morfología. Algunas palabras difieren en cuanto al género y otras, en cuanto al número.

ESPAÑOL – PORTUGUÉS

análisis, el – = a análise
árbol, el – = a árvore
arte, el – = a arte
aspiradora, la – = o aspirador
aterrizaje, el – = a aterrissagem
bolso, el – = a bolsa
borde, el – = a borda
cárcel, la – = o cárcere
color, el – = a cor
computadora, la – (H) = o computador
coral, la (masa coral) = o coral (conjunto de canto)
costumbre, la – = o costume

cráter, el – = a cratera
crema, la – = o creme
cumbre, la – = o cume
cumplir años = fazer aniversário
cutis, el – = a cútis
chupete, el – = a chupeta
desorden, el – = a desordem
diapositiva, la – = o diapositivo
dolor, el – = a dor
énfasis, el – = a ênfase
engranaje, el – = a engrenagem
epígrafe, el – = a epígrafe

equipo, el – = a equipe
escafandra, la – = o escafandro
estratagema, la – = o estratagema
estreno, el – = a estréia
fallo, el – = a falha
fraude, el – = a fraude
frente frío, el – = a frente fria
garaje, el – = a garagem
hiel, la – = o fel
hormona, la – = o hormônio
jueves, el – = a quinta-feira
leche, la – = o leite
legumbre, la – = o legume
letras: la *a*, la *b*, la *c*... = letras: o *a*, o *b*, o *c*...
liderazgo, el – = a liderança
lunes, el – = a segunda-feira
martes, el – = a terça-feira
mascota, la – = o mascote
matemáticas, las – = a matemática
mensaje, el – = a mensagem
miel, la – = o mel
miércoles, el – = a quarta-feira
millaje, el – = a milhagem
nariz, la – = o nariz
omóplato, el – = a omoplata

origen, el – = a origem
paisaje, el – = a paisagem
pasaje, el – = a passagem
personaje, el – = a personagem
pesadilla, la – = o pesadelo
pétalo, el – = a pétala
pilotaje, el – = a pilotagem
protesta, la – = o protesto
puente, el – = a ponte
puerto, el – (informática) = a porta
reportaje, el – = a reportagem
rezo, el – = a reza
risa, la – = o riso
sal, la – = o sal
sangre, la – = o sangue
señal, la – = o sinal
síncope, el – = a síncope
síndrome, el – = a síndrome
sonrisa, la – = o sorriso
tijeras, las – = a tesoura
torrente, el – = a torrente
vértigo, el – = a vertigem
viernes, el – = a sexta-feira
viaje, el – = a viagem
yoga, el – = a ioga

PORTUGUÉS – ESPAÑOL

análise, a – = el análisis
arte, a – = el arte
árvore, a – = el árbol
aspirador, o – = la aspiradora
aterrissagem, a – = el aterrizaje
bolsa, a – = el bolso
borda, a – = el borde

cárcere, o – = la cárcel
chupeta, a – = el chupete
computador, o – = la computadora (H)
cor, a – = el color
coral, o – (conjunto de canto) = la coral (masa coral)
costume, o – = la costumbre
cratera, a – = el cráter

creme, o – = la crema
cume, o – = la cumbre
cútis, a – = el cutis
desordem, a – = el desorden
diapositivo, o – = la diapositiva
dor, a – = el dolor
ênfase, a – = el énfasis
engrenagem, a – = el engranaje
epígrafe, a – = el epígrafe
equipe, a – = el equipo
escafandro, o – = la escafandra
estratagema, la – = o estratagema
estréia, a – = el estreno
falha, a – = el fallo
fazer aniversário = cumplir años
fel, o – = la hiel
fraude, a – = el fraude
frente fria, a – = el frente frío
garagem, a – = el garaje
hormônio, o – = la hormona
ioga, a – = el yoga
legume, o – = la legumbre
leite, o – = la leche
letras: o *a*, o *b*, o *c*... = letras: la *a*, la *b*, la *c*...
liderança, a – = el liderazgo
mascote, o = la mascota
matemática, a – = las matemáticas
mel, o – = la miel
mensagem, a – = el mensaje
milhagem, a – = el millaje

nariz, o – = la nariz
omoplata, a – [ant.= o omoplata] = el omóplato
origem, a – = el origen
paisagem, a – = el paisaje
a passagem, a – = el pasaje
personagem, a – = el personaje
pesadelo, o – = la pesadilla
pétala, a – = el pétalo
pilotagem, a – = el pilotaje
ponte, a – = el puente
porta, a – (informática) = el puerto
protesto, o – = la protesta
quarta-feira, a – = el miércoles
quinta-feira, a – = el jueves
reportagem, a – = el reportaje
reza, a – = el rezo
riso, o – = la risa
sal, o – = la sal
sangue, o – = la sangre
segunda-feira, a – = el lunes
sexta-feira, a – = el viernes
sinal, o – = la señal
síncope, a – = el síncope
síndrome, a – = el síndrome
sorriso, o – = la sonrisa
terça-feira, a – = el martes
tesoura, a – = las tijeras
torrente, a – = el torrente
vertigem, a – = el vértigo
viagem, a – = el viaje

Heterosintácticos

Hay divergencias en la sintaxis de las dos lenguas, en cuanto a la construcción, o sea, la manera de formar y ordenar sintácticamente las frases, con o sin preposición, o con preposiciones diversas.

ESPAÑOL – PORTUGUÉS

a causa de = por causa de
a costa de = à custa de
a diario = diariamente
a la hora = na hora
a la mañana / por la mañana = de manhã
a la noche / por la noche = à noite, de noite
a la tarde / por la tarde = à tarde, de tarde
a mí me gusta ir de compras = eu gosto de ir fazer compras
algo que hacer = algo para fazer
apañárselas = dar um jeito ("virar-se")
asistir = comparecer, freqüentar
ayudar a que + subjuntivo = ajudar a + infinitivo
basta con señalar = basta assinalar
como máximo = no máximo
como mínimo = no mínimo
conocer a alguien = conhecer alguém
cuando arregles la carta = quando você corrigir a carta
¿Cuánto tiempo llevas buscando empleo? = Há quanto tempo você está procurando emprego?
de pronto = de repente
de ser verdad = se for verdade
derecho a votar = direito de votar
desde el punto de vista de = do ponto de vista de
el año anterior = no ano anterior
el día de la fiesta = no dia da fiesta
el domingo pasado = no domingo passado
el próximo fin de semana = no próximo fim de semana
el próximo jueves = na próxima quinta-feira
el próximo lunes = na próxima segunda-feira
el próximo sábado = no próximo sábado
el sábado por la tarde = no sábado à tarde
el show me gusta = eu gosto do show
en calidad de = na qualidade de
en caso de que no te interese = caso não lhe interesse
en cuanto a lo que me interesa = quanto ao que me interessa
en efecto = com efeito
en mi vida he oído tal cosa = nunca ouvi tal coisa
en presente de indicativo = no presente do indicativo
en secretaría = na secretaria
esperar a alguien = esperar alguém
esperar a que llegue = esperar que chegue
está prohibido = é proibido
estar casado = ser casado
estar prohibido = ser proibido
formar parte de = fazer parte de
ir a preparar = ir preparar
ir en autobús = ir de ônibus

ir en coche = ir de carro
ir en metro = ir de metrô
ir en tren = ir de trem
jugar a + infinitivo = jogar + infinitivo
la competencia = a concorrência comercial
la próxima semana = na próxima semana
la semana que viene = na semana que vem
la semana siguiente = na semana seguinte
las siete menos veinte = vinte para as sete
los domingos por la mañana = aos domingos de manhã
los lunes = às segundas-feiras
llamar a alguien por teléfono = ligar para alguém
llamar a la secretaria = chamar a secretária
más ... que = mais ... (do) que
más grande = maior
más grande que = maior (do) que
más pequeño = menor
más pequeño que = menor (do) que
mayor = mais velho
mayor que = maior (do) que
me duele + sustantivo = estou com (tenho) dor de + substantivo
me estoy comiendo un melón = estou comendo um melão
me fui a Inglaterra a hacer postgrado = fui à Inglaterra para fazer pós-graduação
me hace mucha gracia = acho muita graça
menor = mais novo
menor que = menor (do) que
menos ... que = menos ... (do) que
mientras dure = enquanto durar
no sólo ... sino también = não somente ... mas também
parecerse a alguien = ser parecido com alguém

participar en = participar de
pase lo que pase = haja o que houver / aconteça o que acontecer
pese a = em que pese
por la mañana = de manhã
por la noche = de noite, à noite
por la tarde = de tarde, à tarde
presentar a alguien = apresentar alguém
refresco, el – = o refrigerante
respecto de = em relação a
ser responsable de = ser responsável por
si vas a España = se você for à Espanha
son las siete y cuarto = são sete e quinze
tan ... como = tão ... quanto
tanto ... como = tanto ... quanto
tardar en llegar = demorar para chegar
tener ganas de = estar com vontade de
tener hambre = estar com fome
tener sed = estar com sede
tengo hambre = estou com fome
tengo sed = estou com sede
toda América Latina = toda a América Latina
toda España = toda a Espanha
tomar en serio = levar a sério
un 25 por ciento = 25 por cento
una vez más = mais uma vez
¡Vaya sorpresa! = Mas que surpresa!
vamos a entrar = vamos entrar
vamos a llamar a tu madre y a tu hermana = vamos chamar sua mãe e sua irmã
vamos a pagar = vamos pagar
vamos a subir = vamos subir
venir a estudiar a Brasil = vir estudar no Brasil
voy a confirmar = vou confirmar
voy a llamar = vou telefonar

PORTUGUÉS–ESPAÑOL

25 por cento = un 25 por ciento
a concorrência comercial = la competencia
à custa de = a costa de
à noite / de noite = por la noche / a la noche
à tarde / de tarde = por la tarde / a la tarde
acho muita graça = me hace mucha gracia
ajudar a + infinitivo = ayudar a que + subjuntivo
algo para fazer = algo que hacer
aos domingos de manhã = los domingos por la mañana
apresentar alguém = presentar a alguien
às segundas-feiras = los lunes
basta assinalar = basta con señalar
caso não lhe interesse = en caso de que no te interese
com efeito = en efecto
comparecer / freqüentar = asistir
conhecer alguém = conocer a alguien
copo, o – = el vaso
chamar a secretária = llamar a la secretaria
dar um jeito ("virar-se") = apañárselas
de manhã = por la mañana / a la mañana
de noite / à noite = por la noche
de repente = de pronto
de tarde / à tarde = por la tarde
demorar para chegar = tardar en llegar
diariamente = a diario
direito de votar = derecho a votar
do ponto de vista de = desde el punto de vista de
é proibido = está prohibido
em que pese = pese a
em relação a = respecto de

enquanto durar = mientras dure
esperar alguém = esperar a alguien
esperar que chegue = esperar a que llegue
estar com fome = tener hambre
estar com sede = tener sed
estar com vontade de = tener ganas de
estou com (tenho) dor de + substantivo = me duele + sustantivo
estou com fome = tengo hambre
estou com sede = tengo sed
estou comendo um melão = me estoy comiendo un melón
eu gosto de ir fazer compras = a mí me gusta ir de compras
eu gosto do show = el show me gusta
fazer parte de = formar parte de
fui à Inglaterra para fazer pós-graduação = me fui a Inglaterra a hacer postgrado
Há quanto tempo você está procurando emprego? = ¿Cuánto tiempo llevas buscando empleo?
haja o que houver / aconteça o que acontecer = pase lo que pase
ir de carro = ir en coche
ir de metrô = ir en metro
ir de ônibus = ir en autobús
ir de trem = ir en tren
ir preparar = ir a preparar
jogar + infinitivo = jugar a + infinitivo
lazer, o – = el ocio
levar a sério = tomar en serio
ligar para alguém = llamar a alguien por teléfono
maior = más grande

GLOSARIOS DE CONTRASTES

maior (do) que = más grande que
mais ... (do) que = más ... que
mais novo = menor
mais uma vez = una vez más
mais velho = mayor
Mas que surpresa! = ¡Vaya sorpresa!
mayor que = maior (do) que
menor = más pequeño
menor (do) que = más pequeño que
menos ... (do) que = menos ... que
na hora = a la hora
na próxima quinta-feira = el próximo jueves
na próxima segunda-feira = el próximo lunes
na próxima semana = la próxima semana
na qualidade de = en calidad de
na secretaria = en secretaría
na semana que vem = la semana que viene
na semana seguinte = la semana siguiente
não somente ... mas também = no sólo ... sino también
no ano anterior = el año anterior
no dia da festa = el día de la fiesta
no domingo passado = el domingo pasado
no máximo = como máximo
no mínimo = como mínimo
no presente do indicativo = en presente de indicativo
no próximo fim de semana = el próximo fin de semana
no próximo sábado = el próximo sábado

no sábado à tarde = el sábado por la tarde
nunca ouvi tal coisa = en mi vida he oído tal cosa
participar de = participar en
por causa de = a causa de
quando você corrigir a carta = cuando arregles (corrijas) la carta
quanto ao que me interessa = en cuanto a lo que me interesa
refrigerante, o – = el refresco
são sete e quinze = son las siete y cuarto
se for verdade = de ser verdad
se você for à Espanha = si vas a España
ser casado = estar casado
ser parecido com alguém = parecerse a alguien
ser proibido = estar prohibido
ser responsável por = ser responsable de
tanto ... quanto = tanto ... como
tão ... quanto = tan ... como
toda a América Latina = toda América Latina
toda a Espanha = toda España
vamos chamar sua mãe e sua irmã = vamos a llamar a tu madre y a tu hermana
vamos entrar = vamos a entrar
vamos pagar = vamos a pagar
vamos subir = vamos a subir
vinte para as sete = las siete menos veinte
vir estudar no Brasil = venir a estudiar a Brasil
vou confirmar = voy a confirmar
vou telefonar = voy a llamar

Heterosemánticos

Algunas palabras son iguales o semejantes en la grafía o en la pronunciación del español y del portugués, pero poseen significados diferentes en ambas lenguas. Estas divergencias se conocen también con el nombre de "falsos amigos".

ESPAÑOL – PORTUGUÉS

a mí me hace mucha ilusión = eu tenho muita vontade de
abonar = adubar / fertilizar
abono, el – = o adubo
acordar = despertar
acreditada, formación – = formação comprovada
acordar = lembrar
acudir = comparecer
adobar = temperar / condimentar
adobe, el – = o tijolo
adornar / engalanar = enfeitar
afeitar = barbear
agarrar (H) **/** coger (E) / pegar = pegar / bater
agua fría / helada, el – = a água gelada
aglomeración, la – = o ajuntamento
al contado = à vista
alargar algo a alguien = entregar alguma coisa a alguém
aliñar = condimentar / temperar
almacén, el – = a loja
análisis de sangre, el – = o exame de sangue
ancho = largo
aparte = além de
apellido, el – = o sobrenome
apenas = quase não
apodo, el – = o apelido
asignatura, la – = a disciplina (matéria escolar)

aspecto, el – / presencia, la – = a aparência
arrogante / atrevido = confiado
atrevido / arrogante = confiado
aula, el – (fem.) = a sala de aula
aún / todavía = ainda
averiguar = verificar
ayuntamiento, el – = a prefeitura
balcón, el – = a sacada
baldosa, la – / mosaico, el – = o ladrilho
baño, el – = o banheiro
bar, el – = o botequim / o bar
basura, la – = o lixo
beca, la – = a bolsa de estudos
becario, el – = o bolsista
berro, el – = o agrião
blanqueo de dinero, el – = a lavagem de dinheiro
bolsa, la – = a sacola
bolsillo, el – = o bolso
bolso, el – = a bolsa
bombilla, la – = a lâmpada
borracha = bêbada
borrachera, la – = a embriaguez
borracho = bêbado
borrar = apagar
botiquín, el – = o estojo de primeiros socorros
brincar = saltar
cachorro, el – = o filhote

GLOSARIOS DE CONTRASTES

cajón, el – = a gaveta
calzoncillos, los – = a cueca
calzones, los – = a(s) ceroula(s)
camarero, el – = o garçom
campanilla, la – = o sininho
caña, la – = o chope (cerveja)
capa, la – = a camada
cárcel, la – = o cárcere / a cadeia
carro, el – = o carrinho do supermercado
cartón, el – = o papelão
casco, el – = o capacete
catar = provar / degustar
cena, la – = o jantar, a ceia
cenar = jantar
cepillo, el – = a escova
cinta, la – = a fita
ciruela, la – = a ameixa
cita, la – = o encontro
clase, la – = a aula
cobrar = receber
coche, el – / automóvil, el – = o carro / o automóvel
cochera, la – = a garagem
coger (E), agarrar (H) / pegar = pegar / bater
coger / pegar = pegar / bater
cohete, el – = a bombinha
comer = almoçar
comercio detallista, el – = o comércio varejista
comida, la – = o almoço
competencia, la – = a competição
comprobar = verificar
concurrido, local – = local onde há afluência de muita gente
confiado = confiante
confundida / desconcertada = embaraçada
contestar = responder

contradecir = contestar
convertible = conversível
convocar una oposición = abrir um concurso
copa, la – = a taça
copiar en un examen = colar
crianza, la – = a criação
cueca, la – = dança folclórica do Chile
cuello, el – = o pescoço
cuesta, la – / pendiente, la – = a encosta
culo, el – = a bunda
curso de español, el – = o curso de espanhol
curso, el primer – = o primeiro ano
chalé, el – = o sobrado
charlatán = tagarela
chiste, el – = a piada
chocar = dar trambada
chorizo, el – = a lingüiça
chuleta, la – = a cola (na escola)
dar plantón = dar o cano
de cuero / de piel = de couro
de piel / de cuero = de couro
de pieles = de pele
dejar = emprestar
delgado = magro
desconcertada / confundida = embaraçada
desde luego = com certeza
deshacer / destruir = desmanchar
desmanchar = desmacular / tirar manchas
despacho, el – / oficina, la – = o escritório
despistado = distraído
destruir / deshacer = desmanchar
desván, el – = o sótão
diario, el – (H) = o jornal
dirección, la – = o endereço
distinguido = distinto
distinto = diferente

GLOSARIOS DE CONTRASTES

elegir = escolher / eleger
duelo, el– = pena / aflição, luto
embarazada / encinta = grávida
emborracharse = ficar bêbado
en cuanto = quando, assim que, tão logo que
encinta / embarazada = grávida
encuesta, la – = a pesquisa / a enquete
enderezar = endireitar
engalanar / adornar = enfeitar
engrasado = engraxado
engrasar / untar con grasa = engraxar
es cierto = é verdade
escena, la – = a cena
escenario, el – = o palco
escoba, la – = a vassoura
escritorio, el – = a escrivaninha
escritura, la – = a escrita
espalda, la – = as costas
establo, el – = a cocheira / o estábulo
estafador = charlatão
examen, el – = a prova
experto = perito
explorar / explotar = explorar
explotar / explorar = explorar
exquisito = excelente, delicioso, saboroso
extrañar (H) / echar de menos (E) = sentir saudade
extraño = esquisito, estranho
feria, la – = a feira / a exposição
finca, la – = o sítio / a chácara
fino, delgado, estrecho = delgado, fino, estreito
firma, la – = a assinatura
fiscal, el – = o promotor
fiscalía, la – = a promotoria
flaco = magro
formación acreditada = formação comprovada
franja, la – = a faixa / a listra

frente, la – = a testa
frente frío, el – = a frente fria
frente de batalla, el – = o front de batalha
ganancias, las – = o lucro
gente, la – / uno, nosotros = as pessoas / a gente
goma, la – = a borracha
gratificación, la – = o abono
grifo, el – = a torneira
guía, la – = a lista telefônica
guitarra, la – = o violão
guitarra eléctrica, la – = a guitarra
helado, el – = o sorvete
huella digital, la – = a impressão digital
infame = torpe **inversión**, la – = o investimento
investigación, la – = a pesquisa
investigación de mercado, la – = a pesquisa de mercado
jamón, el – = o presunto
jugar = brincar / jogar
ladrar = latir
ladrillo = tijolo
lámpara, la – = o abajur
langosta, la – = o gafanhoto (p.us.: a lagosta)
langostino, el (p.us.: la lagosta)– = a lagosta
largo = comprido, longo, extenso
latir = latejar
licenciado en Administración = bacharel em Administração
lienzo, el – = a tela
ligar = paquerar
lingüiça, a – = el chorizo
local concurrido = local onde há afluência de muita gente
lograr / lograrse = conseguir
logros, los – = as conquistas
luego = depois

llevar gafas = usar óculos
llevar pantalones = usar calças
malo (perverso) = ruim
manteca, la – = a banha
mantequilla, la – = a manteiga
marcar el número = discar o número
mayor, persona – = mais velho
medicina, la – = o remédio
menor, persona – = mais novo
mirar = ver, olhar
morado = roxo
morcilla, la – = o chouriço
mostrador, el – = o balcão
mote, el – / **sobrenombre**, el – = o cognome / a alcunha
narina, la – = a venta
niño, el – = a criança
nivelar = alinhar
no obstante / **sin embargo** = todavia / entretanto
novela, la – = o romance
novelista, el – = o romancista
novio, el – = o namorado
obra maestra, la – (literaria) = a obra prima (literária)
obra prima, la – (de zapatería) = a obra nova (de sapataria)
ocio, el – = o lazer
oficina, la – / **despacho**, el – = o escritório
oso, el – = o urso
página web, la – / **sitio web**, el – = o site
palabrota, la – / **taco**, el – = o palavrão
palco, el – = o camarote
pañuelo, el – = o lenço
pareja, la – = o casal / o cônjuge
pasar = entrar / acontecer / transcorrer
pasarse = passar do ponto

pasillo, el – = o corredor
pastel, el – = o doce
pegar / **agarrar** (H) / **coger** (E) = pegar / bater
pegar = colar, grudar, bater
pelado = careca
pelirrojo = ruivo
pelo, el – = o(s) cabelo(s)
pendiente, la – / **cuesta**, la – = a encosta
periódico, el – (E) = o jornal
perjuicio, el – = o prejuízo
perro, el – = o cachorro / o cão
persona mayor = mais velho
persona menor = mais novo
pirarse = marcharse
piso, el – = o andar (pavimento) / o apartamento
pizarra, la – = o quadro-negro
polvo, el – = o pó, a poeira
ponerse al teléfono = atender ao telefone
por cierto = a propósito
por supuesto = sem dúvida / é claro / é óbvio
preciosa = bonita
prejuicio, el – = o preconceito
presencia, la – / **aspecto**, el – = a aparência
presunto = suposto, suspeito
prójimo, el – = o próximo
prometido, el – = o noivo
pronto = logo / rapidamente
prospecto, el – = a bula
próximo = próximo
pueblo, el – = o povo / o povoado / a aldeia
pulpo, el – = o polvo
¡Qué chiflada estás! = Você está doida / biruta!
quedar = sobrar
raro = esquisito
rasgo, el – = o traço / a característica
rato, un – = um instante

rato, un – / **ratito**, un – = um momento / um minuto
ratón, el – = o rato / o mouse do computador
rebaja, la – = o desconto
rebajado de precio = com desconto
recoger = catar
recorrer = percorrer
recorrer / socorrer = acudir
recorrido, el – = o percurso
renta, la – = a renda / o rendimento
reto, el – = o desafio
retrato robot, el – = o retrato falado
rienda, la – = a rédea
rojo = vermelho
ronda, la – = a rodada
rosal, el – = a roseira
rosaleda, la – = o rosal / o roseiral
rubio = loiro
ruin = vil / desprezível
salón, el – = a sala de visitas / o living
sello, el – = o timbre
señas, las – = o endereço
sin embargo / no obstante = todavia / entretanto
sitio, el – = o lugar / o local
sitio web, el – / página web, la – = o site
sobrenombre, el – / mote, el – = o cognome / a alcunha
socorrer / recorrer = acudir
sonar = tocar
sordo = surdo
sótano, el – = o porão
subrayado, el – = o grifo
sucia = suja

sujetar = segurar / pregar / sujeitar
suspender = reprovar, ser reprovado na escola
taco, el – / palabrota, la – = o palavrão
taller, el – = a oficina
tapas, las – = os petiscos
tarjeta, la – = o cartão
taza, la – = a xícara
te sienta bien esa chaqueta = você fica bem com esse paletó
tener buen carácter = ter gênio bom
tener mal carácter = ter mau gênio (pessoa geniosa)
tesón, el – = a garra, a energia, o entusiasmo
tienda, la – = a loja
tienda de ultramarinos, la – = o armazém de secos e molhados
timbre, el – = a campainha
tocarle a alguien la lotería = ganhar na loteria
todavía / aún = ainda
tornillo, el – = o parafuso
torpe = burro
tráfico, el – = o trânsito
tras = após, depois de
traza, la – = o vestígio
vacante = vaga
vaga = vagabunda / folgada
vaso, el – = o copo
venda, la – = a venda (tira de pano)
venta, la – = a venda
verificar = comprovar
violón, el – = o contrabaixo
zocato / zurdo = canhoto
zurdo / zocato = canhoto

PORTUGUÉS – ESPAÑOL

a propósito = por cierto
à vista = al contado
abajur, o – = la lámpara
abono, o – = la gratificación
abrir um concurso = convocar una oposición
acudir = socorrer / recorrer
adubar = abonar
adubo, o – = el abono
água gelada, a – = el agua fría / helada
ainda = todavía / aún
ajuntamaento, o – = la aglomeración
alcunha, a – / cognome, o – = el sobrenombre / el mote
além de = aparte
alinhar = nivelar
almoçar = comer
almoço, o – = la comida
ameixa, a – = la ciruela
andar, o – (pavimento) = el piso
apagar = borrar
aparência, a – = la presencia, el aspecto
apartamento, o – = el piso
apelido, o – = el apodo
apenas / somente = solamente
após / depois de = tras
armazém de secos e molhados, o – = la tienda de ultramarinos
assinatura, a – = la firma
atender ao telefone = ponerse al teléfono
aula, a – = la clase
bacharel, o – = el licenciado
balcão, o – = el mostrador
banha, a – = la manteca

banheiro, o – = el baño
barbear = afeitar
bater / colar / grudar = pegar
bater / pegar = pegar / coger (E), agarrar (H)
bêbada = borracha
bêbado = borracho
beca, a – = la toga
berro, o – = el grito
bolsa de estudos, a – = la beca
bolsa, a – = el bolso
bolsista, o – = el becario
bolso, o – = el bolsillo
bombinha, a – = el cohete
bonita = preciosa
borracha, a – = la goma
borracharia, a – = el taller donde se reparan neumáticos
borracheiro, o – = el reparador de neumáticos
borrar = manchar / ensuciar
botequim, o – = el bar
brincar / jugar = jugar
bula, a – = el prospecto
bunda, a – = el culo
burro = torpe
cão, o – / cachorro, o – = el perro
cabelo(s), o(s) – = el pelo
cachorro, o – / cão, o – = el perro
camada, a – = la capa
camarote, o – = el palco
campainha, a – = el timbre
canhoto = zurdo / zocato
capacete, o – = el casco
cárcere, o – / cadeia, a – = la cárcel

GLOSARIOS DE CONTRASTES

careca = pelado

carrinho do supermercado, o – = el carro

carro, o – / automóvel, o – = el coche / el automóvil

cartão, o – = la tarjeta

casal, o – = la pareja

catar = recoger

ceia, a – / jantar, o – = la cena

cena, a – = la escena

ceroula(s), a(s) – los calzones

charlatão = estafador

chouriço, o – = la morcilla

cocheira, a – = el establo

cognome, o – / alcunha, a – = el mote / el sobrenombre

cônjuge, o – = la pareja

cola, a – (na escola) = la chuleta

colar = copiar en un examen

colar / grudar / bater = pegar

com certeza = desde luego

com desconto = rebajado de precio

comercio detallista, el – = o comércio varejista

competição, a – = la competencia

comprido / longo / extenso = largo

comprovada, formação – = formación acreditada

condimentar / temperar = adobar / aliñar

confiado = atrevido / arrogante

confiante = confiado

conquistas, as – = los logros

conseguir = lograr / lograrse

contestar = contradecir

contrabaixo, o – = el violón

conversível = convertible

copo, o – = el vaso

corredor, o – = el pasillo

costa, a – / encosta, a – / vertente, a – = la cuesta

criação, a – = la crianza

criança, a – = el niño

cueca, a – = los calzoncillos

curso de espanhol, o – = el curso de español

chope, o – (cerveja) = la caña

dança folclórica do Chile = la cueca

dar o cano = dar plantón

dar trombada = chocar

de couro = de piel / de cuero

de pele = de pieles

degustar / provar = catar

delgado /fino / estreito = fino, delgado, estrecho

depois = luego

depois de / após = tras

desafio, o – = el reto

desconto, o – = la rebaja

desmacular / tirar manchas = desmanchar

desmanchar = deshacer / destruir

despertar = acordar

diferente = distinto

distinto = distinguido

distraído = despistado

doce, o – = el pastel

dolo, o– = el fraude

é claro / é óbvio / sem dúvida = por supuesto

é óbvio / é claro / sem dúvida = por supuesto

é verdade = es cierto

embaraçada = desconcertada / confundida

embriaguez, a – = la borrachera / la embriaguez

emprestar = dejar

encontro, o – = la cita

encosta, a – = la cuesta / la pendiente

endereçar = dirigir / orientar

endereço, o – = la dirección

endereço, o – = las señas

endireitar = enderezar

energia, a– / entusiasmo, o– = el tesón

GLOSARIOS DE CONTRASTES

enfeitar = adornar / engalanar
engraçado = gracioso o simpático
engraçar = hacerse gracioso o simpático
engraxar = engrasar / untar con grasa
entrar / acontecer / transcorrer = pasar
entregar alguma coisa a alguém = alargar algo a alguien
entretanto / todavia = sin embargo / no obstante
escolher = elegir
escolher / eleger = elegir
escova, a – = el cepillo
escrita, a – = la escritura
escritório, o – = la oficina / el despacho
escrivaninha, a – = el escritorio
esquisito = raro
esquisito / estranho = extraño
estar de guardia = estar de plantão
estojo de primeiros socorros, o – = el botiquín
eu tenho muita vontade de... = a mí me hace mucha ilusión...
exame de sangue, o – = el análisis de sangre
faixa, a – / listra, a – = la franja
feira, a – / exposição, a – = feria
fetilizar / adubar = abonar
ficar bêbado = emborracharse
filhote, o – = el cachorro
fita, a – = la cinta
formação comprovada = formación acreditada
frente fria, a – = el frente frío
front de batalha, o – = el frente de batalla
gafanhoto, o – = la langosta, el saltamontes
ganhar na loteria = tocarle a alguien la lotería
garagem, a – = la cochera / el garaje
garçom, o – = el camarero
garra, a– = el tesón
gaveta, a – = el cajón
gente, a – = la gente / uno, nosotros
grávida = embarazada / encinta
grifo, o – = el subrayado
grudar / colar / bater = pegar
guardameta, el – = o goleiro
guardia, la – = o plantão
guitarra, a – = la guitarra eléctrica
instante, um – = un rato
investimento, o – = la inversión
jantar / cear = cenar
jantar, o – / ceia, a – = la cena
jogar / brincar = jugar
jornal, o – = el diario (H)
jornal, o – = el periódico (E)
ladrilho, o – = la baldosa / el mosaico
lagosta, a – = el langostino; p.us.: la langosta
lâmpada, a – = la bombilla
largo = ancho
latejar = latir
latir = ladrar
lavagem de dinheiro, a – = el blanqueo de dinero
lazer, o – = el ocio
lembrar = acordar
lenço, o – = el pañuelo
lista telefônica, a – = la guía
listra, a – / faixa, a – = la franja
living, o – / sala de visitas, a – = el salón
lixo, o – = la basura
local onde há afluência de muita gente = local concurrido
logo = pronto
loiro = rubio
loja, a – = el almacén
loja, a – = la tienda
lucro, o – = las ganancias
lugar, o – / o local, o – = el sitio

GLOSARIOS DE CONTRASTES

magro = delgado / flaco
mais novo = persona menor
mais velho = persona mayor
manteiga, a – = la mantequilla
marcharse = pirarse
marisco, o – = la almeja
momento, um – / **minuto**, um – = un rato / un ratito
mouse do computador, o – / **rato**, o – = el ratón
namorado, o – = el novio
noivo, o – = el prometido
obra prima, a – (literária) = la obra maestra (literaria)
obra prima, la – (de zapatería) = a obra nova (de sapataria)
oficina, a – = el taller
palavrão, o – = el taco / la palabrota
palco, o – = el escenario
pandilla, la – = a súcia
paquerar = ligar
parafuso, o – = el tornillo
passar do ponto = pasarse
pegar / bater = coger (E), agarrar (H) / pegar
pelado = desnudo
percorrer = recorrer
percurso, o – = el recorrido
perito = experto
pescoço, o – = el cuello
pesquisa, a – = la investigación
pesquisa, a – / **a enquete**, a – = la encuesta
pesquisa de mercado, a – = la investigación de mercado
pessoas, as – / **gente**, a – = la gente / uno, nosotros
petiscos, os – = las tapas
piada, a – = el chiste
pó, o – / **poeira**, a – = el polvo
poeira, a – / **pó**, o – = el polvo
polvo, o – = el pulpo
porão, o – = el sótano
povo, o – / **povoado**, o – / **aldeia**, a – = el pueblo
preconceito, o – = el prejuicio
prefeitura, a – = el ayuntamiento
pregar / segurar / sujeitar = sujetar
prejuízo, o – = el perjuicio
presunto, o – = el jamón
primeiro ano, o – = el primer curso
prova, a – = el examen
provar / degustar = catar
próximo = próximo
próximo, o – = el prójimo
quadro-negro, o – = la pizarra
quando / assim que / tão logo que = en cuanto
quase não = apenas
rapidamente = pronto
rato, o – / **mouse do computador**, o – = el ratón
receber = cobrar
rédea, a – = la rienda
remédio, o – = la medicina
reprovar / ser reprovado na escola = suspender
responder = contestar
retrato falado, o – = el retrato robot
rodada, a – = la ronda
romance, o – = la novela
romancista, o – = el novelista
rosal, o – / **roseiral**, o – = la rosaleda
roseira, a – = el rosal
roseiral, o – / **rosal**, o – = la rosaleda
roxo = morado
ruim = malo / perverso
ruivo = pelirrojo
sacada, a – = el balcón
sacola, a – = la bolsa

sala de aula, a – = el aula (fem.)
sala de visitas, a – / living, o – = el salón
saltar = brincar
segurar / pregar / sujeitar = sujetar
sem dúvida / é claro / é óbvio = por supuesto
sentir saudade = extrañar (H) /
  echar de menos (E)
sininho, o – = la campanilla
sítio, o – / chácara, a – = la finca
sobrado, o – = el chalé
sobrar = quedar
sobrenome, o – = el apellido
sorvete, o – = el helado
sótão, o – = el desván
súcia, a – = la pandilla
suja = sucia
sujeitar / segurar / pregar = sujetar
suposto / suspeito = presunto
surdo = sordo
taça, a – = la copa
tagarela = charlatán
tela, a – = el lienzo
temperar / condimentar = adobar / aliñar
ter gênio bom = tener buen carácter
ter mau gênio (pessoa geniosa) = tener mal carácter
testa, a – = la frente

tijolo, o – = el ladrillo / el adobe
timbre, o– = el sello
tocar = sonar
todavia / entretanto = sin embargo / no obstante
torneira, a – = el grifo
torpe = infame
traço, o – / característica, a – = el rasgo
trânsito, o – = el tráfico
urso, o – = el oso
usar calças = llevar pantalones
usar óculos = llevar gafas
vaga = vacante
vagabunda / folgada = vaga
vassoura, a – = la escoba
venda, a – = la venta / la venda
venta, a – = la narina
ver / olhar = mirar
vermelho = rojo
vestígio, o – = la traza
vil / desprezível = ruin
violão, o – = la guitarra
Você está doida / biruta! = ¡Qué chiflada estás!
você fica bem com esse paletó = te sienta bien esa chaqueta
xícara, a – = la taza

Biléxicos

A veces, una de las lenguas se sirve de dos palabras de significados distintos que corresponden, en la otra lengua, a una sola palabra que significa las dos cosas. Para las palabras españolas *filo* (='corte') e *hilo* (='hebra, filamento, curso'), el portugués cuenta sólo con la palabra *fio*.

ESPAÑOL

atrasado / retrasado = atrasado
atrasar / retrasar = atrasar
búsqueda, la – / busca, la – = a busca
calidad, la – / cualidad, la – = a qualidade
clavel, el – / clavo, el – = o cravo / o prego
contento / contenta = contente
coral, el – / coral, la – = o coral
crear / criar = criar
dato, el – / dado, el – = o dado
diente, el – / muela, la – = o dente
distinto / distinguido = distinto
embelesar / embellecer = embelezar
ensueño, el – / sueño, el – = o sonho / o sono
filo, el – / hilo, el – = o fio
fondo / hondo = fundo
guarda, la – / guardia, el – a guarda / o guarda
hilo, el – / filo, el – = o fio
hipérbola, la – / hipérbole, la – = a hipérbole
hipérbole, la – / hipérbola, la – = a hipérbole
hondo / fondo = fundo
imprenta, la – / prensa, la – = a imprensa

muela, la – / diente, el – = o dente
ola, la – / onda, la – = a onda
onda, la – / ola, la – = a onda
orden, el – / orden, la – = a ordem
perjuicio, el – / prejuicio, el – = o prejuízo
plan, el – / plano, el – = o plano
plano, el – / plan, el – = o plano
prejuicio, el – / perjuicio, el – = o prejuízo
prensa, la – / imprenta, la – = a imprensa
prójimo / próximo = próximo
próximo / prójimo = próximo
recorrer / recurrir = recorrer
recurrir / recorrer = recorrer
retrasar / atrasar = atrasar
seca, la – / sequía, la – = a seca
sequía, la – / seca, la – = a seca
síncopa, la – / síncope, el – = a síncope
síncope, el – / síncopa, la – = a síncope
sueño, el – / ensueño, el – = o sono / o sonho
sugerencia, la – / sugestión, la – = a sugestão
venda, la – / venta, la – = a venda / a venda

PORTUGUÉS

acreditar / creditar = acreditar
canivete, o – / navalha, a – = navaja
cavaleiro, o – / cavalheiro, o – = el caballero
cavalheiro, o – / cavaleiro, o – = el caballero
competência, a – / competição, a – = la competencia
competição, a – / competência, a – = la competencia
creditar / acreditar = acreditar

educacional / educativo = educativo
educativo / educacional = educativo
equipamento, o – / equipe, a – = el equipo
equipe, a – / equipamento, o – = el equipo
escuro / obscuro = oscuro
escuro / obscuro = oscuro
esticar / estirar = estirar
estirar / esticar = estirar
maestro, o – / mestre, o – = el maestro

mestre, o – / **maestro**, o – = el maestro
navalha, a – / **canivete**, o – = la navaja
obscuro / **escuro** = oscuro
portaria, a – / **gol**, o – = la portería
porteiro, o – / **goleiro**, o – = el portero
prometer / **asseverar** = prometer
regra, a – / **régua**, a – = la regla
régua, a – / **regra**, a – = la regla

sabão, o – / **sabonete**, o – = el jabón
sabonete, o – / **sabão**, o – = el jabón
sanar / **sarar** = sanar
sarar / **sanar** = sanar
sonho, o – / **sono**, o – = el ensueño / el sueño
sono, o – / **sonho**, o – = el ensueño / el sueño
tenor, o – / **teor**, o – = el tenor

26. ADJETIVOS GENTILICIOS

La derivación más notable de los adjetivos es la que forman los adjetivos étnicos, nacionales y gentilicios: así se llaman los que denotan la raza, nación y gente, o sea, la procedencia de las personas o cosas a quienes se aplican. De *España* se forma *español*; de *Castilla, castellano*; de *León, leonés*; de *Navarra, navarro*; de *La Mancha, manchego*; de *Madrid, madrileño*; de *Bilbao, bilbaíno*; de *Vizcaya, vizcaíno*; de *La Habana, habanero* y *habano*; de *Cracovia, cracoviano*; de *Berlín, berlinés*; de *Egipto, egipcio, egipciaco/egipcíaco, egiptano* y *gitano*.

En otros adjetivos de esta especie la derivación ha sucedido al revés, o sea, el sustantivo que denota la nación o gente se ha derivado del adjetivo. De *ibero*, se forma *Iberia*; de *ruso, Rusia*; de *árabe, Arabia*; de *escita, Escitia*; de *franco, Francia*.

En otros casos el sustantivo y el adjetivo proceden de un mismo primitivo que no siempre se conserva en la lengua de origen, como *polaco* y *Polonia* (derivados de *pole*, llanura, campo; *bávaro* y *Baviera*; *extremeño* y *Extremadura*; *fenicio* y *Fenicia* (derivados del griego *phoenix*).

ESPAÑA

País

España – español/-a

Regiones

Andalucía – andaluz/-a
Aragón – aragonés/-a
Asturias – asturiano/a; astur
Castilla – castellano/a
Cataluña – catalán/a
Cantabria – cántabro/a

Euskadi, País Vasco – euskera (éuscaro/a, éusquero/a), vasco/a
Extremadura – extremeño/a
Galicia – gallego/a
Islas Baleares – balear
Islas Canarias – canario/a

ADJETIVOS GENTILICIOS

La Mancha – manchego/a
La Rioja – riojano/a
León – leonés/-a

Murcia – murciano/a
Navarra – navarro/a
Valencia – valenciano/a

Ciudades

Álava – alavense; alavés/a
Albacete – albaceteño/a; albacetense
Almería – almeriense
Ávila – abulense
Badajoz – pacense
Barcelona – barcelonés/-a
Bilbao – bilbaíno/a
Burgos – burgalés/-a
Cáceres – cacereño/a
Cádiz – gaditano/a
Castellón – castellonense
Ceuta – ceutí
Ciudad Real – ciudad-realeño/a
Córdoba – cordobés/-a
Cuenca – conquense
Gerona – gerundense
Granada – granadino/a
Guadalajara – guadalajareño/a
Huelva – onubense
Huesca – oscense
Ibiza – ibicenco/a
Jaén – jiennense
La Coruña – coruñés/-a
León – leonés/-a
Lérida – leridano/a
Logroño – logroñés/-a
Lugo – lucense
Madrid – madrileño/a

Málaga – malagueño/a
Mallorca – mallorquín/-a
Marbella – marbellí
Menorca – menorquín/-a
Melilla – melillense
Mérida – merideño/a
Murcia – murciano/a
Orense – orensano/a
Oviedo – ovetense
Palencia – palentino/a
Pamplona – pamplonés/-a
Plasencia – plasenciano/a
Pontevedra – pontevedrés/-a
Salamanca – salmantino/a
San Sebastián – donostiarra
Santander – santanderino/a
Segovia – segoviano/a
Sevilla – sevillano/a
Soria – soriano/a
Tarragona – tarraconense
Teruel – turolense
Toledo – toledano/a
Valencia – valenciano/a
Valladolid – vallisoletano/a
Vitoria – vitoriano/a
Zamora – zamorano/a
Zaragoza – zaragozano/a

HISPANOAMÉRICA

Países

(la) Argentina – argentino/a
Bolivia – boliviano/a
Colombia – colombiano/a
Costa Rica – costarricense
Cuba – cubano/a
Chile – chileno/a
(la) República Dominicana – dominicano/a
Ecuador – ecuatoriano/a
El Salvador – salvadoreño/a
Guatemala – guatemalteco/a
Honduras – hondureño/a
México – mexicano/a
Nicaragua – nicaragüense
Panamá – panameño/a
Paraguay – paraguayo/a
(el) Perú – peruano/a
Puerto Rico – puertorriqueño/a
(el) Uruguay – uruguayo/a
Venezuela – venezolano/a

Ciudades y regiones

Acapulco (México) – acapulqueñoa
Antioquia (Colombia) – antioqueño/a
Asunción (Paraguay) – asunceño/a
Barranquilla (Colombia) – barranquillero/a
Bogotá (Colombia) – bogotano/a
Boyacá (Colombia) – boyacense
Buenos Aires (Argentina) – bonaerense; porteño/a
Caldas (Colombia) – caldense
Cali (Colombia) – caleño/a
El Callao (Perú) – chalaco/a
Capiatá (Paraguay) – capiateño/a
Caquetá (Colombia) – caquetense
Carabobo (Venezuela) – carabobeño/a
Caracas (Venezuela) – caraqueño/a
Carazo (Nicaragua) – caraceño/a
Catamarca (Argentina) – catamarqueño/a
Central (Paraguay) – centrolense
Ciudad Bolívar (Venezuela) – bolivarense
Cobaú (Guatemala) – cobanero/a
Coclé (Panamá) – coclesano/a
Cochabamba (Bolivia) – cochabambino/a
Colima (México) – colimense
Colón (Ecuador) – galapaguino/a
Colón (Honduras) – coloneño/a
Colón (Panamá) – colonense
Concepción (Paraguay) – concepcionero/a
Copán (Honduras) – copaneco/a
Corque (Bolivia) – corqueño/a
Corrientes (Argentina) – correntino/a
Cortés (Honduras) – cortesense; porteño/a
Cuernavaca (México) – cuernavaquense
Cundinamarca (Colombia) – cundinamarqués/-a
Cuyo (Argentina) – cuyano/a
Cuzco (Perú) – cuzqueño/a

ADJETIVOS GENTILICIOS

Chihuahua (México) – chihuahuense
Choluteca (Honduras) – choluteca
Darién (Panamá) – darienita
Durango (México) – durangués/-a
Durazno (Uruguay) – duraznense
El Paraíso (Honduras) – paraiseño/a
Esmeraldas (Ecuador) – esmeraldeño/a
Guadalajara (México) – tapatío/a
Cuanacaste (Costa Rica) – guanacasteco/a
Guantánamo (Cuba) – guantanamero/a
Guayaquil (Ecuador) – guayaquileño/a
Habana (provincia de Cuba) – habanero/a
Heredia (Costa Rica) – herediano/a
Huacho (Perú) – huachano/a
Huánuco (Perú) – huanuqueño/a
Huila (Colombia) – huilense
Humacao (Puerto Rico) – humacaeño/a
Ibarra (Ecuador) – ibarreño/a
Iquique (Chile) – iquiqueño/a
Iquitos (Perú) – iquiteño/a
Itapuá (Paraguay) – itapuense
Jalapa (Guatemala) – jalapeño/a
Jalisco (México) – jalisciense
La Habana (Cuba) – habanero/a
La Paz (Bolivia) – paceño/a
Lima (Perú) – limeño/a
Limón (Costa Rica) – limonense
Machala (Ecuador) – machaleño/a
Maldonado (Uruguay) – maldonadense
Managua (Nicaragua) – managüense
Manizales (Colombia) – manizaleño/a
Maracaibo (Venezuela) – maracaibero/a
Maturín (Venezuela) – maturín/-a
Mayagüez (Puerto Rico) – mayagüezano/a
Mazatenango (Guatemala) – mazateco/a
Mazatlán (México) – mazatleco
Medellín (Colombia) – medellinense
Mérida (México) – meridano/a
Mexicali (México) –mexicalense
Montevideo (Uruguay) – montevideano/a
Morazán (El Salvador) – morazanense
Oaxaca (México) – oaxaqueño/a
Oruro (Bolivia) – orureño/a
Paisandú (Uruguay) – sanducero/a
Paraná (Argentina) – paranaense
Pasto (Colombia) – pastuso/a
Patagonia (Chile) – patagón/-a
Pinar del Río (Cuba) – pinareño/a
Piura (Perú) – piurano/a
Ponce (Puerto Rico) – ponceño/a
Posadas (Argentina) – posadeño/a
Potosí (Bolivia) – potosino/a
Punta Arenas (Chile) – puntarenense
Quito (Ecuador) – quiteño/a
Rosario (Argentina) – rosarino/a
San José (Costa Rica) – josefino/a
San José (Uruguay) – josefino/a
San Pedro (Paraguay) – sampedrano/a
San Pedro Sula (Honduras) – sampedrano/a
Santa Cruz de la Sierra (Bolivia)– cruceño/a
Santa Fe (Bogotá) – santafereño/a
Santiago (Cuba) – santiaguero/a
Santiago (Chile) – santiaguino/a
Sonora (México) – sonorense
Sucre (Bolivia) – sucreño/a
Tabasco (México) – tabasqueño/a
Tacna (Perú) – tacneño/a
Tamaulipas (México) – tamaulipeco/a
Tampico (México) – tampiqueño/a
Tegucigalpa (Honduras) – tegucigalpense

ADJETIVOS GENTILICIOS

Tehuacán (México) – tehuacano/a
Temuco (Chile) – temuquense
Trujillo (Perú) – trujillano/a
Tucumán (Argentina) – tucumano/a
Valparaíso (Chile) – porteño/a
Veracruz (México) – veracruzano/a
Villa Clara (Cuba) – villaclareño/a
Yucatán (México) – yucateco/a

INTERNACIONAL

Países

Alemania – alemán/-a
Andorra – andorrano/a
Australia – australiano/a
Austria – austriaco/a
Bélgica – belga
Bosnia-Herzegovina – bosnio/a; bosniaco/a/; bosníaco/a
(el) Brasil – brasileño/a
Bulgaria – búlgaro/a
(el) Canadá – canadiense
(la) China – chino/a
Croacia – croata
Dinamarca – danés/-a
Egipto – egipcio/a
Eslovenia – esloveno
(las) Filipinas – filipino/a
Francia – francés/-a
Grecia – griego/a
Guinea Ecuatorial – guineano/a
Holanda – holandés/-a
Hungría – húngaro/a
(la) India – indio/a; hindú
Inglaterra – inglés/-a
Irán – iraní
Irlanda – irlandés/-a
Israel – israelí
Italia – italiano/a
(el) Japón – japonés/-a
(los) Estados Unidos – norteamericano/a / estadounidense
Macedonia – macedonio/a
Marruecos – marroquí
Moldavia – moldavo/a
Noruega – noruego/a
Polonia – polaco/a
Portugal – portugués/-a
Rumanía – rumano/a
Rusia – ruso/a
Suecia – sueco/a
Suiza – suizo/a
Turquía – turco/a
Ucrania – ucranio/a
(el) Vietnam – vietnamita
Yugoslavia – yugoslavo/a; yugoeslavo/a

ADJETIVOS GENTILICIOS

Ciudades y regiones

Alejandría (Egipto) – alejandrino/a
Alsacia (Francia) – alsaciano/a
Arlés (Francia – arlesiano/a
Atenas (Grecia) – ateniense; ático/a
Basilea (Suiza) – basilense
Baviera (Alemania) – bávaro/a
Bearne (Francia) – bearnés/-a
Belén (Tierra Santa) – betlemita
Bengala (India) – bengalí
Berna (Suiza) – bernés/-a
Birmania (Indochina) – birmano/a
Bolonia (Italia) – boloñés/-a
Borgoña (Francia) – borgoñón/-a
Bretaña (Francia) – bretón/-a
Bruselas (Bélgica) – bruselense
Burdeos (Francia) – bordelés/-a
California (EEUU) – californiano/a
Candía (Creta) – candiota
Canterbury (Inglaterra) – cantuariense
Cefalonia (Grecia) – cefalonio/a
Cerdeña (Italia) – sardo/a
Circasia (Rusia) – circasiano/a
Coimbra (Portugal) – conimbricense
Colonia (Alemania) – colonés/-a
Córcega (Francia) – corso/a
Corinto (Grecia) – corintio/a
Cracovia (Polonia) – cracoviano/a
Creta (Grecia) – cretense
Curazao (Antillas) – curazoleño/a
Dalmacia (Croacia) – dalmacio/a; dálmata
Damasco (Siria) – damasceno/a; damasquino/a

Davao (Filipinas) – davauense
Delos (Grecia) – delio/a
El Cairo (Egipto) – cairota
Ferrara (Italia) – ferrarés/-a
Flandes (Bélgica) – flamenco/a
Florencia (Italia) – florentino/a
Florida (EEUU) – floridano/a
Frisia (Holanda) – frisón/-a; frisio/a
Gabaón (Palestina) – gabaonita
Gante (Bélgica) – gantés/-a
Génova (Italia) – genovés/-a
Ginebra (Suiza) – ginebrino/a; ginebrés/-a
Hamburgo (Alemania) – hamburgués/-a
Hannover (Alemania) – hannoveriano/a
Isabela (Filipinas) – isabelino/a
Jerusalén (Israel) – jerosolimitano/a
Limoges (Franica) – lemosín/-a
Lisboa (Portugal) – lisboeta; lisbonés/-a
Lombardía (Italia) – lombardo/a
Londres (Inglaterra) – londinense
Lorena (Francia) – lorenés/-a
Lovaina (Bélgica) – lovaniense
Lyon (Francia) – lionés/-a
Maguncia (Alemania) – maguntino/a
Manila (Filipinas) – manileño/a
Mantua (Italia) – mantuano/a
Marsella (Francia) – marsellés/-a
Meca (Arabia Saudí) – mecano/a
Milán (Italia) – milanés/-a
Moravia (Austria) – moravo/a
Moscú (Rusia) – moscovita
Munich (Alemania) – muniquense; muniqués/-a

ADJETIVOS GENTILICIOS

Nápoles (Italia) – napolitano/a
Narbona (Francia) – narbonés/-a
Niza (Francia) – nizardo/a
Normandía (Francia) – normando/a
Nueva York (EEUU) – neoyorquino/a
Orán (Argelia) – oranés/-a
Padua (Italia) – paduano/a
Palermo (Sicilia, Italia) – palermitano/a
Papuasia (Nueva Guinea) – papú; papúa
París (Francia) – parisiense; parisino/a
Pavía (Italia) – paviano/a
Pensilvania (EEUU) – pensilvano/a
Piamonte (Italia) – piamontés/-a
Picardía (Francia) – picardo/a
Pisa (Italia) – pisano/a
Provenza (Francia) – provenzal
Prusia (Alemania) – prusiano/a
Ragusa (hoy Dubrovnik, Croacia) – raguseo/a
Rif (Marruecos) – rifeño
Roma (Italia) – romano/a
Rosellón (Francia) – rosellonés/-a
Saboya (Francia) – saboyano/a
Sahara – saharaui; sahariano/a
Sajonia (Alemania) – sajón/-a
Salerno (Italia) – salernitano/a
Siberia (Rusia) – siberiano/a
Sicilia (Italia) – siciliano/a
Sinope (Turquía) – sinopense
Tánger (Marruecos) – tangerino/a
Tarento (Italia) – tarentino/a
Tesalia (Grecia) – tesaliense
Tetuán (Marruecos) – tetuaní
Tibet (China) – tibetano/a
Tirol (Austria) – tirolés/-a
Toscana (Italia) – toscano/a
Transilvania (Rumanía) – transilvano/a
Trento (Italia) – tridentino/a
Varsovia (Polonia) – varsoviano/a
Venecia (Italia) – veneciano/a
Verona (Italia) – veronés/-a
Viena (Austria) – vienés/-a
Virginia (EEUU) – virginiano/a

27. NOCIONES DE FONÉTICA Y FONOLOGÍA

La **fonética** estudia los sonidos del lenguaje. Hay que estudiar por un lado la descripción detallada de cada sonido en particular y, por otro, la consideración de cada sonido en cuanto a su función comunicativa. Del estudio pormenorizado de los sonidos que tienen un valor diferenciador en su significado se ocupa la **fonología**. La unidad fonológica más pequeña en que puede dividirse un conjunto fónico recibe el nombre de **fonema**. El vocablo boca está formado por cuatro fonemas:

/b/ + /o/ + /k/ + /a/ .

Un fonema puede tener diferentes realizaciones fonéticas, de acuerdo con el contexto en que se halle situado. Según las modificaciones que sufre por la acción de los sonidos que lo rodean, el fonema puede variar su lugar de articulación sin que por ello cambie el significado de las palabras. Estos sonidos nuevos que resultan reciben los nombres de alófonos o variantes combinatorias. Por ejemplo:

fonema	alófonos		
/n/	[n]	[lána]	(= *lana*)
	[n̪]	[dón̪de]	(= *donde*)
	[n̟]	[ón̟θe]	(= *once*)
	[ɱ]	[eɱférmo]	(= *enfermo*)
	[m]	[um báso]	(= *un vaso*)
	[ɲ]	[áɲco]	(= *ancho*)
	[ŋ]	[póŋgo]	(= *pongo*)

Transcripción fonológica y transcripción fonética

La **transcripción fonológica** es la representación gráfica de la constitución fonológica de una lengua, dejando de lado la diversidad de sonidos que la realizan en el habla. Es un medio importante que contribuye para analizar la constitución fonológica de una lengua, especialmente cuando se quiere establecer la estadística del empleo de las unidades fonológicas o examinar el rendimiento funcional de esas unidades. No se debe confundir transcripción fonológica con **transcripción ortográfica**, aunque, en muchos casos, la ortografía se estructure con arreglo a principios fonológicos. La **transcripción fonológica** debe representar gráficamente los fonemas, mientras la **transcripción fonética** debe representar los sonidos que los realizan en el nivel del habla. La transcripción fonológica se representa entre barras (//) y la transcripción fonética se representa entre corchetes ([]). El alfabeto ortográfico es una representación aproximada de la pronunciación. La **transcripción fonética** ofrece la reproducción gráfica de los diferentes medios que realizan la constitución fonológica de una lengua dada.

Alfabeto fonético

El alfabeto fonético es un sistema de símbolos gráficos utilizados por los lingüistas para la exacta transcripción de los textos hablados o escritos. El principio del alfabeto fonético es *solamente un símbolo para cada sonido, solamente un sonido para cada símbolo*. El alfabeto fonético más conocido es el *Alfabeto Fonético Internacional (AFI)*, que representa la versión actualizada del que creó la Asociación Fonética Internacional en 1888. Ese alfabeto se sirve de letras de los alfabetos griego y latino, con el valor que tales letras tienen en esas lenguas, con la añadidura de otros símbolos, dibujados por los fonetistas, y de algunos signos diacríticos. A los efectos de la transcripción fonética del español y del portugués, utilizamos símbolos del AFI (Alfabeto Fonético Internacional) y de la RFE (Revista de Filología Española).

Símbolos del alfabeto fonético

vocales orales		vocales nasales	
i	port. aqu**i**; esp. as**í**	ĩ	port. ass**im**
ɪ	port. fal**e**	ĩ̞	port. **en**tender
e	port. m**e**sa; esp. t**e**la	ẽ	port. l**en**to

NOCIONES DE FONÉTICA Y FONOLOGÍA

ḛ	esp. perro	ã	port. irmã
ɛ	port. dez	õ	port. bom
ɐ	port. vida	ũ	port. comprido
a̰	esp. chato, llave	ṷ	port. algum
a	port., esp. casa		
ɑ	port., esp. aula		
ɔ	port. nota	**semivocales/semiconsonantes**	
o̰	esp. gorra	i̯	port. pai; esp. oigo, rey
o	port., esp. lobo	u̯	port., esp. auto
ʊ	port. mudo	j	port. gíria; esp. pie, viuda
u	port. lua; esp. luna	w	port. tênue, quatro; esp. cuota
consonantes			
p	/p/ port. pão; esp. pan	χ	/x/ esp.chil. gente, jirafa
b	/b/ port., esp. boca	x	/x/ esp. caja, viaje
β	/b/ esp. tubo, tuvo	m	/m/ port. mão; esp. mano
f	/f/ port. fora; esp. fuera	ɱ	/n/ esp. confuso
v	/v/ port. vida	n	/n/ port., esp. nada
θ	/θ/ esp. zorra, hacer	n̪	/n/ esp. once
z̞	/θ/ esp. cabizbajo	ɲ	/n/ esp. diente
t	/t/ port. tatu; esp. té	ŋ	/ŋ/ port. montanha; esp. niño
d	/d/ port., esp. data	ŋ	/n/ esp. cinco, sangre
ð	/d/ esp. cada	l	/l/ port. lua, plano; esp. lado, sol, plato
s̞	/s/ esp. este		
z̞	/s/ esp. desde	l̪	/l/ esp. alzar

s	/s/ port. ca**ss**a; esp. pa**s**ar	ɫ	/l/ esp. a**l**to
z	/z/ port. ca**s**ar; /s/ esp. i**s**la, e**s**belto	ł	/l/ port. fa**l**cão, a**l**go, ma**l**
ʃ	/ʃ/ port. pei**x**e, fe**ch**ar	ʎ	/ʎ/ port.lus. ma**lh**a; esp. ca**ll**e
ʒ	/ʒ/ port. **g**êmeo, **j**ogar	l͡j	/ʎ/ port.bras. ma**lh**a
t͡ʃ	/c/ esp. le**ch**e; /t/ port. **t**ipo, **t**riste	r	/r/ port., esp. ca**r**a
d͡ʒ	/d/ port. **d**issuade; /ɟ/ esp. **c**ónyuge, #**y**o, un **y**unque	r̄	/r̄/ port.,esp. ca**rr**o, **r**osa
		R	/R/ port. ca**rr**o, **r**osa
ɟ	= d͡ʒ	ǰ	/ǰ/ esp. **y**acer, **hi**elo, a**y**er
k	/k/ port. **c**oisa, **qu**ero; esp. **c**osa, **qu**edar	w̨	/w̨/ esp. **hu**erto, **hu**evo
		h	aspiración sorda
g	/g/ port. **g**alo, á**gu**ia; esp. **g**allo	ɦ	aspiración sonora
ɣ	/g/ esp. a**g**ua, pe**g**ar	ʔ	oclusión de glotis

Vocales

En español hay que considerar cinco fonemas vocálicos:

/a , e , i , o , u/ .

Vocales	anteriores	central	posteriores
altas	i		u
medias	e		o
baja		a	

Las vocales **anteriores** /i,e/ se llaman también **palatales**, porque se originan en la zona cubierta por el paladar duro, en la parte delantera de la cavidad bucal. Son **vocales de abertura media** o **medias**.

Las vocales **posteriores** /u, o/ son por naturaleza *labializadas* y también se llaman

velares, porque se originan en la región posterior de la cavidad bucal, esto es, en el velo del paladar o paladar blando. Son **vocales de pequeña abertura** o **cerradas**.

La vocal **central** /a/ se origina en la zona cubierta por el mediopaladar. Es una **vocal de gran abertura** o **abierta**.

Mientras en español hay sólo cinco fonemas vocálicos, en portugués se comprueba la existencia de doce vocales silábicas, a saber

| siete orales | (/i/, /e/, /ɛ/, /a/, /ɔ/, /o/, /u/) |
| y cinco nasales | (/ĩ/, /ẽ/, /ã/, /õ/, /ũ/). |

Ambas lenguas presentan dos vocales no silábicas: /i̯ (j)/, /u̯ (w)/.

Los estudiantes brasileños deben pronunciar las vocales altas [i,u] como, por ejemplo, en *saci*, *tatu*; la vocal baja [a], siempre abierta, como, por ejemplo, en *ata*; las vocales medias [e,o], siempre cerradas, como, por ejemplo, en *você*, *avô*.

Grupos vocálicos

En español hay **vocales**, **semivocales** y **semiconsonantes**. Las vocales españolas son cinco:

/ a, e, i, o, u /.

Cuando dos vocales se reúnen en una misma sílaba, una de ellas presenta mayor abertura y constituye el núcleo silábico. La vocal más cerrada recibe el nombre de *semiconsonante* o *semivocal*, según esté antes o después del núcleo silábico, como, por ejemplo, en *aire*, *rabia*.

aire	a	=	**vocal**, núcleo silábico	→	[ái̯re]
	i	=	**semivocal**		
rabia	i	=	**semiconsonante**	→	[r̄aβja]
	a	=	**vocal**, núcleo silábico		

A eso se deben los tradicionales nombres de **vocales abiertas o fuertes** para a, e,

o, y *cerradas* o *débiles*, para **i, u**, en las combinaciones vocálicas.

Las vocales no silábicas presentan, en su movimiento articulatorio, ya una transición desde la abertura vocálica hacia el estrechamiento fricativo (*semivocal*), ya una transición desde el estrechamiento fricativo hacia la abertura vocálica (*semiconsonante*). En estas condiciones, [i] y [u] llegan a perder en parte su naturaleza vocálica y el sonido resultante no es el de una vocal pura, una vez que se acompaña de ruidos más o menos pronunciados. Las vocales no silábicas son **semiconsonantes** cuando ocurren en posición prenuclear, y **semivocales**, en posición posnuclear. Desde el punto de vista fonético, la semivocal y la semiconsonante presentan características semejantes a las de las vocales silábicas [i] y [u] en cuanto al número de vibraciones y en cuanto al timbre.

Diptongos

La unión de una vocal y una semivocal (o de una semiconsonante y una vocal) en una sílaba se llama **diptongo**. Como podemos inducir fácilmente, son dos los tipos de diptongos en español: los *diptongos crecientes* o *impropios* y los *diptongos decrecientes* o *propios*.

Los **diptongos crecientes** o **impropios** (semiconsonante + vocal), en los que los órganos articulatorios se desplazan desde una posición cerrada a una abierta:

[ja]	*Asia*	[wa]	*agua*
[je]	*especie*	[we]	*suelo*
[jo]	*odio*	[wi]	*ruido*
[ju]	*ciudad*	[wo]	*cuota*

Los **diptongos decrecientes** o **propios** (vocal + semivocal), en los que los órganos articulatorios se desplazan desde una posición abierta a una cerrada:

[ai̯]	*baile*	[au̯]	*caudal*
[ei̯]	*reina*	[eu̯]	*deuda*
[oi̯]	*oigo*	[ou̯]	*bou, lo usó*

Triptongos

La unión de tres vocales en una sílaba se llama **triptongo**. Como en el diptongo, el núcleo de la sílaba lo forma la vocal más abierta, que posee la mayor energía articulatoria. He aquí, pues, la composición del triptongo: **semiconsonante + vocal + semivocal**. Ejemplos:

[jai̯]	*apreciáis*	[wai̯]	*amortiguáis*
[jei̯]	*aliviéis*	[wei̯]	*santigüéis*

Hiatos

Cuando se encuentran dos o más vocales y forman parte de sílabas distintas, se dice que están en **hiato**. Hiato es, pues, el efecto acústico que produce la concurrencia de dos o más vocales en núcleos silábicos distintos dentro de la misma palabra o grupo fónico. Ejemplos:

*d**ía** (d**í.a**), pi**a**no (pi**.a**.no), polic**ía** (po.li.c**í.a**), bi**e**la (bi**.e**.la), f**íe** (f**í.e**), fi**é** (fi**.é**), bi**ó**xido (bi**.ó**.xi.do), est**ío** (es.t**í.o**), m**ío** (m**í.o**), act**úa** (ac.t**ú.a**), contin**úa** (con.ti.n**ú.a**), actu**é** (ac.tu**.é**), act**úe** (ac.t**ú.e**), contin**úe** (con.ti.n**ú.e**), sit**úe** (si.t**ú.e**), destru**ir** (des.tru**.ir**), hu**ir** (hu**.ir**), influ**ir** (in.flu**.ir**), contin**úo** (con.ti.n**ú.o**), d**úo** (d**ú.o**), sit**úo** (si.t**ú.o**), bah**ía** (ba. h**í.a**), ca**í**da (ca**.í**.da), ma**íz** (ma**.íz**), pa**ís** (pa**.ís**), de**í**fico (de**.í**.fi.co), le**í** (le**.í**), re**ír** (re**. ír**), moh**í**no (mo.h**í**.no), o**í**do (o**.í**.do), o**ír** (o**.ír**), a**ú**na (a**.ú**.na), ba**úl** (ba**.úl**), re**ú**ne (re**. ú**.ne), re**ú**no (re**.ú**.no), núcl**eo** (nú.cl**e.o**), etér**eo** (e.té.r**e.o**), v**eo** (v**e.o**), l**eo** (l**e.o**), rod**eo** (ro.d**e.o**), jal**eo** (ja.l**e.o**), boh**e**mio (bo.h**e**.mio), po**e**ta (po**.e**.ta), coh**e**rente (co.h**e**.ren.te), corr**ea** (co.rr**e.a**), r**eal** (r**e.al**), s**ea**mos (s**e.a**.mos), v**ea** (v**e.a**), l**ea** (l**e.a**), o**a**sis (o**.a**.sis), t**oa**lla (t**o.a**.lla), co**á**gulo (co**.á**.gu.lo), c**aer** (c**a.er**), m**ae**stro (m**a.es**.tro), pa**e**lla (pa**.e**.lla), c**aos** (c**a.os**), **a**hora (**a.ho**.ra).*

Los sistemas consonánticos del español y del portugués

En el pasaje a la edad moderna, el consonantismo castellano medieval, codificado en la época alfonsina, se bifurcó en dos sistemas: el **castellano (I)** y el **meridional** o **americano (II)**. El sistema II ofrece un inventario más pobre que el del sistema I y resulta de una simplificación conseguida, principalmente, por la eliminación de dos fonemas (el palatal lateral ĭ ĭ, que se confunde con el palatal central /ǰ/, y el interdental fricativo ĭ ĭ, que se confunde con el alveolar fricativo sibilante ĭ ĭ).

El consonantismo portugués también se presenta bifurcado en dos sistemas: el **brasileño (I)** y el **portugués (II)**. El sistema II ofrece un inventario más rico que el del sistema I tanto desde el punto de vista fonológico como desde punto de vista fonético. Si, por ejemplo, consideramos las variantes combinatorias fricativas [β, ð, ɣ] de los fonemas oclusivos /b, d, g/ o la conservación del fonema palatal lateral ľ ľ, comprobaremos que el sistema II se acerca al sistema castellano. El sistema I, en cambio, simplificado a causa de una serie de factores (humanos, sociales, históricos, geográficos etc.), hace paralelo más o menos con el sistema español meridional o americano.

En los esquemas a continuación: I = orden labial; II = orden dental; III = orden palatal; IV = orden velar; 1 = serie de las oclusivas; 2 = serie de las fricativas; 3 = serie de las nasales; 4 = serie de las laterales; 5 = serie de las vibrantes; 6 = serie de las de deslizamiento; (a) = serie de las sordas; (b) = serie de las sonoras; (c) = múltiple; (d) = simple.

CONSONANTES – ESPAÑOL

Castellano		I	II	III	IV	Meridional		I	II	III	IV
1	(a)	p	t	c	k	1	(a)	p	t	c	k
	(b)	b	d		g		(b)	b	d		g
2	(a)	f	θ		x	2	(a)	f	θ		x
			s						s		
3	(b)	m	n	ɲ			(b)	m	n	ɲ	
4	(b)		l	ʎ			(b)		l		
5	(c)		r̄			5	(c)		r̄		
	(d)		r				(d)		r		
6	(b)			y̌	w̩		(b)			y̌	w̩

CONSONANTES – PORTUGUÉS

Brasil		I	II	III	IV	Portugal		I	II	III	IV
1	(a)	p	t		k	1	(a)	p	t		k
	(b)	b	d		g		(b)	b	d		g
2	(a)	f	s	ʃ		2	(a)	f	s	ʃ	
	(b)	v	z	ʒ			(b)	v	z	ʒ	
3	(b)	m	n	ɲ			(b)	m	n	ɲ	
4	(b)		l				(b)		l	ʎ	
5	(c)		r̄			5	(c)		r̄		
	(d)		r				(d)		r		

Clasificación de las consonantes españolas

Conforme a la acción de las cuerdas vocales, las consonantes pueden ser **sordas** o **sonoras**; hay casos de consonantes *sordas sonorizadas* y de consonantes *sonoras ensordecidas*, según su distribución en el grupo fónico. Entre las **articulaciones sonoras** figuran todas las vocales y muchas consonantes; entre las **articulaciones sordas**, solamente las consonantes. Según su distribución en el grupo fónico, una consonante sorda puede adquirir cierto grado de sonoridad, convirtiéndose en **sonorizada**; una consonante sonora puede igualmente perder parte de su sonoridad, convirtiéndose en **ensordecida**.

De conformidad con la acción del velo del paladar, pueden catalogarse las consonantes en **orales** y **nasales**. Durante la emisión de las **consonantes orales**, el velo del paladar está adherido a la pared faríngea y la onda sonora sale únicamente a través de la cavidad bucal. En cambio, en la emisión de las **consonantes nasales**, el velo del paladar se encuentra separado de la pared faríngea, permitiendo que el aire salga por la cavidad bucal y por las fosas nasales, lo que les confiere el carácter de articulaciones continuas.

De acuerdo con el modo de articulación, las consonantes pueden ser: **oclusivas, africadas, fricativas, nasales, líquidas (laterales y vibrantes) y de deslizamiento**.

Las articulaciones son **oclusivas** cuando hay un contacto completo entre los articuladores y el lugar de articulación. Se da un cierre total para la salida del aire por la boca, y enseguida hay un abandono instantáneo de la posición asumida por el articulador, lo cual tiene especial importancia acústica para esta clase de sonidos.

En las articulaciones **africadas**, se produce en la cavidad bucal un contacto que interrumpe momentáneamente, como en las oclusivas, la salida del aire; enseguida, ese contacto se resuelve suavemente, sin transición brusca, en un estrechamiento fricativo. La oclusión y la fricción se dan en el mismo lugar y entre los mismos órganos, siendo el tiempo empleado en ambos momentos igual al de la producción de cualquier articulación solamente oclusiva.

Las articulaciones son **fricativas** cuando hay contacto incompleto entre los articuladores y el lugar de articulación. El aire escapa en el lugar de articulación, situado sobre el eje de simetría de la lengua, a través de un estrechamiento en forma de *canal* o de *hendidura*, produciendo un ruido de fricción, por lo cual reciben las consonantes así producidas el nombre de **fricativas**.

Las consonantes **nasales** ganan un matiz acústico especial, gracias al corresonador formado por las fosas nasales; el velo del paladar se encuentra caído y separado de la faringe, dejando abierta esta entrada de la cavidad nasal para que la corriente de aire salga por la nariz.

Las articulaciones **laterales** (tipo *l*) y las **vibrantes** (tipo *r*) se estudian separadamente de las oclusivas y de las fricativas porque tienen rasgos muy peculiares. La [l] es fricativa porque la salida del aire por la boca no se interrumpe durante su pronunciación; el contacto lingual con el que se articula la [r] presenta a veces oclusión y a veces fricción. Las consonantes **laterales** se articulan con una obstrucción en la línea media de la cavidad bucal, dejando una salida continua para el aire por los lados. Existe una variante individual, llamada *unilateral*, con pasaje sólo por un lado y cierre en el otro, pero la diferencia no es perceptible auditivamente. Las laterales son normalmente articulaciones apicales, aunque exista una variante predorsal que, como la unilateral, tampoco es perceptible.

Se llaman **vibrantes** las articulaciones en las que un órgano activo elástico y tenso ejecuta sobre un lugar de articulación un movimiento vibratorio rápido, interrumpiendo alternadamente la salida del aire. Sólo hay, en realidad, dos órganos susceptibles de ejecutar vibraciones: el ápice de la lengua y la úvula, ya que los demás órganos no tienen la elasticidad necesaria para tanto.

Con el término **deslizamiento** designamos la especial articulación de las vocales no silábicas y de las consonantes españolas [j̆] y [w̥], homorgánicas de las consonantes no silábicas anteriores y posteriores, respectivamente, aunque con mayor estrechamiento en la zona de articulación. Las vocales no silábicas, en su movimiento articulatorio, presentan ya una transición desde la abertura vocálica al estrechamiento fricativo (**semivocal**), ya una transición del estrechamiento fricativo a la abertura vocálica (**semiconsonante**). En estas condiciones, [i] y [u] llegan a perder en parte su naturaleza vocálica y el sonido resultante no es el de una vocal pura, una vez que se acompaña de ruidos más o menos pronunciados. Cuando tales ruidos son muy pronunciados (o sea, cuando el estrechamiento fricativo llega a marcarse), pasan a la categoría de verdaderas consonantes.

Conforme al lugar de articulación, hay consonantes **bilabiales**, **labiodentales**, **interdentales**, **dentales**, **alveolares**, **palatales**, **velares**. A continuación ofrecemos la descripción de las consonantes según el lugar de articulación.

Descripción de las consonantes españolas

Consonantes bilabiales

Los labios son los órganos articulatorios que intervienen en la pronunciación de las *bilabiales*. Las bilabiales españolas son prácticamente idénticas a las portuguesas.

El fonema bilabial oclusivo /p/ se representa ortográficamente por el grafema *p* y el fonema bilabial oclusivo /b/, por los grafemas *b* y *v*. El sonido [p] es una **consonante oral bilabial oclusiva sorda**. Ejemplos:

| [páto] | (= *pato*) | [tápo] | (= t*apo*) |
| [pwéðo] | (= *puedo*) | [péra] | (= *pera*) |

El sonido [b], siempre que se encuentre en posición inicial de grupo fónico o precedido de consonante nasal [m], tiene las mismas características articulatorias de [p], pero se le opone por la vibración de las cuerdas vocales. Es una **consonante oral bilabial oclusiva sonora**. Ejemplos:

| [barθelóna] | (= *Barcelona*) | [bǫ́mba] | (= *bomba*) |
| [īmbitár] | (= *invitar*) | [kǫm bíða] | (= *con vida*) |

Cuando el sonido [n] precede a una consonante bilabial, su lugar de articulación se asimila desde la zona alveolar a la bilabial. Se trata, pues, de un sonido nasal bilabial que se transcribe fonéticamente [m]. He aquí el cuadro de las consonantes bilabiales del español:

consonantes bilabiales			
definición	símbolo fonético	grafema	fonema
1. bilabial oclusiva sorda	[p]	**p**	/p/
2. bilabial oclusiva sonora	[b]	**b, v**	/b/
3. bilabial fricativa sonora	[β]		
4. bilabial nasal sonora	[m]	**m, n**	/m/ /n/

Ejemplos:

1.	[papá]	(= *papá*)	[ópera]	(= *ópera*)
	[kaptár]	(= *captar*)		
2.	[um bóte]	(= *un bote*)	[um bǫ́mbo]	(= *un bombo*)
	[sǫ́mbra]	(= *sombra*)	[ámbar]	(= *ámbar*)
3.	[el βóte]	(= *el bote*)	[el βǫ́mbo]	(= *el bombo*)
	[aβrír]	(= *abrir*)	[úβa]	(= *uva*)
	[túβo]	(= *tuvo / tubo*)		
	[mamá]	(= *mamá*)	[dáma]	(= *dama*)
4.	[kámpo]	(= *campo*)	[ǫ́mbre]	(= *hombre*)
	[kǫmβíte]	(= *convite*)	[em báno]	(= *en vano*)
	[um bolíɣrafo]	(= *un bolígrafo*)		

La [β] es una *variante* del fonema /b/ y la [m] es una *variante* de /n/.

La única dificultad para el estudiante brasileño consiste en la pronunciación de la **bilabial sonora** [β], que parte de una aspiración bilabial sorda, como para apagar una vela, añadiendo enseguida sonoridad. Los labios se estrechan, pero nunca llegan a cerrarse totalmente. Esta variante ocurre como fricativa siempre que no esté después de pausa o precedido de una consonante nasal. El estudiante brasileño tiene, pues, que poner mucha atención y esforzarse para dominar las dos realizaciones fonéticas de los grafemas *b* y *v*, evitando pronunciar la [v] labiodental sonora del portugués, que en español no existe. Téngase presente que tanto el grafema *b* como el grafema *v* representan el fonema /b/, el cual, según el contorno fonético, se realiza oclusivo [b] o fricativo [β]:

b, v =   /b/ → [b] , [β]

Cuando las consonantes [p,b] se encuentran situadas en el final de la sílaba, como

[ápto]	(= *apto*),	[kaptár]	(= *captar*),
[oβxéto]	(= *objeto*),	[aβsolúto]	(= *absoluto*).

el estudiante brasileño debe evitar el hábito, frecuente en portugués, de introducir un elemento vocálico después de la consonante implosiva, como, por ejemplo, [abisolúta] (= *absoluta*).

Consonantes labiodentales

En español, a diferencia del portugués, no existe más que un fonema labiodental, que se representa fonéticamente por medio del signo [f] y ortográficamente por el grafema *f*. Su articulación, en cualquier posición de la cadena fónica, se produce, como en portugués, mediante una estrechez formada por el labio inferior próximo a los dientes incisivos superiores. Se trata de una **consonante oral fricativa labiodental sorda**. Cuando el sonido [n] precede a una consonante labiodental, su lugar de articulación se asimila desde la zona alveolar a la labiodental. Se trata, pues, de un sonido nasal labiodental que se transcribe fonéticamente con el signo [ɱ]. Esta [ɱ] es una *variante* del fonema /n/. He aquí el cuadro de las consonantes labiodentales del español:

consonantes labiodentales			
definición	símbolo fonético	grafema	fonema
1. labiodental fricativa sorda	[f]	f	/f/
2. labiodental nasal sonora	[ɱ]	n	/n/

Ejemplos:

1.	[fár̄a]	(= *farra*),	[gáfas]	(= *gafas*),
	[sofá]	(= *sofá*),	[fáļda]	(= *falda*),
	[fé]	(= *fe*),	[kafé]	(= *café*),
	[fwérte]	(= *fuerte*),	[fwé]	(= *fue*),
	[finál]	(= *final*),	[futúro]	(= *futuro*).
2.	[koɱfúso]	(= *confuso*),	[koɱferéɳθja]	(= *conferencia*),
	[eɱfréṇte]	(= *enfrente*),	[uɱ fáro]	(= *un faro*),
	[aɱfíβjo]	(= *anfibio*),	[éɱfasis]	(= *énfasis*).

Consonantes interdentales

El fonema interdental /θ/ se representa fonéticamente con el signo [θ] y ortográficamente con los grafemas *z* (delante de las vocales *a, o, u*) y *c* (delante de las vocales *e, i*). Su articulación se produce mediante una estrechez formada por el ápice de la lengua que se coloca entre los bordes de los dientes incisivos, apoyándose sobre los superiores, pero sin cerrar completamente la salida del aire. Los lados de la lengua tocan el interior de los molares superiores impidiendo que el aire salga por esa parte y no vibran las cuerdas vocales. Se trata de una **consonante oral interdental fricativa sorda**.

Este fonema presenta una variante interdental fricativa sonora, que ocurre en final de sílaba siempre que precede a una consonante sonora. Por asimilación a la consonante que se le sigue, vibran las cuerdas vocales.

Otra consonante interdental fricativa sonora la representa la variante del fonema dental oclusivo sonoro /d/, que se representa fonéticamente con el signo [ð] y ortográficamente responde al grafema *d*. Se articula con el ápice de la lengua entre los incisivos superiores, vibrando las cuerdas vocales; la lengua se introduce entre el borde de los incisivos menos que para el sonido [θ]. Ocurre siempre que el fonema /d/ no vaya precedido de [n] ni de [l], ni se encuentre después de pausa.

Cuando los sonidos [n] o [l] preceden a una consonante interdental, su lugar de articulación se asimila desde la zona alveolar a la interdental. Se trata, respectivamente, de un sonido nasal interdental, que se transcribe fonéticamente [n̪], y de un sonido lateral interdental, que se transcribe fonéticamente [l̪]. Son *variantes* de los fonemas /n/ y /l/, respectivamente. He aquí el cuadro de las consonantes interdentales del español:

consonantes interdentales			
definición	símbolo fonético	grafema	fonema
1. interdental fricativa sorda	[θ]	z, c	
2. interdental fricativa sonora	[z̪]	z	/θ/
3. interdental fricativa sonora	[ð]	d	/d/
4. interdental nasal sonora	[n̪]	n	/n/
5. interdental lateral sonora	[l̪]	l	/l/

Ejemplos:

1.	[θapáto]	(= *zapato*)	[aθafáta]	(= *azafata*)
	[aθár]	(= *azar*)	[θóna]	(= *zona*)
	[aθóte]	(= *azote*)	[θúmo]	(= *zumo*)
	[aθúkar]	(= *azúcar*)	[θeβáða]	(= *cebada*)
	[aθéðo]	(= *acedo*)	[θikatríθ]	(= *cicatriz*)
	[nwéθ]	(= *nuez*)	[bó̝θ]	(= *voz*)
	[lópeθ]	(= *López*)	[páθ]	(= *paz*)
2.	[kaβiz̩βáxo]	(= *cabizbajo*)	[biz̩njéto]	(= *biznieto*)
3.	[el déðo]	(= *el dedo*)	[aβoɣáðo]	(= *abogado*)
4.	[ón̪θe]	(= *once*)	[an̪θjáno]	(= *anciano*)
	[an̪θwélo]	(= *anzuelo*)	[kan̪θjón]	(= *canción*)
	[en̪θína]	(= *encina*)	[en̪θíma]	(= *encima*)
5.	[al̪θár]	(= *alzar*)	[dúl̪θe]	(= *dulce*)
	[kal̪θetín]	(= *calcetín*)	[kal̪θinár]	(= *calcinar*)

Seseo

En amplias regiones de habla española, el fonema interdental /θ/ fue sustituido, por razones de fonética histórica, por el alveolar /s/. A este fenómeno, que se admite también como norma correcta de pronunciación, se ha solido nombrar **seseo**. Este fenómeno se da en algunas regiones de España (Andalucía, Extremadura, Islas Canarias) y en casi toda la América hispánica, o sea, en el sistema meridional. Así, la oposición entre /θ/ y /s/ queda neutralizada. Así, por ejemplo, en el sistema meridional:

/θ/		/s/			[s]
/káθa/	(= *caza*)	/kása/	(= *casa*)		/kása/
/θerár/	(= *cerrar*)	/serár/	(= *serrar*)	se pronuncian	/serár/
/θúmo/	(= *zumo*)	/súmo/	(= *sumo*)		/súmo/
/bíθko/	(= *bizco*)	/bísko/	(= *visco*)		/bísko/
/aθáda/	(= *azada*)	/asáda/	(= *asada*)		/asáda/

Consonantes dentales

Los fonemas oclusivos dentales /t/ y /d/ se representan ortográficamente con los grafemas *t* y *d*, respectivamente. En los sonidos [t] y [d], la oclusión se forma con el ápice de la lengua apoyado contra la cara interior de los dientes incisivos superiores. Las mandíbulas se mantienen tan juntas que la punta de la lengua toca, también por su parte inferior, el borde de los dientes de abajo.

El sonido [t] se realiza con la glotis muda y el velo del paladar cerrado. Se clasifica como una **consonante oral dental oclusiva sorda**. Ejemplos:

[páto]	(= pa**t**o)	[táko]	(= **t**aco)
[tjéṇda]	(= **t**ienda)	[téla]	(= **t**ela)

El sonido [d], siempre que se encuentra en posición inicial de grupo fónico o precedido de consonante nasal [n] o lateral [l], tiene las mismas características articulatorias de [t], pero se le opone por la vibración de las cuerdas vocales. Se clasifica, pues, como una **consonante oral dental oclusiva sonora**. Ejemplos:

[dinéro]	(= **d**inero)	[dóṇde]	(= **d**onde)
[tó̪ldo]	(= tol**d**o)	[el̪ djéṇte]	(= el **d**iente)

La *variante fricativa* de /d/ tiene dos localizaciones muy próximas la una de la otra, *dental* e *interdental*, siendo la primera más frecuente en el sistema meridional. Las dos variantes se transcriben fonéticamente con el signo [ð]. La lengua y el lugar de articulación (cara interior de los incisivos superiores o borde de estos dientes) se estrechan, pero sin cerrar por completo la salida del aire. La lengua toca los dientes rápidamente y con agilidad. Esta variante ocurre siempre que no esté después de pausa o precedida de una de las consonantes [n] o [l]. Ejemplos:

[móða]	(= mo**d**a)	[pe̪rðíðo]	(= per**d**i**d**o)
[kaṇdáðo]	(= can**d**a**d**o)	[el̪ déðo]	(= el de**d**o)

Cuando las consonantes [t,d] se encuentran situadas en el final de la sílaba, pierden algo de su tensión articulatoria. La [d] se convierte en fricativa y la [t] llega a sonorizarse y a convertirse en fricativa, con mayor o menor tensión según la energía empleada en su articulación. Ejemplos:

[atmósfera]	>	[admósfera]	>	[aðmósfera]	(= **at**mósfera)
[etθétera]	>	[edθétera]	>	[eðθétera]	(= **et**cétera)
[étniko]	>	[édniko]	>	[éðniko]	(= **ét**nico)
[etnoloxía]	>	[ednoloxía]	>	[eðnoloxía]	(= **et**nología)
		[adxetíβo]	>	[aðxetíβo]	(= **ad**jetivo)
		[adxúṇto]	>	[aðxúṇto]	(= **ad**junto)
		[adeministrár]	>	[aðministrár]	(= **ad**ministrar)
		[adkirír]	>	[aðkirír]	(= **ad**quirir)

En la pronunciación de estos contextos fónicos, el estudiante brasileño debe evitar el hábito, frecuente en portugués, de introducir un elemento vocálico después de la consonante implosiva, como [adkirído] *adquirido*.

Los brasileños deben evitar pronunciar toda **d** ortográfica del español como una [d] oclusiva. Deben también darse cuenta de que las consonantes españolas [t] y [d], ante las vocales [i] o [e], son asimismo dentales oclusivas y no palatales africadas como suele ocurrir en la pronunciación brasileña. Esta africación se debe suprimir, por lo tanto, observándose rigurosamente la descripción de las articulaciones dentales de que hemos tratado más arriba. Ello se conseguirá estableciéndose contrastes entre las dos pronunciaciones, como sugerimos en los siguientes ejemplos:

español		portugués	
[típo]	(= *tipo*)	[tʃípu]	(= *tipo*)
[día]	(= *día*)	[dʒía]	(= *dia*)
[éste]	(= *este*)	[éstʃɪ]	(= *este*)
[dóṇde]	(= *donde*)	[dóɲdʒɪ]	(= *donde*)
[para tí]	(= *para ti*)	[para tʃí]	(= *para ti*)

En determinados morfemas (como, por ejemplo, las terminaciones *-ado* del participio, *-ad* y *-ud* de algunos sustantivos, *-ad*, *-ed*, *-id* de la segunda persona de plural del imperativo) y en pronunciación poco cuidada, la [ð] presenta diversos grados de reducción, llegando a perderse. Ejemplos:

NOCIONES DE FONÉTICA Y FONOLOGÍA

[aβláðo]	>	[aβláo]	(= hablado)
[bon̪dáð]	>	[bon̪dá]	(= bondad)
[birtúð]	>	[birtú]	(= virtud)
[kan̪táð]	>	[kan̪tá]	(= cantad)
[teméð]	>	[temé]	(= temed)
[salíð]	>	[salí]	(= *salid*)

Cuando los sonidos [s], [z], [n] o [l] preceden a cualquier consonante dental, su lugar de articulación se asimila desde la zona alveolar a la dental. Se transcriben, entonces, fonéticamente, así: [s̪], [z̪], [n̪], [l̪]. Ejemplos:

[dwén̪de]	(= due**n**de)	[és̪te]	(= es**te**)
[kwán̪to]	(= cua**n**to)	[es̪téβan]	(= Es**te**ban)
[kwán̪do]	(= cua**n**do)	[fjés̪ta]	(= fies**ta**)
[al̪déa]	(= a*l*d*ea*)	[dez̪ðe]	(= *des*de)
[ál̪to]	(= a*l*to)	[loz̪ ðós]	(= lo**s d**os)
[θél̪da]	(= ce*l*da)	[trez̪ðoβlár]	(= tre**sd**oblar)

A continuación, un repaso de lo expuesto está el cuadro de las consonantes dentales del español.

consonantes dentales			
definición	símbolo fonético	grafema	fonema
1. dental oclusiva sorda	[t]	t	/t/
2. dental oclusiva sonora	[d]	d	/d/
3. dental fricativa sonora	[ð]		
4. dental fricativa sorda	[s̪]	s	/s/
5. dental fricativa sonora	[z̪]		
6. dental lateral sonora	[l̪]	l	/l/
7. dental nasal sonora	[n̪]	n	/n/

Consonantes alveolares

El fonema alveolar fricativo /s/ se representa ortográficamente por el grafema *s*. En la articulación del sonido [s], el velo del paladar permanece cerrado y las cuerdas vocales no vibran. Esta consonante, a la que también se suele llamar silbante o sibilante, se clasifica como una **consonante alveolar fricativa sorda** y se realiza en posición inicial o final de grupo fónico y cuando precede a una consonante sorda. Por ejemplo:

[sála]	(= *sala*)	[kása]	(= *casa*)
[séso]	(= *seso*)	[sítjo]	(= *sitio*)
[siléṇθjo]	(= *silencio*)	[sjéte]	(= *siete*)
[swéɲo]	(= *sueño*)	[silβár]	(= *silbar*)
[sutíl]	(= *sutil*)	[asfáḷto]	(= *asfalto*)
[esperár]	(= *esperar*)	[espósa]	(= *esposa*)
[táska]	(= *tasca*)	[kásko]	(= *casco*)

Cuando precede a una consonante sonora, el fonema /s/ sufre sonorización. Ejemplos:

[ezβéḷto]	(= *esbelto*)	[r̄ázɣo]	(= *rasgo*)
[ízla]	(= *isla*)	[múzlo]	(= *muslo*)
[mízmo]	(= *mismo*)	[ázno]	(= *asno*)

Otro tipo de asimilación, desde la zona alveolar a la dental, ocurre en los alófonos [s̪] y [z̪], cuando el fonema /s/ se encuentra delante de la consonante dental sorda [t] o de la sonora [ð], respectivamente. Ejemplos:

[kas̪táɲa]	(= *castaña*)	[loz̪ ðátos]	(= *los datos*)
[és̪te]	(= *este*)	[déz̪ðe]	(= *desde*)
[is̪tórja]	(= *historia*)	[máz̪ ðinéro]	(= *más dinero*)
[kós̪ta]	(= *costa*)	[loz̪ ðías]	(= *los días*)
[bús̪to]	(= *busto*)	[laz̪ ðróɣas]	(= *las drogas*)
[las̪ trópas]	(= *las tropas*)	[doz̪ ðúros̪]	(= *dos duros*)

El siguiente esquema resume lo expuesto:

consonantes alveolares			
definición	símbolo fonético	grafema	fonema
1. alveolar fricativa sorda	[s]	s	/s/
2. alveolar fricativa sonora	[z]		
3. alveolar dentalizada sorda	[s̪]		
4. alveolar dentalizada sonora	[z̪]		
5. alveolar lateral sonora	[l]	l	/l/
6. alveolar nasal sonora	[n]	n	/n/
7. alveolar vibrante simple	[r]	r	/r/
8. alveolar vibrante múltiple	[r̄]	r, rr	/r̄/

El estudiante brasileño debe evitar pronunciar sonora la /s/ española en posición intervocálica. Recuérdese que, en portugués, la /s/ se escribe con los grafemas *s-*, *-ss-*, *-s-*, *-ç-*, *-x-*, *c-(+e,i)*, y la /z/ se escribe con *z-*, *-z-*, *-s-*, *-x-*, mientras en español se escribe sólo con una *s*.

Cuando el fonema /s/ precede al fonema /r̄/, éste se pierde en la pronunciación coloquial. Ejemplos:

[ir̄aél]   (= *Israel*)   [la r̄ḛxas]   (= *las rejas*)
[dǫ r̄atónes] (= *dos ratones*)   [trḛ r̄íos]   (= *tres ríos*)
[lǫ r̄úmbǫs] (= *los rumbos*)   [pókǫ r̄úblǫs]   (= *pocos rublos*)

La consonante [s] del portugués y la del sistema consonántico español meridional y americano es predorsal, mientras que la del sistema castellano es apicoalveolar. De la articulación española resulta una impresión bastante peculiar, acercándose a la [ʃ] del portugués [ʃá] (= *chá*).

En algunas regiones de España e Hispanoamérica, principalmente en las del sistema meridional, se suele sustituir la [s] implosiva por una aspiración sorda [h] o sonora [ɦ], según su contorno. Ejemplos:

[káhkara]	(= cáscara)	[eßβél̯to]	(= esbelto)
[ihtórja]	(= historia)	[íɸla]	(= isla)
[kóhta]	(= costa)	[míɸmo]	(= mismo)
[báhta]	(= basta)	[deñðe]	(= desde)
[éhte]	(= este)	[mā̯ɲ ðinéro]	(= más dinero)
[r̄áhpa]	(= raspa)	[r̄áɦɣo]	(= rasgo)

Pronunciación de la grafía x

La **letra x** es la única del alfabeto español que transcribe un grupo de dos fonemas /ks/ y ocurre en tres contornos: posición intervocálica (o delante de h), final de sílaba o palabra y principio de sílaba o palabra. Por ejemplo:

1. En posición intervocálica (o delante de h):

/luksaθión/	(= **lux**ación)	/bokséo/	(= **box**eo)
/aksióma/	(= **axi**oma)	/éksodo/	(= **éxo**do)
/eksultaθión/	(= **exu**ltación)	/eksalár/	(= **exha**lar)

2. En final de sílaba o palabra:

/ekstrákto/	(= **ex**tracto)	/féniks/	(= féni**x**)

3. En el principio de sílaba o palabra:

/siloɣrafía/   (= **x**ilografía).

En poquísimos casos *x* se pronuncia [x] (velar fricativa sorda, grafema *j*). Por ejemplo:

[méxiko]	(= Mé**x**ico)	[mexikáno]	(= mé**x**icano)
[téxas]	(= Te**x**as)	[oaxáka]	(= Oa**x**aca)

Consonantes palatales

El fonema /ǰ/ guarda estrecha relación con la semiconsonante [j] y se representa ortográficamente por *y*, cuando se encuentra en posición inicial o medial de palabra, o por *hi*, cuando se encuentra en posición inicial de palabra.

El sonido [ǰ] se produce con la lengua adherida a la parte media y anterior del paladar duro, formando por el centro un pequeño canal por donde se escapa el aire, vibrando las cuerdas vocales y el aire sale exclusivamente a través de la boca. Se define, pues como una **consonante oral palatal fricativa central sonora**. Ejemplos:

[ǰá̜]	(= *ya*)	[ǰéma]	(= *yema*)
[ǰé̜l]	(= *hiel*)	[ǰélo]	(= *hielo*)
[ǰe̜rβa]	(= *hierba*)	[ǰéso]	(= *yeso*)
[ǰó]	(= *yo*)	[ǰúɣo]	(= *yugo*)
[a̜ǰe̜r]	(= *ayer*)	[má̜ǰo]	(= *mayo*)
[á̜ǰa]	(= h*aya* / *aya*)	[r̃áǰa]	(= *raya*)

En algunos sitios, dentro del dominio del sistema meridional, como en Andalucía, Canarias e Hispanoamérica, la [ǰ] se pronuncia como [ʒ], la *j* portuguesa de *janela*. En el habla porteña de Argentina, llega a ensordecerse y se pronuncia casi como [ʃ], la *ch* o *x* portuguesa de *chá*, *caixa*.

Para la articulación de la variante [d͡ʒ], que también se puede transcribir con el signo [ɟ], hay un contacto del predorso de la lengua con la región prepalatal, que interrumpe momentáneamente, como en las oclusivas, la salida del aire; enseguida, ese contacto se resuelve suavemente, sin transición brusca, en un estrechamiento fricativo. El aire sale sólo a través de la cavidad bucal y vibran las cuerdas vocales. Se define, pues, como una **consonante oral palatal africada sonora**. Se realiza como tal cuando al fonema /ǰ/ le precede una consonante lateral o una consonante nasal. Cuando /ǰ/ se encuentra en posición inicial absoluta y se pronuncia con énfasis, ocurre también su pronunciación africada. Ejemplos:

[eʎ d͡ʒúŋke]	(= *el yunque*)	[uɲ d͡ʒérno]	(= *un yerno*)
[koɲ d͡ʒéso]	(= *con yeso*)	[kó̜nd͡ʒuxe]	(= *cónyuge*)

El fonema /c/ se representa ortográficamente por *ch* y puede representarse fonéticamente bien por el símbolo [c], bien por el símbolo [t͡ʃ]. Se trata del único fonema africado que existe en español. Para su articulación hay un contacto del predorso de la lengua con la región prepalatal, que interrumpe momentáneamente, como en las oclusivas, la salida del aire; enseguida, ese contacto se resuelve suavemente, sin transición brusca, en un estrechamiento fricativo. El aire sale sólo a través de la boca y no vibran las cuerdas vocales. Se define, pues, como una **consonante oral palatal africada sorda**. Ejemplos:

[t͡ʃát͡ʃo]	(= *chacho*)	[t͡ʃéke]	(= *cheque*),
[t͡ʃíka]	(= *chica*)	[t͡ʃokoláte]	(= *chocolate*),
[t͡ʃuβásko]	(= *chubasco*)	[kat͡ʃárō]	(= *cacharro*),
[lét͡ʃe]	(= *leche*)	[bat͡ʃiʎér]	(= *bachiller*),
[mát͡ʃo]	(= *macho*)	[mat͡ʃakár]	(= *machacar*)

Cuando los sonidos [l] o [n] preceden a cualquier consonante palatal, su lugar de articulación se asimila desde la zona alveolar a la palatal. Son variantes de los fonemas /l/ y /n/, respectivamente, y se transcriben fonéticamente [ʎ], [ɲ]. Ejemplos:

[kóʎt͡ʃa]	(= *colcha*)	[eʎ júɣo]	(= *el yugo*)
[kóɲd͡ʒuxe]	(= *cónyuge*)	[eʎ ǰéso]	(= *el yeso*)

He aquí el cuadro de las consonantes palatales del español:

consonantes palatales			
definición	símbolo fonético	grafema	fonema
1. palatal fricativa sonora	[ǰ]		
2. palatal africada sonora	[ɟ] [d͡ʒ]	y	/ǰ/
3. palatal africada sorda	[c] [t͡ʃ]	ch	/c/
4. palatal lateral sonora	[ʎ]	ll, l	/ʎ/ /l/
5. palatal nasal sonora	[ɲ]	ñ, n	/ɲ/ /n/

Consonantes velares

En la realización del fonema /k/, el postdorso de la lengua se eleva contra el velo del paladar, cerrando la salida del aire. La punta de la lengua queda más baja que los incisivos superiores y la explosión producida al soltar el aire es más leve que para [p] o [t]. No hay vibración de las cuerdas vocales. La consonante [k] es oclusiva en cualquier posición de la cadena fónica. Se representa ortográficamente por los grafemas *c* (ante las vocales *a*, *o*, *u*), *k* y *qu* (ante *e*, *i*). Se define como una **consonante velar oclusiva sorda**. Ejemplos:

[kása]	(= *casa*)	[kóma]	(= *coma*)
[lóko]	(= *loco*)	[kwátro]	(= *cuatro*)
[kúna]	(= *cuna*)	[akusáðo]	(= *acusado*)
[késo]	(= *queso*)	[akí]	(= *aquí*)
[káiser]	(= *káiser*)	[kaṇtjáno]	(= *kantiano*)

Cuando la consonante [k] se encuentra en posición implosiva, pierde algo de su tensión articulatoria, llega a sonorizarse y a convertirse en fricativa, con mayor o menor tensión según la energía empleada en su articulación. Ejemplos:

[áɤto]	(= *acto*)	[perféɤto]	(= *perfecto*)

El fonema /g/ se realiza como la /k/, a diferencia de que en /g/ vibran las cuerdas vocales. La consonante [g] responde ortográficamente a los grafemas *g* (ante *a*, *o*, *u*) y *gu* (ante *e*, *i*). Se define como una **consonante velar oclusiva sonora**. Esta consonante se realiza de esta manera cuando se encuentra en posición inicial de grupo fónico o cuando va precedida de consonante nasal. Ejemplos:

[gáto]	(= *gato*)	[góma]	(= *goma*)
[gusáno]	(= *gusano*)	[gḛ́ra]	(= *guerra*)
[gisár]	(= *guisar*)	[gwápa]	(= *guapa*)
[táŋgo]	(= *tango*)	[aŋgos̯to]	(= *angosto*)
[ǫ́ŋgo]	(= *hongo*)	[θáŋgano]	(= *zángano*)

El sonido [ɤ] es una variante del fonema /g/. Se representa ortográficamente por las mismas grafías que la oclusiva, es decir, *g* (ante *a*, *o*, *u*) y *gu* (ante *e*, *i*). Su articulación es semejante a la de [g]. En la realización de [ɤ] el contacto entre la lengua y el velo del paladar no es completo; su ruido se parece al ruido que se produce al hacer gárgaras suavemente. Se define como una **consonante velar fricativa sonora**. Esta variante se da siempre que /g/ no sea inicial de grupo fónico ni esté precedida de consonante nasal. Ejemplos:

[áɣo]	(= hago)	[áɣwa]	(= agua)
[eɫ ɾáto]	(= el gato)	[aɫɣo]	(= algo)
[amíɣo]	(= amigo)	[seɣóβja]	(= Segovia)
[seɣúro]	(= seguro)	[r̄ázɣo]	(= rasgo)
[aɣrupár]	(= agrupar)	[dizɣústo]	(= disgusto)

En la pronunciación del fonema /x/, la punta de la lengua queda al nivel de los incisivos superiores, no vibran las cuerdas vocales y el contacto entre el postdorso de la lengua y el velo del paladar no es completo. Por esta estrechez discurre el aire ocasionando un ruido más fuerte que una simple aspiración. Esta articulación es más baja que la de la [g] o la [k]. Se define la [x] como una **consonante velar fricativa sorda**. Ortográficamente responde a los grafemas *j* (ante cualquier vocal) o *g* (ante las vocales *e*, *i*). Ejemplos:

[xaráβe]	(= jarabe)	[xuɣár]	(= jugar)
[káxa]	(= caja)	[léxos]	(= lejos)
[mexór]	(= mejor)	[íxo]	(= hijo)
[kóxo]	(= cojo)	[muxér]	(= mujer)
[koxér]	(= coger)	[xinéte]	(= jinete)
[xitáno]	(= gitano)	[xenerál]	(= general)
[xeneróso]	(= generoso)	[xemíðo]	(= gemido)
[xéfe]	(= jefe)	[koŋxúnto]	(= conjunto)

Cuando los sonidos [l] o [n] preceden a cualquier consonante velar, su lugar de articulación se asimila desde la zona alveolar a la velar. Son alófonos de los fonemas /l/ y /n/, respectivamente, y se transcriben fonéticamente [ɫ], [ŋ]. Ejemplos:

[aɫkáθar]	(= alcázar)	[gaɫɣo]	(= galgo)
[eɫ xáro]	(= el jarro)	[aɫxamía]	(= aljamía)
[θíŋko]	(= cinco)	[téŋgo]	(= tengo)
[eŋxaβonáðo]	(= enjabonado)	[eŋxámbre]	(= enjambre)
[koŋxúnto]	(= conjunto)	[koŋxuɣár]	(= conjugar)

A continuación, el cuadro de las consonantes velares del español.

consonantes velares			
definición	símbolo fonético	grafema	fonema
1. velar oclusiva sorda	[k]	c, k, q	/k/
2. velar oclusiva sonora	[g]		
3. velar fricativa sonora	[ɣ]	g	/g/
4. velar fricativa sorda	[x]	j, g	/x/
5. lateral velar sonora	[ɫ]	l	/l/
6. nasal velar sonora	[ŋ]	n	/n/

Consonantes laterales

Durante la emisión de las consonantes laterales el aire sale a través de un estrechamiento producido por un lado o los dos lados de la lengua y el reborde o los rebordes de la región prepalatal o mediopalatal. Los fonemas laterales son siempre sonoros. Desde el punto de vista fonológico, el español conoce sólo dos fonemas laterales: el alveolar /l/ y el palatal /ʎ/.

He aquí el cuadro de las consonantes laterales del español:

consonantes laterales			
definición	símbolo fonético	grafema	fonema
1. alveolar lateral sonora	[l]		
2. interdental lateral sonora	[l̪]		
3. dental lateral sonora	[l̟]	l	/l/
4. velar lateral sonora	[ɫ]		
5. palatal lateral sonora	[ʎ]	ll l	/l/ /ʎ/

Fonema /l/

Para la articulación de la **consonante alveolar lateral sonora** el ápice y los rebordes de la lengua se adhieren a los alvéolos y a las encías, respectivamente, a excepción de las partes laterales de la lengua, por donde escapa el aire, y las cuerdas vocales vibran. Se representa ortográficamente por el grafema *l*.

La realización **alveolar**, que se transcribe por el símbolo [l] ocurre en posición inicial de grupo fónico, entre dos vocales y en posición final de sílaba o grupo fónico. Ejemplos:

[láðo]	(= *lado*)	[ála]	(= *ala*)
[pólo]	(= *polo*)	[alfaβéto]	(= *alfabeto*)
[o̦lfáto]	(= *olfato*)	[fatál]	(= *fatal*)

Cuando precede a una consonante interdental, su lugar de articulación se asimila desde la zona alveolar a la interdental, y se origina la variante lateral **interdental**, que se transcribe por el símbolo [l̦]. Ejemplos:

[kal̦θár]	(= *calzar*)	[el̦ θéro]	(= *el cero*)
[el̦ θóro]	(= *el zorro*)	[dúl̦θe]	(= *dulce*)

Cuando precede a una consonante dental, su lugar de articulación se asimila desde la zona alveolar a la dental, y se origina la variante lateral **dental**, que se transcribe por el símbolo [l̪]. Ejemplos:

[al̪tiβéθ]	(= *altivez*)	[fál̪da]	(= *falda*)
[el̪ táko]	(= *el taco*)	[el̪ dáto]	(= *el dato*)

Cuando precede a una consonante velar, su lugar de articulación se asimila desde la zona alveolar a la velar, y se origina la variante lateral **velar**, que se transcribe por el símbolo [ɫ]. Ejemplos:

[páɫko]	(= *palco*)	[aɫɣo]	(= *algo*)
[eɫ kótʃe]	(= *el coche*)	[eɫ ɣáto]	(= *el gato*)

Cuando precede a una consonante palatal, su lugar de articulación se asimila desde la zona alveolar a la palatal, y se origina la variante lateral **palatal**, que se transcribe por el símbolo [ʎ]. Ejemplos:

[eʎ d͡ʒélo]   (= el **h**ielo)   [eʎ d͡ʒúŋke]   (= el **y**unque)

[ko̞ʎt͡ʃón]   (= col**ch**ón)   [eʎ t͡ʃa̞rko]   (= el **ch**arco)

Fonema /l/

Para la articulación de la consonante alveolar lateral sonora el ápice y los rebordes de la lengua se adhieren a los alvéolos y a las encías, respectivamente, a excepción de las partes laterales de la lengua, por donde escapa el aire, y las cuerdas vocales vibran. Se representa ortográficamente por el grafema l.

La realización alveolar, que se transcribe por el símbolo [l] ocurre en posición inicial de grupo fónico, entre dos vocales y en posición final de sílaba o grupo fónico. Ejemplos:

[láðo])   (= lado)   [ála]   (= ala)

[pólo]   (= polo)   [alfaβéto]   (= alfabeto)

[o̞lfáto]   (= olfato)   [fatál]   (= fatal)

Cuando precede a una consonante interdental, su lugar de articulación se asimila desde la zona alveolar a la interdental, y se origina la variante lateral interdental, que se transcribe por el símbolo [l̪]. Ejemplos:

[kal̪θár]   (= calzar)   [el̪ θéro]   (= el cero)

[el̪ θó̞r̥o]   (= el zorro)   [dúl̪θe]   (= dulce)

Cuando precede a una consonante dental, su lugar de articulación se asimila desde la zona alveolar a la dental, y se origina la variante lateral dental, que se transcribe por el símbolo [l̪]. Ejemplos:

[al̪tiβéθ]   (= altivez)   [fál̪da]   (= falda)

[el̪táko]   (= el taco)   [el̪dáto]   (= el dato)

Cuando precede a una consonante velar, su lugar de articulación se asimila desde la zona alveolar a la velar, y se origina la variante lateral velar, que se transcribe por el símbolo [ɫ]. Ejemplos:

[patko]   (= palco)   [aɫɣo]   (= algo)
[eɫ kótʃe]   (= el coche)   [eɫ ɣáto]   (= el gato)

Cuando precede a una consonante palatal, su lugar de articulación se asimila desde la zona alveolar a la palatal, y se origina la variante lateral palatal, que se transcribe por el símbolo [ʎ]. Ejemplos:

[eʎ d͡ʒélo]   (= el hielo)   [eʎ d͡ʒúŋke]   (= el yunque)
[ko̞ʎt͡ʃón]   (= colchón)   [eʎ t͡ʃárko] (= el charco)

Fonema /ʎ/

Para la articulación de la **consonante palatal lateral sonora** el ápice y los rebordes de la lengua se adhieren a los alvéolos y a las encías superiores, respectivamente, y la parte central de la lengua toca la parte central del paladar, dejando un pequeño canal que desde el centro se dirige a la parte lateral de la lengua, por donde escapa el aire. Las cuerdas vocales vibran. Se representa ortográficamente por el grafema *ll*. Se distingue la palatal lateral [ʎ] de la palatal central [ǰ] precisamente por la dirección que adopta este pequeño canal: en la palatal lateral [ʎ] el aire sale por los lados, en la palatal fricativa central [ǰ] el aire sale por el centro de la cavidad bucal. Ejemplos:

[ká̞ʎe]   (= *calle*)   [ka̞ʎáðo]   (= *callado*)
[o̞rɣúʎo]   (= *orgullo*)   [seβíʎa]   (= *Sevilla*)

En el portugués de Brasil, el sistema consonántico se ha simplificado por medio de despalatalizaciones que varían según la región. Así es como el brasileño sustituye, modernamente, la consonante [ʎ] por el grupo [lj], porque siente la [ʎ] como una consonante compleja [lj] o como un grupo [l̦j]. El estudiante brasileño tiene, por tanto, que tener cuidado, al hablar español, y evitar pronunciaciones como [kálje] en vez de [ká̞ʎe] (= *calle*) y no cometer el grave defecto de confundir palabras españolas tan diferentes, como

[aʎá̞r]   (= *hallar*)   y   [aliár]   (= *aliar*),
[eskóʎo]   (= *escollo*)   y   [eskóljo]   (= *escolio*)

Yeísmo

En amplias regiones de habla española, el fonema lateral palatal /ʎ/ fue sustituido por el palatal central /ǰ/ con variantes palatales afines que oscilan entre [ǰ], [d͡ǰ], [d͡ʒ] y [ʒ]. Este fenómeno, que se admite también como norma correcta de pronunciación, se ha nombrado **yeísmo** en español. En Castilla, León, Asturias, Aragón y Navarra y en las regiones españolas bilingües, se encuentra más la distinción entre [ʎ] y [ǰ], aunque en casi toda España se extiende el yeísmo. Las regiones más yeístas de España son Madrid, Salamanca, Toledo, Ciudad Real, Extremadura, Murcia, Andalucía e Islas Canarias. Casi toda Hispanoamérica es yeísta, aunque hay conservación de la [ʎ] en algunas provincias de Argentina, Bolivia, Paraguay, Chile, Perú, Ecuador y Colombia.

En el sistema consonántico meridional y americano del español, se neutraliza, por lo tanto, la oposición entre /ʎ/ y /ǰ/, como en los siguientes ejemplos:

	[ʎ]	[ǰ]
/poʎo/	[póʎo]	[pójo]
/aʎa/	[áʎa]	[ája]
/kaʎádo/	[kaʎádo]	[kajádo]
/máʎa/	[máʎa]	[mája]
/oʎa/	[óʎa]	[ója]
/báʎa/	[báʎa]	[bája]

Consonantes vibrantes

La característica principal de las consonantes vibrantes es la de poseer una o varias interrupciones momentáneas durante la salida del aire, producidas por el contacto entre el ápice de la lengua y los alvéolos. Durante la emisión de estos sonidos vibran siempre las cuerdas vocales. Desde el punto de vista fonológico, hay dos fonemas vibrantes en español, el simple /r/ y el múltiple /r̄/, que corresponden a la **consonante alveolar vibrante simple** [r] y a la **consonante alveolar vibrante múltiple** [r̄].

consonantes vibrantes

definición	símbolo fonético	grafema	fonema
1. alveolar vibrante simple	[r]	r	/r/
2. alveolar vibrante múltiple	[r̄]	r, rr	/r̄/

La consonante **vibrante simple** [r], cuya articulación se produce por la formación de una breve oclusión del ápice lingual contra los alvéolos superiores, ocurre sólo en el interior de grupo fónico, sea en posición intervocálica, sea como segundo elemento de un grupo consonántico. Ortográficamente corresponde al grafema *r*. Ejemplos:

[pára]	(= *para*)	[péro]	(= *pero*)
[toréro]	(= *torero*)	[duraðéro]	(= *duradero*)
[páðre]	(= *padre*)	[frúta]	(= *fruta*)
[braséro]	(= *brasero*)	[liβrería]	(= *librería*)
[graβaðúra]	(= *grabadura*)	[grosería]	(= *grosería*)
[atrapár]	(= *atrapar*)	[traβáxo]	(= *trabajo*)

La consonante **vibrante múltiple** [r̄], cuya articulación se produce por la formación de dos o más oclusiones del ápice de la lengua contra los alvéolos, ocurre en el principio de grupo fónico, cuando se encuentra en posición intervocálica o precedida de las consonantes [b, n, l, s]. En ortografía corresponde al grafema *r* cuando se halla en posición inicial de palabra o medial precedida de *n* o *l*, o bien a la grafía *rr*, en posición intervocálica. Ejemplos:

[r̄áto]	(= *rato*)	[r̄óka]	(= *roca*)
[tor̄éro]	(= *torrero*)	[pár̄a]	(= *parra*)
[alr̄eðeðǫ́r]	(= *alrededor*)	[pér̄o]	(= *perro*)
[suβr̄ajár]	(= *subrayar*)	[enr̄eðaðéra]	(= *enredadera*)
[enr̄íke]	(= *Enrique*)	[izr̄aél]	(= *Israel*)

Es importante que se establezcan oposiciones como

	/r/			/r̄/
[káro]	(= ca*r*o)		[kár̄o]	(= ca*rr*o)
[pára]	(= pa*r*a)		[pár̄a]	(= pa*rr*a)
[péra]	(= pe*r*a)		[pér̄a]	(= pe*rr*a)
[θéro]	(= ce*r*o)		[θér̄o]	(= ce*rr*o)
[kóro]	(= co*r*o)		[kór̄o]	(= co*rr*o)
[kúro]	(= cu*r*o)		[kúr̄o]	(= cu*rr*o)

Los brasileños que alternan [R, h, ɦ] con [r̄] necesitan tener mucho cuidado al pronunciar esta consonante en español, cuyo lugar de articulación es muy relevante, para que puedan distinguir pares como

	/r̄/			/x/
/r̄amón/	(= ***R**amón*)		/xamón/	(= *jamón*)
/bár̄o/	(= *ba**rr**o*)		/báxo/	(= ba*j*o)
/kor̄ér/	(= co*rr*er)		/koxér/	(= co*g*er)

puesto que también confunden la [x] española con la [R] portuguesa.

Consonantes nasales

El rasgo fundamental de las consonantes nasales es el paso del aire fonador a través de las fosas nasales, pues, durante su emisión, el velo del paladar permanece caído y no se adhiere a la pared faríngea. Desde el punto de vista fonológico el español posee sólo tres fonemas nasales: el bilabial /m/, el alveolar /n/ y el palatal /ɲ/.

consonantes nasales			
definición	símbolo fonético	grafema	fonema
1. bilabial nasal sonora	[m]	m	/m/
2. alveolar nasal sonora	[n]		
3. interdental nasal sonora	[n̪]		
4. labiodental nasal sonora	[ɱ]	n	/n/
5. dental nasal sonora	[n̪]		
6. velar nasal sonora	[ŋ]		
7. palatal nasal sonora	[ɲ]	ñ, n	/ɲ//n/

Fonema /m/

Para la emisión de [m], **consonante bilabial nasal sonora**, los dos labios se cierran impidiendo la salida del aire a través de ellos, vibran las cuerdas vocales, el velo del paladar permanece caído y separado de la pared faríngea. Ortográficamente corresponde al grafema *m*. Ejemplos:

[mása]	(= *m*asa)	[mésa]	(= *m*esa)
[mísa]	(= *m*isa)	[móθo]	(= *m*ozo)
[músa]	(= *m*usa)	[r̄áma]	(= rama)
[káma]	(= ca*m*a)	[kéma]	(= que*m*a)
[timón]	(= ti*m*ón)	[amǫ́r]	(= a*m*or)

Fonema /n/

Este fonema se realiza normalmente como [n], **consonante nasal alveolar sonora**, para cuya articulación los rebordes de la lengua se adhieren a los molares superiores, el ápice de la lengua cierra la parte central de la boca contra los alvéolos, vibran las cuerdas vocales y el velo del paladar permanece caído y separado de la pared faríngea. Ortográficamente corresponde al grafema *n*. Ejemplos:

[náða]	(= *n*ada)	[nóta]	(= *n*ota)
[núðo]	(= *n*udo)	[níðo]	(= *n*ido)
[péna]	(= pe*n*a)	[tóno]	(= to*n*o)
[túno]	(= tu*n*o)	[kána]	(= ca*n*a)
[lána]	(= la*n*a)	[r̄ána]	(= ra*n*a)
[naðár]	(= *n*adar)	[θéna]	(= ce*n*a)

El fonema /n/ tiene realización **alveolar**, cuando se encuentra en posición inicial de sílaba o en posición medial de sílaba y va seguido de consonante alveolar::

[níðo]	(= *n*ido)	[pána]	(= pa*n*a)
[aníðo]	(= a*n*ido)	[kanúðo]	(= ca*n*udo)
[ensaláða]	(= e*n*salada)	[enlaβjár]	(= e*n*labiar)
[kǫnsul]	(= có*n*sul)	[ǫ́nr̄a]	(= ho*n*ra)

El fonema /n/ tiene realización **bilabial**, cuando precede a una consonante bilabial:

[em pjié]   (= e**n** **p**ie)   [kámpo]   (= ca**mp**o)
[em barθelóna]   (= e**n** **B**arcelona) [kom péna]   (= co**n** **p**ena)

El fonema /n/ tiene realización **interdental**, cuando precede a una consonante interdental:

[ón̪θe]   (= o**nc**e)   [ljén̪θo]   (= lie**nz**o)
[an̪θwélo]   (= a**nz**uelo)   [un̪ θéro]   (= u**n** **c**ero)

El fonema /n/ tiene realización **labiodental**, cuando precede a una consonante labiodental:

[iɱfáme]   (= i**nf**ame)   [koɱfúso]   (= co**nf**uso)
[iɱfjérno]   (= i**nf**ierno)   [uɱ fáro]   (= u**n** **f**aro)

El fonema /n/ tiene realización **dental**, cuando precede a una consonante dental:

[djén̪te]   (= die**nt**e)   [un̪ déðo]   (= u**n** **d**edo)
[lín̪do]   (= li**nd**o)   [kwán̪do]   (= cua**nd**o)

El fonema /n/ tiene realización **velar**, cuando precede a una consonante velar:

[θíŋko]   (= ci**nc**o)   [θáŋgano]   (= zá**ng**ano)
[uŋ gáto]   (= u**n** **g**ato)   [eŋ xaén]   (= e**n** **J**aén)

El fonema /n/ tiene realización **palatal**, cuando precede a una consonante palatal:

[koɲd͡ʒuxe]   (= có**ny**uge)   [eɲd͡ʒesár]   (= e**ny**esar)
[uɲ t͡ʃáto]   (= u**n** **ch**ato)   [koɲ d͡ʒélo]   (= co**n** **h**ielo)

Fonema /ɲ/

Para la emisión de [ɲ], **consonante palatal nasal sonora**, la lengua se adhiere a la zona prepalatal y cierra la salida del aire a través de la cavidad bucal, vibran las cuerdas vocales, el velo del paladar desciende y permite que el aire salga a través de las fosas nasales. Ortográficamente corresponde al grafema ñ. Ejemplos:

[ká̯ɲo]	(= *caño*)	[níɲo]	(= *niño*)
[moɲo]	(= *moño*)	[ká̯ɲa]	(= *caña*)
[léɲa]	(= *leña*)	[pé̯ɲa]	(= *peña*)
[aɲoráṉθa]	(= *añoranza*)	[sweɲo]	(= *sueño*)

EJERCICIOS

1. Escribe en tu cuaderno las siguientes frases con preposiciones, artículos o contracciones, cuando necesario.

   a) Vivo ___ esta calle, en ___ número 54.
   b) Me llamo Vicente y soy ___ estudiante.
   c) Manolo trabaja en ___ Universidad.
   d) ___ apodo de Manuel es Manolo.
   e) Lola se dedica a ___ comunicaciones. Es ___ reportera de ___ televisión.
   f) Manolo es ___ Buenos Aires, pero vive ___ Madrid.
   g) Carmen es ___ de pelo negro y Mercedes es ___ pelirroja.
   h) ___ nombre de Lola es Dolores.
   i) Me alegro ___ conocerte.
   j) ___ mismo te digo yo.
   k) Hoy comemos ___ dos de ___ tarde.
   l) ___ amiga de Manolo se llama Charo.
   m) Quiero conocer ___ Haya donde ___ agua es clara.

2. Escribe en tu cuaderno y rellena los huecos con *lo, el, lo que* o *el que*, según el contexto de cada frase.

   a) Dice el refrán: «No todo ___ reluce es oro.»
   b) Me enteré de ___ aburrida que fue la reunión.
   c) Si no estás a dieta puedes comer ___ quieras.
   d) De todos los libros ___ más me interesa es ___ diccionario.
   e) Tengo que entregar el trabajo ___ más pronto posible.
   f) Pedro ha cambiado mucho; ya no es ___ mismo.
   g) ___ más ridículo de la fiesta fue cuando cantaron a coro.
   h) Siempre hago ___... mismo en mi trabajo.
   i) ___ mejor es utilizar las escaleras ___ en caso de urgencia.
   j) No te imaginas ___ bueno que es ___ mi abuelo.

k) Manolín era .... más ridículo de la fiesta.
l) Me sorprendió .... osado de la actitud de Marta.
m) Vamos por .... mismo camino de siempre.
n) ¡Fíjate .... feliz que está Carlitos!
o) Tenemos que hacer .... bien y no mirar a quién.

3. **Escribe en tu cuaderno la alternativa correcta que sustituye la frase en negrita:**

   a) **La única cosa que deseo** en este momento es descansar.
      ⊙ lo que deseo
      ⊙ el que deseo
      ⊙ la que deseo

   b) **La mejor cosa** que hay en la vida es tener buenos amigos.
      ⊙ lo mejor
      ⊙ el mejor
      ⊙ la mejor

   c) **El chico más guapo** es mi hermano, por supuesto.
      ⊙ lo más guapo
      ⊙ el más guapo
      ⊙ lo guapo

   d) ¡Hay que ver **qué guapo es Ricardo**!
      ⊙ lo guapo que es mi hermano
      ⊙ el guapo que es mi hermano
      ⊙ el que es guapo mi hermano

   e) En la reunión trataremos de **todos los asuntos que sean más urgentes**.
      ⊙ lo que sea más urgente
      ⊙ el que sea más urgente
      ⊙ lo más urgentes

   f) Hace dos años que **no vemos a Paco**.
      ⊙ no te vemos
      ⊙ no lo vemos
      ⊙ él no vemos

g) **Mi cuñada está muy contenta en su trabajo**.
- ¡El contenta que está mi cuñada!
- ¡Lo contenta que está mi cuñada!
- ¡Lo contento que está mi cuñada!

h) Olvídate **de todas las cosas que pasaron ayer**.
- del de ayer
- de las de ayer
- de lo de ayer

4. En algunas de las frases que siguen hay errores. Corrígelas en tu cuaderno.

a) Hay que ver la simpática que es María.
b) Lo bueno si es breve es dos veces bueno.
c) El que ves a tu derecha es una catedral.
d) ¿Qué es el que reluce en el alto del campanario?
e) La increíble de la situación era que el niño no estaba avergonzado.
f) Espero que te des cuenta de lo bajo que has caído.
g) Han hecho el posible y el imposible para salvar a los niños.
h) A mí me gusta el blanco y no lo negro.
i) Entérate de todo el que hay que saber para aprobar en matemáticas.
j) Lo olvido es el mejor para librarse de un amor infiel.

5. Pasa al español las siguientes frases prestando atención al uso de los diferentes tipos de "lo". No escribas en el libro, sino en tu cuaderno.

a) O que eu acho mais estranho nesse caso é o fato de o médico não lhe ter receitado nenhum calmante.
b) Você precisa lembrar-se de tudo o que nós lhe dissemos sobre a saúde.
c) A única coisa que nos resta a fazer é denunciar o procedimento inescrupuloso desse médico.
d) O incrível é que ninguém se lembra do que aconteceu.
e) A melhor coisa deste mundo é viajar.

EJERCICIOS

6. Escribe el femenino de los siguientes sustantivos:

padre – príncipe – presidente – caballo – poeta – regente – toro – rey – duque– yerno – gallo – conde – carnero – emperador – sacerdote – padrino – actor – caballero – varón – artista – marqués – hombre – joven – pianista – primo – periodista – abad – hijo – amante – suegro – pintor – estudiante – catalán – profesor – asistente – trabajador – barón – héroe – espía

7. Pasa las siguientes frases al masculino plural.

a) bueno e inteligente
b) español feliz
c) inglés hablador
d) hermano menor
e) hombre cortés
f) alemán simpático
g) estudiante locuaz
h) profesor diligente
i) pagador puntual
j) pequeño e insignificante

8. Pasa las frases del ejercicio anterior al femenino plural.

9. Pasa las frases al masculino, después las pones en plural:

a) El doctor me ofrece trabajo.
b) Su madre vive cerca de mi casa.
c) Tengo que ir a la dentista.
d) La amiga de Ana es la chica alta y rubia.
e) Esta niña tiene que irse.
f) Esa mujer es la dependienta.
g) Ella es buena actriz porque conoce su profesión.
h) La joven canta una canción.
i) Aquella estudiante varre la escalera de la oficina.
j) Conozco a una abogada que es taxista.

EJERCICIOS

10. Escribe el plural de cada uno de los siguientes vocablos y justifica la formación:

café – crisis – doctor – animal – interés – martes – corazón – mamá – ley – mujer – rubí – ciudad – lunes – iberoamericano – luz – lápiz – régimen –carácter – guaraní – habitación

11. Pon en el plural las palabras en cursiva:

a) Juan y su padre entran por *el portal de su casa.*
b) *Mi amigo vive feliz* con *su mujer.*
c) Escribo con *lápiz de distinto color* lo que me *pregunta el profesor.*
d) José María y David estudian *el tema de su tesis.*

12. Pasa al singular las siguientes expresiones:

los análisis profundos – las amigas generosas – las aguas tranquilas – las altas torres – las hachas oxidadas – los años felices – las hadas madrinas – los vientos tropicales – las armas blancas – las águilas altaneras – las aves canoras – las amargas ironías – las alamedas floridas – las amistades sinceras – las aceitunas rellenas – las almas de Dios

13. Escribe estas frases usando los adjetivos con significado opuesto.

a) Es un hombre alto.
b) Es un joven muy débil.
c) Es una persona vieja.
d) Es una chica muy antipática.
e) Son irresponsables.
f) Está contento.
g) Es muy serio.

Es un hombre ....
Es un joven muy ....
Es una persona ....
Es una chica muy ....
Son ....
Está ....
Es muy ....

14. Trata de descubrir cuáles son los adjetivos que se relacionan con los significados abajo descriptos y escríbelos en tu cuaderno.

a) Que habla mucho.
b) Contento.
c) Violento.
d) Que tiene todo en su sitio.
e) Persona de poca habilidad.
f) Que no quiere gastar su dinero.
g) Perezoso.
h) Nada tranquilo.
i) Quiere todo lo que ve.
j) Afectuoso.

15. Completa las frases siguientes con *bueno*, *malo*, *primero*, *grande*, con apócope o no, según convenga. Escribe las respuestas en tu cuaderno.

a) Está de muy .... humor la profesora de matemáticas.
b) El apartamento que compré es demasiado .... para una persona sola.
c) Cervantes fue un .... escritor.
d) El barco que compró Luis no es .... cosa.
e) Mi novia vive en el .... piso de este edificio.
f) Quiero que en la escuela seas siempre el ....
g) Si hace .... tiempo, vamos a la playa.
h) Al .... tiempo .... cara, como dice el refrán.
i) La portera de mi casa es una .... mujer.
j) Lo .... que hay que hacer es consultar un .... médico.

16. Rellena los puntos suspensivos con una forma de los indefinidos *uno*, *alguno*, *ninguno*, *cualquiera*, con apócope o no, según convenga. Escribe las respuestas en tu cuaderno.

a) .... persona puede practicar la equitación.
b) Iré .... día de estos a verte.
c) .... cosa que diga será una tontería.
d) Éstas son .... de las cosas que tenía que decirle a Tomás.
e) No espero de él disculpa ...., porque es un grosero.
f) En parte .... he visto tales maravillas.

g) — ¿Has visto a .... de mis amigos?
h) — No, no he visto a ....
i) Te enseñaré .... de mis discos.
j) De .... manera le aceptaría una propina.
k) Aunque no lo creas, Rogelio no es .... tonto.
l) Está claro que .... pensaría lo mismo.
m) No me traigas esas revistas, porque no voy a leer ....
n) Yo creía que tenías muchos libros, pero ya veo que no tienes ....
o) .... de ustedes sabe la verdad, sin duda ....

17. **Los posesivos entre paréntesis están en portugués. Completa los puntos suspensivos que les siguen con las formas en español que les corresponden.**
Escribe las respuestas en tu cuaderno.

a) Quiero que me presentes a ese amigo (*teu*) ....
b) Cuando llegue (*meu*) .... padre le pediré que me preste (*seu*) .... coche.
c) Si vienen (*teus*) .... parientes, enséñales dónde está (*minha*) .... casa.
d) Todavía no sé dónde pasaré (*minhas*) .... vacaciones este año.
e) Voy a preguntarle a (*meu*) .... hermano si estos discos y estas revistas son (*seus*) ....
f) María se queda en (*sua*) .... casa y yo en la (*minha*) ....
g) Hay que decir a la asistenta que esta habitación es (*minha*) ....

18. Corrige las palabras en negrita, si hace falta. Escribe las frases corregidas en tu cuaderno.

a) El tío Lucas era un **buen** hombre.
b) Nos divertimos **tan** durante las vocaciones.
c) Engendraste una **gran** salida para el negocio y todos ganaron.
d) El día de **Santo** Antonio es el 13 de junio y el de **San** Pedro el 29 de junio.
e) **Cuanto** más quieres, menos tienes.
f) El **tercero** mes del año es marzo.
g) Me gustaría conocer la ciudad de **San** Domingo en la República Dominicana.
h) Este es un **grande** momento para celebrar tu victoria.
i) Si así lo desea, **tan** peor para él.
j) Pasados diez años, veo a Paquito **tanto** mayor ya.

EJERCICIOS

19. Forma 6 frases haciendo comparaciones respecto a las personas del gráfico, según las pistas que te damos abajo:

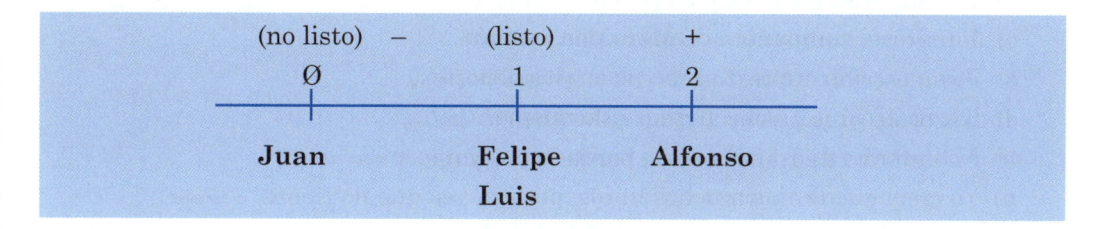

(no listo) –	(listo)	+
Ø	1	2
Juan	Felipe	Alfonso
	Luis	

- **Ø.** Juan no es listo.
- **1.** Felipe y Luis son listos.
- **2.** Alfonsoo es listo.

20. Construye fórmulas comparativas con los elementos que te damos abajo.

a) Pablo es / hábil / Ricardo.
b) Tiene Clara / años / el resto de sus amigas.
c) Aquel estudiante cree / en los profesores / en cualquier otra persona.
d) Mis padres poseen / casas / sus parientes.
e) Esta camisa está / limpia / la que lleva Miguel.
f) El vestido verde es / bonito / el amarillo.
g) La hija de Rogelio demostró en la escuela / preparación / sus compañeras.
h) Pedro tiene / dinero / sus primas.
i) José está / gordo / su padre.
j) Anita y Luisa son / atentas / Juanita.

21. Escribe en tu cuaderno las frases que expresan el superlativo absoluto.

a) La novia está **muy elegante**.
b) La novia está **elegantísima**.
c) La novia está **más elegante**.
d) Ahora los intereses bancarios están **bajísimos**.
e) Ahora los intereses bancarios están **bajos**.
f) Ahora los intereses bancarios están **los más bajos del año**.
g) Yolanda está **más delgada**.
h) Yolanda está **delgadísima**.
i) Lucía es una joven **muy amable** y **muy simpática**.
j) Lucía es una joven **amabilísima y simpatiquísima**.

EJERCICIOS

22. Forma superlativos con las palabras en cursiva.

a) Visité a mis tíos y me parecieron *cordiales*.
b) Jaimito, el compañero de Mercedes, es *bajo*.
c) Voy a escribir un texto *breve* sobre los deportes.
d) Los profesores pusieron unos exámenes *difíciles*.
e) El hermano de Irene con ese bigote está *guapo*.

23. Forma los comparativos de igualdad de las siguientes frases.

a) Isabel es más alta que su tía.
b) María es menos simpática que Ana.
c) Este cuadro es más lindo que el de Pedro.
d) Carmen canta mejor que Irene.
e) Carmen es menos alta que Irene.

24. Escribe la hora que es, según el modelo.

| Modelo: | 4 h 40 = | Son las cuatro y cuarenta minutos. |
| | | Son las cinco menos veinte. |

3 h 15 = ...
9 h 15 = ...
7 h 00 = ...
8 h 45 = ...
14 h 40 = ...
14 h 25 = ...
18 h 30 = ...
17 h 20 = ...
20 h 55 = ...
19 h 50 = ...

25. Escribe las siguientes fechas por extenso, según el modelo.

| Modelo: | *12/1/2005 = 12 de enero de 2005.* |

30/1/2005 = ...
28/2/1999 = ...
5/3/1932 = ...
16/4/1956 = ...
24/5/2000 = ...
6/6/1905 = ...
9/7/1925 = ...
31/8/2005 = ...
7/9/2003 = ...
12/10/2002 = ...
15/11/1889 = ...
1/12/2005 = ...

26. **Sustituye las palabras en cursiva en las siguientes oraciones por los pronombres personales que les correspondan:**

   a) *Tu padre* vive en Toledo.
   b) *Mis hermanos y yo* somos brasileños.
   c) Hay que escribir todo lo que dijo *la profesora*.
   d) Juanito, *tú y tu novia* entráis en mi casa.
   e) *El portero y sus ayudantes* han terminado su trabajo.
   f) Me dijo Emilia: "*Mis amigas y yo* no conocemos a Juan".
   g) Pablo, ¿sois estudiantes *tú y el hermano de Juan*?
   h) Están aquí *las primas de Lorenzo*.

27. **Rellena las siguientes frases con los demostrativos (cuyos géneros y números están entre paréntesis) que corresponden a los adverbios *aquí*, *ahí*, *allí* también indicados entre paréntesis.**

   a) *(aquí)* (masc.sing.) .... trabaja en una editorial.
   b) *(aquí)* (fem.sing.) .... no me conoce.
   c) *(ahí)* (neutro) .... es una puerta.
   d) *(ahí)* (masc.pl.) .... son los muchachos que conozco.
   e) *(allí)* (fem.sing.) .... es la chica que no me conoce.
   f) *(allí)* (fem.pl.) .... no tienen trabajo.

EJERCICIOS

28. Escribe en tu cuaderno las siguientes frases con los demostrativos o posesivos que corresponden a los que están en portugués entre paréntesis.

a) ¿Vives en (*esta*) _____ calle?
b) Te presento a (*estas*) _____ amigas.
c) (*Aqueles*) _____ señores son amigos de (*estes*) _____ estudiantes.
d) Maricarmen y Lucía son (*minhas*) _____ profesoras de español.
e) No es (*esse*) _____ el abogado de Juan.
f) ¿A dónde vas con (*esses*) _____ libros?
g) ¿Y tú con (*essas*) _____ flores?
h) No conocemos a (*nossos*) _____ verdaderos amigos.
i) (*Esta*) _____ es (*minha*) _____ casa.
j) (*Minha*) _____ amiga habla con (*seu/dela*) _____ profesor.

29. En tu cuaderno, contesta las preguntas sustituyendo los predicativos por el pronombre *lo*, según el modelo.

> **Modelo:** *¿Juan parece cansado? —Sí, lo parece. / No, no lo parece.*
> *¿Ese chico es más travieso que yo? —Sí, lo es. / No, no lo es.*

a) ¿Crees que Lidia es pesada?
_____ _____

b) ¿Parece nervioso el profesor?
_____ _____

c) ¿Está Amalia contenta?
_____ _____

d) ¿Soy antipático?
_____ _____

e) ¿Son tus padres intransigentes?
_____ _____

f) ¿Está tu novia enojada contigo?
_____ _____

g) ¿Están alegres los muchachos?
   ....

h) ¿Tu vecino es más rico que tú?
   ....

i) ¿Están tristes los tíos?
   ....

j) ¿Demuestran estar preocupados?
   ....

h) ¿Tu vecino es más rico que tú?
   ....

i) ¿Están tristes los tíos?
   ....

j) ¿Demuestran estar preocupados?
   ....

30. **Marca con una cruz (X) las frases que estén correctas en cuanto a la colocación de los pronombres complementos.**

Puedes reírte cuanto quieras.	(....)
Puedes te reír cuanto quieras.	(....)
Te puedes reír cuanto quieras.	(....)
Puedeste reír cuanto quieras.	(....)
Quedaos tranquilos.	(....)
Quedados tranquilos.	(....)
Os quedad tranquilos.	(....)
Me gustaría encontrarte otra vez.	(....)
Gustaríame te encontrar otra vez.	(....)
Me gustaría te encontrar otra vez.	(....)
Gustaríame encontrarte otra vez.	(....)

Ahora mismo me estoy levantando. (....)
Ahora mismo estoyme levantando. (....)
Ahora mismo estoy levantándome. (....)
Ahora mismo estoy me levantando. (....)

Sobre la mesa hay un libro. Démelo usted. (....)
Sobre la mesa hay un libro. Me délo usted. (....)
Sobre la mesa hay un libro. Usted me lo dé. (....)

Te quiero ver y abrazarte. (....)
Te quiero ver y te abrazar. (....)
Quiero verte y abrazarte. (....)
Quiérote ver y abrazarte. (....)

Siéntese usted para que pueda entrevistarlo. (....)
Se siente usted para que lo pueda entrevistar. (....)
Siéntese usted para que lo pueda entrevistar. (....)
Siéntese usted para que pueda lo entrevistar. (....)

Vámonos a otro sitio si no te importa. (....)
Vámosnos a otro sitio si no impórtate. (....)

31. Pregunta utilizando la fórmula de cortesía usted.

| **Modelo:** *Se llama Juan.* ⇒ *¿Se llama usted Juan?* |

a) Es fotógrafo.
b) Vive en Madrid.
c) Trabaja en una editorial.
d) Es la mujer de José María.
e) Es profesor.
f) Es de Madrid.
g) Trabaja en la Universidad.
h) Se llama José María Lombardi.
i) Es argentino.
j) También vive en Nueva York.

32. Transforma las siguientes frases utilizando la fórmula de tuteo *tú*.

Modelo: *¿Es usted actor?* ⇒ *¿Eres actor?*

a) ¿Es usted de Buenos Aires?
b) ¿Trabaja usted en Madrid o en Nueva York?
c) ¿También es usted argentina?
d) ¿Es usted profesor?
e) ¿Se llama usted Francisco Mendoza?
f) ¿Es usted español?
g) ¿Es usted el portero de la casa?
h) ¿Es usted la mujer de José María?
i) ¿Es usted médico?
j) ¿Hoy come usted en casa?

33. Transforma las siguientes frases utilizando la fórmula de voseo *vos*.

Modelo: *¿Es usted actor?* ⇒ *¿Sos actor?*

a) ¿Es usted de Buenos Aires?
b) ¿Trabaja usted en Madrid o en Nueva York?
c) ¿También es usted argentina?
d) ¿Es usted profesor?
e) ¿Se llama usted Francisco Mendoza?
f) ¿Es usted español?
g) ¿Es usted el portero de la casa?
h) ¿Es usted la mujer de José María?
i) ¿Es usted médico?
j) ¿Hoy come usted en casa?

34. En las oraciones a continuación las formas de tratamiento que van entre paréntesis están en portugués. Pásalas al español.

a) (*Vocês*) ⎯ no me ofrecen nada.
b) (*Os senhores*) ⎯ entran en mi casa ahora.
c) ¿Conoce (*a senhora*) ⎯ a mi hermana?
d) ¿Tiene que irse (*seu*) ⎯ Jacinto?
e) Pueden (*as senhoras*) ⎯ hablar con mi padre.

f) (*Você*) ▬ ya tiene permiso para entrar.
g) Pase (*a senhorita*) ▬ y espere un momento.
h) Mi padre se llama Paco como (*o senhor*) ▬ .
i) (*Você*) ▬ me espera un momento aquí.
j) (*Dona*) ▬ María Pérez de Contreras es la dueña de esta casa.

35. Completa las siguientes frases utilizando las preposiciones: *a – con – de – en – por*.

a) Trabajo ▬ Pablo Ruiz.
b) Trabajo ▬ una editorial.
c) Antonio vive ▬ Madrid.
d) Vive ▬ la calle Cervantes, número 10.
e) Hoy no como ▬ casa.
f) Te presento ▬ Pedro.
g) Encantado ▬ conocerte.
h) ¿▬ quién es?
i) Es ▬ Pedro.
j) Me llaman ▬ teléfono.

36. Completa las siguientes frases utilizando las preposiciones *a – con – de – en – por* o las contracciones *al – del*.

a) José María y Rosario viven ▬ Madrid.
b) José María come ▬ casa.
c) Irene va ▬ teatro.
d) Vive ▬ la calle Cervantes, número 10.
e) Paquito e Isabel van ▬ campo.
f) José María y Rosario están ▬ Madrid.
g) ¿Este año va usted ▬ Mallorca o ▬ extranjero?
h) Me llaman ▬ teléfono.
i) Te presento ▬ Pedro.
j) Normalmente voy ▬ la playa, pero este año estoy ▬ el campo.
k) Nos vamos ▬ excursión ▬ Toledo.
l) Ahora regresamos ▬ Toledo.
m) Trabajo ▬ Pablo Ruiz.
n) Trabajo ▬ una editorial.
o) Encantado ▬ conocerte.

37. Coloca la preposición *a* cuando sea necesario:

a) Vi ▬▬ Juan en la portería.
b) No quiero ver ▬▬ nadie hoy.
c) Él llama ▬▬ su perro cuando llega ▬▬ casa.
d) El padre llamó ▬▬ todos ▬▬ su despacho.
e) Buscamos ▬▬ una asistenta que pueda vivir en nuestra casa.
f) Busco ▬▬ mis hijos.
g) Hay que leer ▬▬ las obras de Julio Cortázar.
h) Conozco ▬▬ la tía de Pepe y ▬▬ primo de Pili.
i) Hoy he visto ▬▬ alguien en el jardín de tu casa.
j) Cuando llegué no vi ▬▬ el coche en el garaje.
k) Iluminó suavemente ▬▬ su habitación.
l) Dios iluminó ▬▬ Moisés.
m) Estamos esperando ▬▬ los niños.
n) Voy ▬▬ llamar ▬▬ portero para que me arregle la calefacción.
o) Pablo quiere mucho ▬▬ sus hijos.

38. Elimina la preposición *a* cuando no haga falta.

a) Estoy esperando al metro.
b) Compré a dos casas en este barrio.
c) Hay que querer mucho a los padres y a los hermanos.
d) He tenido que vender a los perros que me regalaste.
e) Pablo dijo que va a arreglar a la nueva casa.
f) Tienes que resolver a este crucigrama.
g) Al llegar encontró a la casa desordenada.
h) Ese muchacho ve a enemigos por todas partes.

39. Coloca la preposición *a* donde sea necesario:

a) Vi ▬▬ Juan en el jardín.
b) El jefe llamó ▬▬ todos ▬▬ su despacho.
c) Quiero conocer ▬▬ tu madre y ▬▬ padre.
d) Vamos ▬▬ leer ▬▬ las obras de Lope de Vega.
e) Busco ▬▬ un buen mecánico para arreglar ▬▬ mi coche.
f) Si ves ▬▬ alguien que se parece ▬▬ mi hermano, me avisas.
g) Él llamará ▬▬ su perro cuando llegue ▬▬ casa.

h) ¿Ves ▬▬ las motos en la pista?
i) Buscamos ▬▬ secretarias que hablen español e inglés.
j) Margarita no quiere ▬▬ nadie cerca cuando está nerviosa.

40. Pon en pasado las siguientes frases.

a) La gente nota que el pescado huele mal.
b) Te recuerdo que las visitas llegarán a las cuatro en punto.
c) Creemos que el nuevo estadio se construirá.
d) No sé si habré terminado a la hora del cine.
e) Pienso que tarde o temprano te casarás.
f) Creemos que el nuevo estadio se está construyendo.
g) Creemos que el nuevo estadio ya se ha construido.
h) Pregunta Miguelito si hemos visto a su hermana menor.
i) Dice el profesor que no dará clases la próxima semana.
j) Dice el profesor que ya ha dado muchas clases.

41. Elimina la preposición *a* cuando no sea necesaria.

a) Estamos esperando al metro.
b) Juanita compró a dos sofás para el salón de su casa.
c) Ana por fin se decidió a presentar al novio a sus padres.
d) Ese hombre se pasa la vida invocando a la muerte.
e) Prefiero a la muerte a salir contigo.
f) A mí me gusta llamar a las cosas por su nombre.
g) Me tomo los insultos como a una cosa personal.
h) Es preciso resolver a estos crucigramas.
i) Busco una secretaria.
j) Busco una secretaria que conocí ayer.
k) Aquel señor ve a enemigos por todas partes.
l) Mi padre contrató a carpinteros para que le hagan a la mesa.
m) Joaquín tiene a dos hijos estudiando en Australia.

42. Escribe en tu cuaderno con el presente de indicativo de los verbos indicados entre paréntesis.

a) Yo no (*conocer*) ▬▬ a los chicos que (*estar*) ▬▬ en la calle.
b) Manolo y Charo (*vivir*) ▬▬ en la misma calle.

c) Las chicas (*comer*) .... a las dos.
d) ¿Cómo (*llamarse*) .... la amiga de tu hermano?
e) .... (*llamarse*) Juan y (*ser*) .... el portero de tu casa.
f) Yo (*estar*) .... por aquí porque (*trabajar*) .... en la Universidad.
g) Amparo y Alicia (*trabajar*) .... en la misma empresa.

43. **Completa las frases en presente de indicativo, con el verbo indicado entre paréntesis:**

    a) Yo aún no (conocer) .... las islas Baleares.
    b) Pablo y su padre (ir) .... a Madrid.
    c) Ella (habla) .... con su amigo.
    d) Ricardo (tener) .... el pelo corto y negro.
    e) Nosotros (ir) .... al colegio todos los días.
    f) Hoy Juanito no (poder) .... ir a trabajar.
    g) Los estudiantes (tener) .... que subir las escaleras.
    h) La profesora (saludar) .... a sus alumnos.
    i) Los chicos (conocer) .... muchas ciudades.
    j) Yo (entrar) .... a trabajar por la mañana.

44. **Rellena con el presente de indicativo de los verbos indicados entre paréntesis:**

    a) Mi padre (*decir*) .... que (*querer*) .... comer solo hoy.
    b) Ahora yo no (*poder*) .... hablar contigo, porque (*tener*) .... que llamar a mi hermano.
    c) Mi hermano y yo no (*querer*) .... ir al cine porque (*preferir*) .... quedarnos aquí leyendo.
    d) Cecilia y Vicente lo (*sentir*) ...., pero no (*conocer*) .... a esa señora.
    e) Mañana por la mañana mis sobrinos y yo (*ir*) .... a dar un paseo por el parque.
    f) A mí me (*apetecer*) .... un helado, pero ustedes (*preferir*) tomar café.
    g) Yo (*sentir*) .... que me (*decir tú*) .... la verdad.
    h) El portero de mi casa (*decir*) .... que (*preferir*) .... barrer las escaleras por la mañana.
    i) Irene y Carmen (*ponerse*) .... de acuerdo para comer a las dos y cuarto.
    j) Una voz le (*decir*) .... a Irene que su hermano (*estar*) .... en la oficina.

k) El mes de febrero (*tener*) ▭▭▭ 28 días, pero si el año es bisiesto (*tener*) ▭▭▭ un día más.

45. Traduce al portugués las siguientes frases:

a) Por supuesto que no conozco Río de Janeiro.
b) No tengo tiempo de viajar.
c) Puedo llamar a tu padre si quieres.
d) Nos tratamos con cortesía, porque somos muy educados.
e) Ahora mismo me apetece beber un vaso de agua fría.
f) Pronto reconocerás que te quiero de verdad.
g) ¿Qué haces tú por aquí solo?
h) Pues nada, vengo sólo a dar un paseo.
i) Quisiera verte una vez más.
j) A mí me encantan el cine y el teatro.

46. Traduce al español las siguientes frases:

a) Eles sempre se encontram no domingo de manhã.
b) O que você vai fazer agora?
c) Estou com vontade de tomar café.
d) Eu gostaria de tomar um refrigerante.
e) Mariana prefere almoçar sozinha hoje, pois adora ficar sozinha.
f) Depois do almoço vamos ver o jardim botânico.
g) Eu acho isso uma boa idéia, mas agora tenho que ir embora.
h) Espere um pouco, vou com você.
i) Não quero estar aqui sozinho até amanhã.
j) Acho que o senhor tem que ir embora depois de amanhã.

47. Rellena los huecos con los verbos indicados en presente o pretérito perfecto simple, según lo exija el contexto:

a) El año pasado mucha gente (gastar) ▭▭▭ su dinero en la compra de inmuebles.
b) Pedro dice que (ganar) ▭▭▭ más que Juan, pero yo no lo creo, pues parece más pobre.
c) Mis tíos (preferir) ▭▭▭ ir a Europa el año pasado.
d) No (salir) ▭▭▭ la semana pasada y (escribir) ▭▭▭ muchas cartas.

e) Normalmente (escribir) .... cartas los sábados.
f) Después de un mes de discusiones, finalmente el contrato (firmarse) ....
g) Doña Remedios es una mujer muy callada; casi nunca (hablar) .... conmigo.
h) Hace mucho tiempo que están midiendo el área de la casa y hasta ahora no (llegar) .... a ninguna conclusión; no (saber) .... si la van a comprar.
i) ¡Péinate de una vez que ya (estar) .... retrasados!
j) El profesor (explicar) .... muchas veces la lectura, pero los alumnos no lo (entender) ....

48. Completa las frases con los verbos en pretérito pluscuamperfecto:

a) Cuando llegué a tu casa ya (irse tú) ....
b) Cuando llamé a Josefa, su madre me dijo que ella (acabar) .... de salir.
c) Antes de leer el *Quijote* nosotros jamás (oír) .... hablar de Cervantes.
d) Cuando regresé del viaje, todo ya (cambiar) .... en mi barrio.
e) Cuando llegué a la escuela, mi hermano ya (irse) ....
f) Pronto me di cuenta de que ustedes no (contarme) .... la verdad.
g) Mariola nunca (hacer) .... un trabajo tan bueno como el que hizo ayer.

49. Transforma las siguientes frases según el modelo.

Modelo:	*El portero le permite esperar en el vestíbulo.*	*El portero le permite que espere en el vestíbulo.*

a) El profesor os deja consultar el diccionario.
b) La cocinera te ordena entrar en la cocina.
c) No dejamos entrar en casa a las personas extrañas.
d) En los cines prohíben fumar a los espectadores.
e) Isabel le sugiere a su padre comprar las entradas con antelación.
f) Me parece bien callarse los niños.
g) Te dejo salir con tus amigos esta noche.
h) Yo les aconsejo estudiar bien los verbos.
i) Mi padre ve a los niños comer demasiado.
j) Mi mamá me deja ir al cine todos los sábados.

EJERCICIOS

50. Convierte los infinitivos entre paréntesis en el tiempo corrrespondiente.

a) Si estuvieras en mi caso, ¿tú lo (*hacer*) .... ?
b) Por mí, (*beber*) .... vino, pero mi padre no me deja.
c) Cuando tenga novedades te las (*contar*) ....
d) Ayer soñé que (*tú venir*) .... a mi casa el mes que viene.
e) Me dijeron que (*tú venir*) .... a mi casa el mes que viene.
f) No sé quién puso la radio; (*ser*) .... los niños.
g) Dicen que la próxima crítica (*ser*) .... poco favorable al libro.
h) ¿No te dije que la próxima crítica no (*ser*) .... favorable al libro?
i) Diez minutos antes de la hora del cine (*pasar*) .... a recogerte.
j) Nunca se me ocurrió que (*casarte*) .... tan jovencita.

51. Rellena los huecos con el *pretérito perfecto simple de indicativo* y el *pretérito imperfecto de subjuntivo* de los verbos entre paréntesis. Sigue la estructura propuesta en el modelo. El primer verbo siempre se deberá conjugar en *pretérito perfecto simple*. Escribe el ejercicio en tu cuaderno.

> **Modelo:** *Le (decir yo)* .... *a Benito que (venirse)* .... *a mi casa.*
> *Le dije a Benito que se viniera a mi casa.*

a) A mi compañera le (*decir yo*) que si (*sentirse*) .... mal en la clase, yo la ayudaría a volver a casa.
b) Margarita (*ponerse*) .... el vestido nuevo porque nosotros le pedimos que se lo (*poner*) ....
c) Mi hermana y su novio no (*saber*) .... decirnos lo que pasó, pero prometieron que, tan pronto lo (*saber*) .... nos lo dirían.
d) Cuando fuimos a Argentina, nos (*pedir*) mi padre que le (*traer*) .... una cartera de cuero.
e) Inés explicó que no (*poder*) .... venir a la reunión del lunes porque estaba trabajando y que si (*poder*) .... vendría a la próxima reunión.
f) Dicen ellos que no (*conducir*) .... el coche de Rafael, porque si así lo (*hacer*) .... , podrían estropearlo.

52. Rellena los huecos con el *pretérito imperfecto de subjuntivo* de los verbos entre paréntesis. Escribe el ejercicio en tu cuaderno.

a) Si no (*tener*) .... tantas cosas que hacer, irían de compras esta tarde.
b) Me pidieron que (*traducir*) .... un cuento boliviano.
c) No estarías tan nervioso ahora, si (*hacer*) .... caso de mi advertencia.
d) Si alguien (*pedirme*) .... dinero prestado hoy, no podría prestárselo.
e) Si no (*haber*) .... tantos coches en la ciudad, no habría grandes atascos.
f) Si el camarero (*servir*) .... mejor, le daríamos una buena propina.
g) Estaría más satisfecho si me (*traer*) .... exactamente lo que te encargué.
h) No me reprocharías si (*saber*) .... lo que siento en estos momentos.
i) Si los jóvenes (*conducir*) .... mejor, el tráfico sería más tranquilo.
j) Me compraría un equipo de música nuevo si (*conseguir*) .... un préstamo.

53. Transforma las siguientes frases según el modelo.

Modelo:	*¿Puedes darme ese bolígrafo?*	*¡Dame ese bolígrafo!*

55. Ahora haz el mismo ejercicio con la forma vos.

Modelo:	*¿Podés hablar con mi padre?*	*¡Hablá con mi padre!*

56. Da una orden o un consejo, empleando el verbo entre paréntesis en imperativo, según el modelo.

Modelo:	*¿Puedo pasar? (pasar)*	*¡Pasa!*

a) Estoy dejando de fumar. (**dejar**)
b) ¿Me puedo sentar? (**sentarse**)
c) Paquito e Isabel no acaban de vestirse. Ana, su madre, habla: .... (**acabar**)
d) Quiero que tú vayas al cine. (**ir**)
e) Quiero que te quedes conmigo hoy. (**quedarse**)

EJERCICIOS

57. Pasa las oraciones siguientes a la forma negativa.

a) Salid todos de aquí.
b) Comed a las dos menos cuarto.
c) Ten mucho cuidado al cruzar la calle.
d) Pasa a mi despacho.
e) ¿Tú por aquí? Entra.
f) Andá (vos) al colegio.
g) Pasá por aquí el mes que viene.
h) Quedate (vos) en mi casa.
i) Mira este cuadro y cópialo.
j) Compradme los libros para el curso de español.

58. Pon correctamente los imperativos de uso coloquial, según el modelo.

Modelo:	¡Niños, hablar en voz baja!	¡Niños, hablad en voz baja!
	¡Niños, no gritar!	¡Niños, no gritéis!

a) ¡*Entrar* en casa!
b) ¡*Levantar* temprano mañana!
c) ¡No *cerrar* la puerta!
d) ¡*Ir* a casa cuanto antes!
e) ¡No *decir* mentiras!
f) ¡No *salir* de casa sin permiso!

59. Reescribe las frases siguientes, usando el presente de indicativo de los verbos indicados entre paréntesis.

a) No te (mover) .... de este salón.
b) El camarero (servir) .... con elegancia el postre y los vinos.
c) El pobre (pedir) .... limosnas en la puerta de la iglesia.
d) No (encontrar) .... la calle donde vive Juan.
e) Mis padres no (conseguir) .... hablar con el director.
f) Pablo (medir) .... el patio.
g) Usted (empezar) .... a contarme lo que pasa.
h) Roberto Carlos y Ronaldo (jugar) .... en el Real Madrid.
i) La profesora (corregir) .... los ejercicios en el aula.

j) Cuando el portero (cerrar) .... la puerta, (defender) .... la casa.
k) Los muchados (repetir) .... lo que causa la discusión.
l) Yo me (vestir) .... muy bien y me (encontrar) .... con mi novia.
m) Yo (pensar) .... que ellos (merendar) .... a las cuatro de la tarde.
n) Ustedes (adquirir) .... modales más bien educados.
o) Beatriz (confesarse) .... todos los sábados este mes.

60. Ahora vuelve a escribir las mismas frases, poniendo los verbos en el pretérito perfecto simple.

61. En tu cuaderno, completa las frases siguientes con los verbos indicados entre paréntesis en los tiempos y modos que requiera el contexto.

a) Me dices la verdad y te lo (*yo agradecer*) .... mucho.
b) Quiero que (*usted conocer*) .... las terapias alternativas.
c) Cuando (*nacer*) .... mi hermanito seremos tres los hijos de mis padres.
d) Cuando (*yo conducir*) .... en una autopista (*yo tener*) .... muchísimo cuidado para evitar accidentes.
e) (*Yo ponerse*) .... los calcetines y los zapatos nuevos.
f) Cuando (*tú venir*) .... al colegio es importante que (*tú traer*) .... los libros que te presté.
g) No (*yo oír*) .... nada que (*contribuir*) .... a aclarar la cuestión.
h) El cuerpo humano (*constituirse*) de tres partes: cabeza, tronco y miembros.
i) Si este señor (*sustituir*) .... a nuestro profesor de historia, (*valer*) .... la pena hacer el trabajo el mes que (*venir*) ....
j) Los mejores argumentos me (*huir*) .... de la memoria en estos momentos.
k) ¡(Valer) .... me Dios!
l) Mañana (*salir*) .... mis padres para Argentina.
m) Cuando (*usted tener*) .... tiempo le (*yo poner*) al corriente de todo lo que pasó.
n) Si ustedes (*concluir*) .... su informe a tiempo (*nosotros salir*) .... todos a las cinco de la tarde.
o) Queremos que esos elementos (*contribuir*) .... a aclarar la presente situación.

EJERCICIOS

62. Completa las siguientes frases con el *pretérito perfecto simple de indicativo* y el *pretérito imperfecto de subjuntivo*, siguiendo el encadenamiento propuesto en el modelo. Escríbelas en tu cuaderno.

Modelo:	Le (decir) ..... a Paco que (callarse) ..... .
	Le dije a Paco que se callara.

a) Nosotros le (*pedir*) .... a tu prima que en el baile sólo (*poner*) .... músicas suaves.

b) Alejandro nos (*pedir*) .... que le (*traer*) .... una navaja de Albacete.

c) Yo le (*decir*) .... a mi novia que, si (*sentir*) .... dolores de cabeza, no (*tomar*) ... muchas pastillas.

d) Águeda nos (*decir*) .... que, si (*poder*) .... venir a nuestra fiesta, se pondría muy contenta.

e) Alfonso y Jorge nos (*prometer*) .... que, tan pronto (*enterarse*) .... de lo que pasó, nos lo contarían.

63. Copia las siguientes frases en tu cuaderno y complétalas con el *pretérito imperfecto de subjuntivo*.

a) Si no (haber) .... celos, no habría amor.

b) Si tú (*querer*) .... , podrías dejar de fumar.

c) Si no (*conducir*) .... tan mal, Alfredo sería un buen conductor.

d) Si (*conseguir*) .... ganar mucho dinero, me compraría un barco.

e) En una de las cuestiones del examen nos pidieron que (*traducir*) .... un texto del portugués al español.

f) Está claro que si yo (*hacer*) .... los ejercicios, tendría mejores notas.

g) Si la camarera (*servir*) .... mejor, ganaría muchas propinas.

h) Si Eduardo (*pedirme*) .... dinero prestado, no se lo prestaría.

64. Sustituye los infinitivos entre paréntesis por formas del pretérito imperfecto de subjuntivo. No escribas en el libro.

a) Mis padres necesitaban una criada que (*saber*) .... cocinar.

b) Les había ordenado a los niños que (*comérselo*) .... todo.

c) Sería conveniente que Ana (*estudiar*) .... más.

d) Nos habían prohibido que (*ir*) .... al fútbol.

e) No quise que (*escuchar*) ⸺ mi hermano esa canción.
f) Le gustó que (*haber pensado nosotros*) ⸺ en ella.
g) ¿Te pareció mal que (*llegar nosotros*) ⸺ tarde?
h) Me dijo que iría donde le (*dar*) ⸺ la gana.
i) No creíamos que aquel atleta (*ganar*) ⸺ la carrera.
j) Si (*vivir tú*) ⸺ conmigo, seríamos felices.

65. **En tu cuaderno, copia las siguientes frases y transfórmalas a la voz pasiva con ser.**

   a) Los leñadores cortaron numerosos árboles.
   b) La policía detuvo al ladrón.
   c) El camarero sirve la sopa.
   d) Yo distribuí los programas del concierto.
   e) Ayer un coche atropelló a mi prima.
   f) Todo el mundo recordará sus sabias palabras.
   g) Un presentimiento de tristeza me apoderó.
   h) Tomás cerró las puertas a doble llave.
   i) Los vecinos nos advirtieron que habían entrado ladrones en nuestra casa.
   j) La secretaria vaciaba la papelera todas las mañanas.
   k) La radio transmitió el partido de fútbol.
   l) Una colcha de encaje cubrió la cama.
   m) La hija mayor fregó los platos.

66. **En tu cuaderno, copia las siguientes frases y pásalas a la voz pasiva refleja.**

   a) El pueblo es visto desde la carretera.
   b) Sirvieron la cena a las once de la noche.
   c) Cerraron las puertas de la iglesia antes de las diez.
   d) Ya alquilaron la casa en la que yo deseaba vivir.
   e) La radio transmite todos los más importantes partidos de fútbol.
   f) En el restaurante lavan los platos con agua y jabón.
   g) Ya fueron vendidos todos los billetes.
   h) Las tiendas fueron cerradas antes de las siete.

67. Escribe en tu cuaderno las frases siguientes que expresan una *obligación* (o *deseo*) o bien una *suposición* (o *consejo*).

  a) La clase debe de empezar a las nueve.
  b) Ese coche debe de ser muy caro
     porque tiene muchas prestaciones.
  c) Mi hermano no debe fumar.
  d) La clase debe empezar a las nueve.
  e) Ese coche debe ser muy caro
     porque tiene muchas prestaciones.

68. Escribe en tu cuaderno las frases siguientes con uno de los verbos indicados.

Formas personales		Formas impersonales
deber deber de	+ infinitivo	hay que es necesario
creer que suponer que	+ indicativo	puede que es probable que

  a) Sabemos lo que .... hacer para sacar buenas notas.
  b) Yo .... salir cuanto antes.
  c) Nosotros .... llegan esta tarde los tíos de Ernesto.
  d) Vicente no .... acostarse tan tarde.
  e) .... lleguen esta tarde los tíos de Ernesto.
  f) Ayer .... terminar la lectura de esta novela (obligatoriamente).
  g) .... reconocer que muchas personas son fanáticas por el fútbol.
  h) Ayer .... terminar la lectura de esta novela (probablemente).
  i) Para discutir no .... pelear.
  j) .... llueva mañana.

69. Escribe los adverbios que corresponden a los adjetivos siguientes.

Modelo:	*rápido* → *rápidamente*

  a) sincero   → ....
  b) débil   → ....

c) completo → ....
d) bueno → ....
e) natural → ....
f) feliz → ....
g) sentimental → ....
h) estupendo → ....
i) alegre → ....
j) generoso → ....

70. En las siguientes oraciones, cambia *ESTE AÑO* por *EL AÑO PASADO* y los tiempos verbales por los que correspondan.

a) Este año dicen que soplará más el viento y hará frío.
b) Este año en diciembre ya habré terminado los exámenes.
c) Este año te aseguro que comeremos pocas veces en el restaurante.
d) Este año me levantaré todos los días a las ocho.
e) Este año desayunarás más temprano.
f) Este año me contarás toda la verdad.
g) Este año no me ocultarás que la situación será grave.
h) Este año el eclipse se producirá el día 18.
i) Este año las verduras costarán muy caro a causa del clima adverso.
j) Este año me promete mi madre que me llevará al zoo todos los sábados.

71. En tu cuaderno, escribe las frases siguientes y complétalas con *muy* o *mucho(s)*, *mucha(s)*, según sea conveniente:

a) Había .... gente en la playa.
b) Vamos a tener .... dificultad para hacer este trabajo.
c) Presentaremos un trabajo .... bien hecho.
d) El alemán es .... más difícil que el inglés.
e) Trataré de llegar .... antes de lo combinado a la cita.
f) Vamos a comer que tengo .... hambre.
g) Sería .... mejor si todo fuera como antes.
h) Estas faldas son .... bonitas y .... baratas.
i) El que tenga un currículo .... bueno conseguirá el empleo.
j) No sé .... bien en qué consiste la carrera de administración.
k) Tardaré .... años en enterarme de todo.
l) Hoy día .... mujeres se dedican a la equitación.

m) Mi casa es .... más grande que la de mis padres.
n) Rosario era una chica .... menos guapa que su hermana.
o) Salieron .... después de nosotros y no llevaban .... maletas.

72. **Completa las siguientes frases con las conjunciones *y*, *e*, *o*, *u*, según convenga.**

   a) Paquito .... Isabel son hijos de Paco .... Ana.
   b) Padre .... hijos se llevan muy bien.
   c) Uno .... otro tiene que quedarse en casa.
   d) No sé si son siete .... ocho las paradas del metro hasta el centro.
   e) Hay que estudiar bien los encuentros vocálicos que forman diptongos .... hiatos.
   f) El doctor Menéndez es un hombre bueno .... inteligente.
   g) Mujeres .... hombres pueden jugar a los bolos.
   h) Hay que tener mercurio .... yodo entre las medicinas caseras.
   i) Ahí vienen diez .... once muchachos.
   j) Pensión .... hotel tiene que ser esta casa.

73. **Rellena con *sino* o *si no*, según convenga:**

   a) Carmen no es morena, ... rubia.
   b) Tienes que estudiar más, ... no apruebas.
   c) .... llueve, mañana por la mañana vamos al parque.
   d) No tienes que venir a mi casa .... tienes tiempo.
   e) Van a viajar Argentina no sólo los padres de Juan .... también sus hermanos.
   f) Esteban me dijo que .... puede ir al teatro mañana, es posible que vaya al cine.

74. **Sustituye las estructuras en negrita por otras equivalentes, empleando las expresiones impersonales aprendidas. Escribe en tu cuaderno.**

   a) **La gente piensa** que la vida en el campo es más tranquila que en la ciudad
   b) En esta tienda **es posible** pagar con tarjeta de crédito.
   c) **La gente cuenta** que éste es un pueblo muy tranquilo.
   d) En algunas universidades los estudiantes **son seleccionados** antes de ingresar.
   e) ¿Cómo **puedo yo** estar tranquilo si no **soporto** estos ruidos?
   f) Cuando **una persona está cansada**, no **puede** trabajar bien.

g) Si **el individuo tiene** que esperar mucho tiempo, se aburre.

75. Ahora sustituye esas mismas estructuras en negrita por otras equivalentes, con el verbo en 3.ª persona del plural. No escribas en el libro.

76. Sustituye los infinitivos por formas del indicativo o subjuntivo, según convenga.

   a) No iré más a tu casa hasta que (tú venir) .... a la mía.
   b) Todo esto ocurrió cuando los niños (jugar) .... en el patio.
   c) Cuando (venir) .... tu madre te contará una historia.
   d) Por favor, ven cuando (yo llamarte) ....
   e) Cuando llegué, todo el mundo ya (salir) ....
   f) Cuando (tú salir) .... cierra la puerta.
   g) Si .... (hacer) buen tiempo, iremos a la playa.
   h) Si .... (yo tener) dinero me compraré un chalé en la montaña.
   i) Cuando .... (yo tener) dinero me compraré un chalé en la montaña.
   j) Si .... (nosotros tener) suerte, ganaremos el partido.

77. Las siguientes frases están en tiempo presente; pásalas al pasado.

   a) Cuando llega mi padre estoy viendo la tele.
   b) Ya sale mi hermano mientras veo la tele.
   c) En el momento que llaman a la puerta escribo mis cartas.
   d) Son las diez de la noche cuando termino de cenar.
   e) Cuando no llueve salimos de paseo.
   f) Cuando te presento a mis compañeros de clase estás en la puerta de tu casa.

78. **Sustituye los infinitivos por formas del pretérito imperfecto de indicativo:**

   a) Cuando yo (ser) ...... niño me (gustar) ...... jugar en la calle.
   b) En los viejos tiempos las cosas (ser) ...... distintas de lo que son hoy.
   c) Los niños de antes no (ver) ...... tanta televisión como los de hoy día.
   d) Antes (nosotros vivir) ...... no en una casa sino en un piso.
   e) Nuestro piso (estar) ...... en el centro de la ciudad.
   f) Casi nunca (yo utilizar) ...... el coche para ir al trabajo.
   g) Cuando (yo terminar) ...... de comer, (yo acostarse) ...... durante una hora.

EJERCICIOS

79. **Completa estas noticias de un telediario con el pretérito perfecto compuesto de los verbos entre paréntesis.**

   a) Últimamente mucha gente (preferir) .... invertir su patrimonio en inmuebles y (explotarlos) .... en régimen de alquiler en vez de invertir en acciones a renta fija. El mercado de viviendas produjo este año rentabilidades medias anuales superiores al 17%.
   b) Se sabe que los empresarios ya (llegar) .... a perder 400 mil dólares en el comercio de viviendas y que (gastar) .... en las oficinas más de 3.600 dólares.
   c) Hasta el momento no se (tener) .... ninguna noticia sobre el niño que (desaparecer) .... hoy por la mañana en un gran centro comercial. La madre (estar) .... todo el día en la comisaría ayudando a que los investigadores hicieran el retrato robot del secuestrador.
   d) Por las noticias que nos llegan ahora sobre el incendio en Asia, parece ser que los bomberos ya (controlar) .... el fuego y que no (haber) .... muertos.

80. **En tu cuaderno completa las frases siguientes con uno de los verbos indicados en presente de indicativo.**

hacerse	ponerse	volverse	convertirse en

   a) Poniendo unas gotas de limón, la leche .... en yogur.
   b) Nuestras voces .... cada vez más débiles.
   c) De pronto el cielo .... nublado.
   d) Este trabajo .... algo monótono.
   e) A fuerza de trabajar en la fábrica, él .... una especie de robot.
   f) Después de un tratamiento adecuado la niña .... mejor.
   g) Con la ebullición, el agua .... vapor.
   h) Después del terremoto, la casa .... un montón de escombros.
   i) Cuando gana el juego, Juan .... muy presumido.
   j) Si sigues gritando así, yo .... loco.

81. **En tu cuaderno, completa las frases con el tiempo y personas correctos de los verbos *volverse, ponerse, hacerse* o *quedarse*, según lo exija el contexto.**

   a) Los padres de la niña .... asombrados cuando dijo que ya tenía novio.

b) Desde que consiguió el cargo de director, Julián ▭ muy orgulloso.

c) Pepe ▭ el tonto cuando quiere disimular.

d) Cuando supo que el novio la engañaba con otra, Mercedes ▭ loca.

e) Cuando su novio supo que ella estaba loca, ▭ arrepentido.

f) Cuando me tratan mal en la calle, ▭ furioso.

g) Siempre que miente ▭ rojo como un tomate.

h) Hay que estudiar unos seis años para ▭ médico.

82. **Pasa al español las frases a continuación intentando siempre que posible utilizar los verbos *estar*, *quedar(se)*, *volver(se)*, *hacer(se)* o *poner(se)*. No escribas en el libro, sino en tu cuaderno.**

   a) Em que lado do peito fica o coração?
   b) Utilizando as terapias adecuadas acho que a cura fica mais fácil.
   c) Aquele senhor ficou rico vendendo automóveis.
   d) O posto de saúde fica muito longe da minha casa.
   e) Fiquei doente depois de minha última viagem ao campo.
   f) Já não resta nenhum remédio no armário.
   g) Quando soube que os remédios estavam mais caros, fiquei de mau humor.
   h) Ontem à noite fiquei em casa porque estava com muita dor de cabeça.
   i) Fiquei esperando uma hora no consultório e o dentista não pôde me atender.
   j) Este ano a consulta médica ficou mais cara que no ano passado.

83. **Cambia las siguientes frases al estilo directo. Escríbelas en tu cuaderno.**

   a) Pilar dijo que había que darse prisa, pues tenían que comprar mazapán.
   b) Pilar dijo que quería medio kilo de mazapán y Carmen también.
   c) Juan afirmó que a Akiro no le gusta el mazapán.
   d) Juan descubrió que no tenía dinero, pero que tenía su tarjeta de crédito. Entonces le preguntó a la pastelera si podía pagar con la Visa.
   e) A Pilar le pareció que Akiro quería comprar algo de cerámica, porque le encanta la cerámica popular.

84. En una tienda de ropas del centro de compras, la dependienta te da la siguiente información:

> Tenemos todas las tallas.
> Son todas muy elegantes.

> Los colores son muy bonitos.
> Si no le sirve alguna prenda, se la cambiamos.
> Los precios están rebajados.
> Puede usted pagar con tarjeta de crédito.

   a) Escribe las respuestas en tu cuaderno.

      ¿Qué te dice la vendedora?

   b) Cuéntale a tu madre qué te dijeron en la tienda...

      Mira, mamá, me dijeron que

85. ¿Qué dicen (o qué preguntan) Emilio, Luisa, Manolo, Vicente y Cecilia?

   Emilio: — ¿Tienes hora?
   Luisa: — Voy cinco minutos adelantada.
   Manolo: — ¿Dónde has conseguido eso?
   Vicente: — ¿Sueles salir mucho los domingos?
   Cecilia: — Ahora no puedo ponerme al teléfono.

86. Hablas por teléfono con tu hermano Javier y después le cuentas la conversación a tu padre.

Javier: "Ahora salgo poco, porque tengo mucho que hacer, o sea, estudio mucho. La próxima semana voy a hacer el examen de selectividad. Pronto volveré a casa. Dile a papá que lo echo de menos y dale abrazos de mi parte."

Oye, papá, dice Javier que...

87. Ahora cuéntaselo en pasado.

Dijo Javier que ...

88. Francisco me dijo estas cosas por teléfono. Reproduce lo que me dijo Francisco.

   a) Seguro que me robaron la cartera.
   b) Visitaré a mis tíos el próximo verano.
   c) No me encuentro muy bien. Me duele la cabeza.
   d) A lo mejor nos quedamos en casa el próximo sábado Marta y yo.
   e) ¡No te retires! Vuelvo enseguida.

89. ¿Por qué se escribe *i* o *y* en los grupos vocálicos que aparecen en las palabras abajo relacionadas?

| aire | boina | doy | hay | Paraguay |
| Uruguay | rey | reina | habláis | despreciáis |

90. Clasifica las vocales y los grupos vocálicos que aparecen en las palabras abajo relacionadas. Sigue el modelo:

| Modelo: | *aire*: /a/ *vocal* /i/ *semivocal* /e/ *vocal* /ai/ *diptongo decreciente* |

| aire | aula | puedo | veinte | Paraguay |
| Uruguay | paisaje | boina | cuatro | también |

91. Acentúa gráficamente las siguientes palabras, si así corresponde.

sofa – Peru – pan – bien – arbol – trabajo – calido – fue – diciendoselo – deciais – comunmente – ladron – petalo – tu – cadaver – llegais – periodo – intimamente – este – peinate – azucar – camara – ve – dia – llevase – huimos – facilmente – acustica – decimoseptimo – alferez

CLAVES DE LOS EJERCICIOS

1.
   a) Vivo EN esta calle, en EL número 54.
   b) Me llamo Vicente y soy estudiante.
   c) Manolo trabaja en LA Universidad.
   d) EL apodo de Manuel es Manolo.
   e) Lola se dedica a LAS comunicaciones. Es reportera de televisión.
   f) Manolo es DE Buenos Aires, pero vive EN Madrid.
   g) Carmen es LA de pelo negro y Mercedes es LA pelirroja.
   h) EL nombre de Lola es Dolores.
   i) Me alegro DE conocerte.
   j) LO mismo te digo yo.
   k) Hoy comemos A LAS dos de LA tarde.
   l) LA amiga de Manolo se llama Charo.
   m) Quiero conocer LA Haya donde EL agua es clara.

2.
   a) Dice el refrán: «No todo LO QUE reluce es oro.»
   b) Me enteré de LO aburrida que fue la reunión.
   c) Si no estás a dieta puedes comer LO QUE quieras.
   d) De todos los libros EL QUE más me interesa es EL diccionario.
   e) Tengo que entregar el trabajo LO más pronto posible.
   f) Pedro ha cambiado mucho; ya no es EL mismo.
   g) LO más ridículo de la fiesta fue cuando cantaron a coro.
   h) Siempre hago LO mismo en mi trabajo.
   i) LO mejor es utilizar las escaleras en caso de urgencia.
   j) No te imaginas LO bueno que es mi abuelo.
   k) Manolín era EL más ridículo de la fiesta.
   l) Me sorprendió LO osado de la actitud de Marta.
   m) Vamos por EL mismo camino de siempre.
   n) ¡Fíjate LO feliz que está Carlitos!
   o) Tenemos que hacer EL bien y no mirar a quién.

3.
   a) lo que deseo
   b) lo mejor
   c) el más guapo
   d) lo guapo que es
   e) lo que sea más urgente
   f) no lo vemos
   g) ¡Lo contenta que está mi cuñada!
   h) de lo de ayer

CLAVES DE LOS EJERCICIOS 339

4. a) Hay que ver lo simpática que es María.
    b) El bueno si es breve es dos veces bueno.
    c) Lo que ves a tu derecha es una catedral.
    d) ¿Qué es lo que reluce en lo alto del campanario?
    e) Lo increíble de la situación era que el niño no estaba avergonzado.
    f) Espero que te des cuenta de lo bajo que has caído.
    g) Han hecho lo posible y lo imposible para salvar a los niños.
    h) A mí me gusta lo blanco y no lo negro.
    i) Entérate de todo lo que hay que saber para aprobar en matemáticas.
    j) El olvido es lo mejor para librarse de un amor infiel.

5. a) Lo que me parece más raro en ese caso es el hecho de que el médico no le haya prescrito ningún calmante.
    b) Debes acordarte de todo lo que te dijimos sobre la salud.
    c) Lo único que nos queda por hacer es denunciar el procedimiento inescrupuloso de ese médico.
    d) Lo increíble es que nadie se acuerda de lo que pasó.
    e) Lo mejor de este mundo es viajar.

6. madre – princesa – presidenta – yegua – poetisa – regenta – vaca – reina – duquesa – nuera – gallina – condesa – oveja – emperatriz – sacerdotisa – madrina – actriz – dama – amazona – hembra – artista – marquesa – mujer – joven – pianista – prima – periodista – abadesa – hija – amante – suegra – pintora – estudiante – catalana – profesora – asistenta – trabajadora – baronesa – heroína – espía

7. a) buenos e inteligentes
    b) españoles felices
    c) ingleses habladores
    d) hermanos menores
    e) hombres corteses
    f) alemanes simpáticos
    g) estudiantes locuaces
    h) profesores diligentes
    i) pagadores puntuales
    j) pequeños e insignificantes

8. a) buenas e inteligentes
    b) españolas felices
    c) inglesas habladoras
    d) hermanas menores
    e) mujeres corteses
    f) alemanas simpáticas
    g) estudiantes locuaces
    h) profesoras diligentes
    i) pagadoras puntuales
    j) pequeñoa e insignificantes

CLAVES DE LOS EJERCICIOS

9. a) El doctor me ofrece trabajo. / Los doctores me ofrecen trabajos.
    b) Su padre vive cerca de mi casa. / Sus padres viven cerca de mis casas.
    c) Tengo que ir al dentista. / Tenemos que ir a los dentistas.
    d) El amigo de Ana es el chico alto y rubio. / Los amigos de Ana son los chicos altos y rubios.
    e) Este niño tiene que irse. / Estos niños tienen que irse.
    f) Ese hombre es el dependiente. / Esos hombres son los dependientes.
    g) Él es buen actor porque conoce su profesión. / Ellos son buenos actores porque conocen sus profesiones.
    h) El joven canta una canción. / Los jóvenes cantan canciones.
    i) Aquel estudiante barre la escalera de la oficina. / Aquellos estudiantes barren las escaleras de las oficinas.
    j) Conozco a un abogado que es taxista. / Conozco a un abogado que es taxista.

10. **cafés** – se añade –s al singular terminado en vocal.
    crisis – no cambia el singular terminado en –s, última sílaba es átona.
    doctores – se añade –es al singular terminado en consonante.
    animales – se añade –es al singular terminado en consonante.
    intereses – se añade –es al singular terminado en –s, última sílaba es tónica.
    martes – no cambia el singular terminado en –s, última sílaba es átona.
    corazones – se añade –es al singular terminado en consonante.
    mamás – se añade –s al singular terminado en vocal.
    leyes – se añade –es al singular terminado en consonante (**y** se considera consonante).
    mujeres – se añade –es al singular terminado en consonante.
    rubíes – se añade –es al singular terminado en –í tónica.
    ciudades – se añade –es al singular terminado en consonante.
    lunes – no cambia el singular terminado en –s, última sílaba es átona.
    iberoamericanos – se añade –s al singular terminado en vocal.
    luces – el singular terminado en –z cambia la **z** en **c** y el plural se forma añadiendo –es.
    lápices – el singular terminado en –z cambia la **z** en **c** y el plural se forma añadiendo –es.
    regímenes – se añade –es al singular (régimen) terminado en consonante, pero, a excepción, el acento cambia de vocal.
    caracteres – se añade –es al singular (carácter) terminado en consonante, pero, a excepción, el acento cambia de vocal.
    guaraníes – se añade –es al singular terminado en –í tónica.
    habitaciones – se añade –es al singular terminado en consonante.

11. a) los portales de sus casas
    b) Mis amigos viven felices con sus mujeres.
    c) lápices de distintos colores / preguntan los profesores
    d) los temas de sus tesis

12. el análisis profundo – la amiga generosa – el agua tranquila – la alta torre – el hacha oxidada – el año feliz – el hada madrina – el viento tropical – el arma blanca – el águila altanera – el ave canora – la amarga ironía – la alameda florida – la amistad sincera – la aceituna rellena – el alma de Dios

13.
a) BAJO
b) FUERTE
c) JOVEN
d) SIMPÁTICA
e) RESPONSABLES
f) TRISTE
g) ALEGRE

14.
a) CHARLATÁN
b) ALEGRE
c) AGRESIVO
d) ORDENADO
e) TORPE
f) TACAÑO
g) VAGO
h) NERVIOSO
i) CAPRICHOSO
j) CARIÑOSO

15.
a) MAL
b) GRANDE
c) GRAN
d) GRAN
e) PRIMER
f) PRIMERO
g) BUEN
h) MAL / BUENA
i) BUENA
j) PRIMERO / BUEN

16.
a) CUALQUIER
b) CUALQUIER
c) CUALQUIER
d) ALGUNAS
e) ALGUNA
f) ALGUNA
g) ALGUNO
h) NINGUNO
i) ALGUNOS
j) NINGUNA
k) NINGÚN
l) CUALQUIERA
m) NINGUNA
n) NINGUNO
o) NINGUNO / ALGUNA

17. a) TUYO
 b) MI / SU
 c) TUS / MI
 d) MIS
 e) MI / SUYOS
 f) SU / MÍA
 g) MÍA

18. b) Nos divertimos **TANTO** durante las vocaciones.
 f) El **TERCER** mes del año es marzo.
 g) Me gustaría conocer la ciudad de **SANTO** Domingo en la República Dominicana.
 h) Este es un **GRAN** momento para celebrar tu victoria.
 i) Si así lo desea, **TANTO** peor para él.
 j) Pasados diez años, veo a Paquito **TAN** mayor ya.

19. Juan es menos listo que Felipe, Luis y Alfonso.
 Felipe es tan listo como Luis.
 Felipe y Luis son menos listos que Alfonso.
 Alfonso es más listo que Juan, Felipe y Luis.
 Alfonso es el más listo de todos.
 Juen es el menos listo de todos.

20. a) Pablo es más hábil que Ricardo.
 b) Tiene Clara menos años que el resto de sus amigas.
 c) Aquel estudiante cree más en los profesores que en cualquier otra persona.
 d) Mis padres poseen menos casas que sus parientes.
 e) Esta camisa está más limpia que la que lleva Miguel.
 f) El vestido verde es tan bonito como el amarillo.
 g) La hija de Rogelio demostró en la escuela más preparación que sus compañeras.
 h) Pedro tiene más dinero que sus primas.
 i) José está más gordo que su padre.
 j) Anita y Luisa son menos atentas que Juanita.

21. a) La novia está **muy elegante**.
 b) La novia está **elegantísima**.
 d) Ahora los intereses bancarios están **bajísimos**.
 h) Yolanda está **delgadísima**.
 i) Lucía es una joven **muy amable** y **muy simpática**.
 j) Lucía es una joven **amabilísima** y **simpatiquísima**.

22. a) CORDIALÍSIMOS
 b) BAJÍSIMO
 c) BREVÍSIMO
 d) DIFICILÍSIMOS
 e) GUAPÍSIMO

CLAVES DE LOS EJERCICIOS

23. a) Isabel es TAN alta COMO su tía.
b) María es TAN simpática COMO Ana.
c) Este cuadro es TAN lindo COMO el de Pedro.
d) Carmen canta TAN BIEN COMO Irene.
e) Carmen es TAN alta COMO Irene.

24.
3 h 15	=	Son las tres y cuarto.
9 h 15	=	Son las nueve y cuarto.
7 h 00	=	Son las siete. Son las siete en punto.
8 h 45	=	Son las ocho y cuarenta y cinco minutos. Son las nueve menos cuarto.
14 h 40	=	Son las dos y cuarenta minutos de la tarde. Son las tres menos veinte.
14 h 25	=	Son las dos y veinticinco minutos de la tarde.
18 h 30	=	Son las seis y media de la tarde.
17 h 20	=	Son las cinco y veinte minutos de la tarde.
20 h 55	=	Son las ocho y cincuenta y cinco minutos de la noche. Son las nueve menos cinco.
19 h 50	=	Son las siete y cincuenta minutos de la tarde. Son las ocho menos diez.

25.
30/1/2005	=	30 de enero de 2005.
28/2/1999	=	veintiocho de febrero de 1999.
5/3/1932	=	cinco de marzo de mil novecientos treinta y dos.
16/4/1956	=	dieciséis de abril de mil novecientos cincuenta y seis.
24/5/2000	=	veinticuatro de mayo de dos mil.
6/6/1905	=	seis de junio de mil novecientos cinco.
9/7/1925	=	nueve de julio de mil novecientos veinticinco.
31/8/2005	=	treinta y uno de agosto de dos mil cinco.
7/9/2003	=	siete de septiembre de dos mil tres.
12/10/2002	=	doce de octubre de dos mil dos.
15/11/1889	=	quince de noviembre de mil ochocientos ochenta y nueve.
1/12/2005	=	uno (primero) de diciembre de dos mil cinco.

26. a) ÉL
b) NOSOTROS
c) ELLA
d) VOSOTROS
e) ELLOS
f) NOSOTRAS
g) VOSOTROS
h) ELLAS

27. a) este
b) esta
c) aquello
d) aquellos

e) aquella
   f) aquellas

28. a) esta
    b) estas
    c) Aquellos / estos
    d) mis
    e) ese
    f) esos
    g) esas
    h) nestros
    i) ésta / mi
    j) mi / su

29. a) Sí, lo creo. / No, no lo creo.
    b) Sí, lo parece. / No, no lo parece.
    c) Sí, lo está. / No, no lo está.
    d) Sí, lo eres. / No, no lo eres.
    e) Sí, lo son. / No, no lo son.
    f) Sí, lo está. / No, no lo está.
    g) Sí, lo están. / No, no lo están.
    h) Sí, lo es. / No, no lo es.
    i) Sí, lo están. / No, no lo están.
    j) Sí, lo demuestran. / No, no lo demuestran.

30. Puedes reírte cuanto quieras. (x)
    Te puedes reír cuanto quieras. (x)
    Quedaos tranquilos. (x)
    Me gustaría encontrarte otra vez. (x)
    Ahora mismo me estoy levantando. (x)
    Ahora mismo estoy levantándome. (x)
    Sobre la mesa hay un libro. Démelo usted. (x)
    Te quiero ver y abrazarte. (x)
    Quiero verte y abrazarte. (x)
    Siéntese usted para que pueda entrevistarlo. (x)
    Siéntese usted para que lo pueda entrevistar. (x)
    Vámonos a otro sitio si no te importa. (x)

31. a) ¿Es usted fotógrafo?
    b) ¿Vive usted en Madrid?
    c) ¿Trabaja usted en una editorial?
    d) ¿Es usted la mujer de José María?
    e) ¿Es usted profesor?
    f) ¿Es usted de Madrid?
    g) ¿Trabaja usted en la Universidad?
    h) ¿Se llama usted José María Lombardi?
    i) ¿Es usted argentino?
    j) ¿También vive usted en Nueva York?

CLAVES DE LOS EJERCICIOS

32. a) ¿Eres de Buenos Aires?
  b) ¿Trabajas en Madrid o en Nueva York?
  c) ¿También eres argentina?
  d) ¿Eres profesor?
  e) ¿Te llamas Francisco Mendoza?
  f) ¿Eres español?
  g) ¿Eres el portero de la casa?
  h) ¿Eres la mujer de José María?
  i) ¿Eres médico?
  j) ¿Hoy comes en casa?

33. a) ¿Sos de Buenos Aires?
  b) ¿Trabajás en Madrid o en Nueva York?
  c) ¿También sos argentina?
  d) ¿Sos profesor?
  e) ¿Te llamás Francisco Mendoza?
  f) ¿Sos español?
  g) ¿Sos el portero de la casa?
  h) ¿Sos la mujer de José María?
  i) ¿Sos médico?
  j) ¿Hoy comés en casa?

34. a) vosotros / ustedes
  b) ustedes
  c) usted
  d) don
  e) ustedes
  f) tú / vos
  g) usted
  h) usted
  i) tú / vos
  j) doña

35. a) CON
  b) EN
  c) EN
  d) EN
  e) EN
  f) A
  g) DE
  h) DE
  i) DE
  j) POR

36. a) EN
  b) EN
  c) AL

CLAVES DE LOS EJERCICIOS

  d) EN
  e) AL
  f) EN
  g) A / AL
  h) AL
  i) A
  j) A / EN
  k) DE / A
  l) DE
  m) CON
  n) EN
  o) DE

37. a) Vi A Juan en la portería.
  b) No quiero ver A nadie hoy.
  c) Él llama su perro cuando llega A casa.
  d) El padre llamó A todos A su despacho.
  e) Buscamos una asistenta que pueda vivir en nuestra casa.
  f) Busco A mis hijos.
  g) Hay que leer las obras de Julio Cortázar.
  h) Conozco A la tía de Pepe y AL primo de Pili.
  i) Hoy he visto A alguien en el jardín de tu casa.
  j) Cuando llegué no vi el coche en el garaje.
  k) Iluminó suavemente su habitación.
  l) Dios iluminó A Moisés.
  m) Estamos esperando A los niños.
  n) Voy A llamar AL portero para que me arregle la calefacción.
  o) Pablo quiere mucho A sus hijos.

38. a) Estoy esperando EL metro.
  b) Compré dos casas en este barrio.
  c) Hay que querer mucho A los padres y A los hermanos.
  d) He tenido que vender los perros que me regalaste.
  e) Pablo dijo que va A arreglar la nueva casa.
  f) Tienes que resolver este crucigrama.
  g) Al llegar encontró la casa desordenada.
  h) Ese muchacho ve enemigos por todas partes.

39. a) Vi A Juan en el jardín.
  b) El jefe llamó A todos A su despacho.
  c) Quiero conocer A tu madre y A padre.
  d) Vamos A leer las obras de Lope de Vega.
  e) Busco un buen mecánico para arreglar mi coche.
  f) Si ves A alguien que se parece A mi hermano, me avisas.
  g) Él llamará su perro cuando llegue A casa.
  h) ¿Ves las motos en la pista?
  i) Buscamos secretarias que hablen español e inglés.
  j) Margarita no quiere A nadie cerca cuando está nerviosa.

CLAVES DE LOS EJERCICIOS 347

40. a) La gente notó que el pescado olía mal.
    b) Te recuerdé que las visitas llegarían a las cuatro en punto.
    c) Creímos que el nuevo estadio se construiría.
    d) No sabía si habría terminado a la hora del cine.
    e) Pensé que tarde o temprano te casarías.
    f) Creímos que el nuevo estadio se estaba construyendo.
    g) Creímos que el nuevo estadio ya se había construido.
    h) Preguntó Miguelito si habíamos visto a su hermana menor.
    i) Dijo el profesor que no daría clases la próxima semana.
    j) Dijo el profesor que ya había dado muchas clases.

41. a) Estamos esperando EL metro.
    b) Juanita compró dos sofás para el salón de su casa.
    c) Ana por fin se decidió A presentar AL novio A sus padres.
    d) Ese hombre se pasa la vida invocando A la muerte.
    e) Prefiero la muerte A salir contigo.
    f) A mí me gusta llamar las cosas por su nombre.
    g) Me tomo los insultos como una cosa personal.
    h) Es preciso resolver estos crucigramas.
    i) Busco una secretaria.
    j) Busco A una secretaria que conocí ayer.
    k) Aquel señor ve enemigos por todas partes.
    l) Mi padre contrató carpinteros para que le hagan la mesa.
    m) Joaquín tiene dos hijos estudiando en Australia.

42. a) conozco / están
    b) viven
    c) comen
    d) se llama
    e) se llama / es
    f) estoy / trabajo
    g) trabajan

43. a) conozco
    b) van
    c) habla
    d) tiene
    e) vamos
    f) puede
    g) tienen
    h) saluda
    i) conocen
    j) entro

44. a) DICE / QUIERE
    b) PUEDO / TENGO
    c) QUEREMOS / PREFERIMOS

d) SIENTEN / CONOCEN
e) VAMOS
f) APETECE / PREFIEREN
g) SIENTO / DICES
h) DICE / PREFIERE
i) SE PONEN
j) DICE / ESTÁ
k) TIENE / TENDRÁ

45. a) Com certeza não conheço o Rio de Janeiro.
b) Não tenho tempo para viajar.
c) Posso ligar para o seu pai se você quiser.
d) Tratamo-nos com cortesia, porque somos muito educados.
e) Neste instante tenho vontade de beber um copo de água gelada.
f) Logo você vai reconhecer que eu a/o amo de verdade.
g) ¿O que é que você está fazendo sozinho aqui?
h) Pois bem, só vim dar um passeio.
i) Eu gostaria de vê-lo(a) mais uma vez.
j) Eu adoro o cinema e o teatro.

46. a) Ellos siempre se encuentran los domingos por la mañana.
b) ¿Qué vas a hacer ahora mismo?
c) Me apetece tomar café.
d) A mí me gustaría tomar un refrigerante.
e) Mariana prefiere comer sola hoy, pues le encanta quedarse sola.
f) Después de comer vamos a ver el jardín botánico.
g) Eso me parece una buena idea, pero ahora tengo que irme.
h) Espera un poco, voy contigo.
i) No quiero estar solo aquí hasta mañana.
j) Me parece que usted tiene que irse pasado mañana.

47. a) GASTÓ
b) GANA
c) PREFIRIERON
d) SALÍ / ESCRIBÍ
e) ESCRIBO
f) SE FIRMÓ
g) HABLA
h) LLEGARON / SABEN
i) ESTAMOS
j) EXPLICÓ / ENTENDIERON

48. a) TE HABÍAS IDO
b) HABÍA ACABADO
c) HABÍAMOS OÍDO
d) HABÍA CAMBIADO
e) SE HABÍA IDO

f) ME HABÍAN CONTADO
g) HABÍA HECHO

49. a) El profesor os deja que consultéis el diccionario.
    b) La cocinera te ordena que entres en la cocina.
    c) No dejamos que entren en casa las personas extrañas.
    d) En los cines prohíben que fumen los espectadores.
    e) Isabel le sugiere a su padre que compre las entradas con antelación.
    f) Me parece bien que se callen los niños.
    g) Te dejo que salgas con tus amigos esta noche.
    h) Yo les aconsejo que estudies bien los verbos.
    i) Mi padre ve que los niños comen demasiado.
    j) Mi mamá me deja que vaya al cine todos los sábados.

50. a) Si estuvieras en mi caso, LO HARÍAS?
    b) Por mí, BEBERÍA vino, pero mi padre no me deja.
    c) Cuando tenga novedades te las CONTARÉ .
    d) Ayer soñé que VENDRÍAS a mi casa el mes que viene.
    e) Me dijeron que VENDRÁS a mi casa el mes que viene.
    f) No sé quién puso la radio; SERÁN los niños.
    g) Dicen que la próxima crítica SERÁ poco favorable al libro.
    h) ¿No te dije que la próxima crítica no SERÍA favorable al libro?
    i) Diez minutos antes de la hora del cine PASARÉ a recogerte.
    j) Nunca se me ocurrió que TE CASARÍAS tan jovencita.

51. a) DIJE / SE SINTIERA
    b) SE PUSO / PUSIERA
    c) SUPIERON / SUPIERAN
    d) PIDIÓ / TRAJERA
    e) PUDO / PUDIERA
    f) CONDUJERON / HICIERAN

52. a) TUVIERAN
    b) TRADUJERA
    c) HICIERAS
    d) ME PIDIERA
    e) HUBIERA
    f) SIRVIERA
    g) TRAJERAS
    h) SUPIERAS
    i) CONDUJERAN
    j) CONSIGUIERA

53. a) ¡Apaga la televisión!
    b) ¡Deja de pelearte con tu hermano!
    c) ¡Péinate para salir!
    d) ¡Repite la explicación!

e) ¡Ten la bondad de entrar!
f) ¡Ve a la calle!
g) ¡Ve a jugar a los bolos!
h) ¡Habla más bajo!
i) ¡Sal de la casa!
j) ¡Ten este libro un momento!

54. a) ¡Apague usted la televisión!
b) ¡Deje usted de pelearse con su hermano!
c) ¡Péinese usted para salir!
d) ¡Repita usted la explicación!
e) ¡Tenga usted la bondad de entrar!
f) ¡Vaya usted a la calle!
g) ¡Vaya usted a jugar a los bolos!
h) ¡Hable usted más bajo!
i) ¡Salga usted de la casa!
j) ¡Tenga usted este libro un momento!

55. a) ¡Apagá la televisión!
b) ¡Dejá de pelearte con tu hermano!
c) ¡Peinate para salir!
d) ¡Repetí la explicación!
e) ¡Tené la bondad de entrar!
f) ¡Andá a la calle!
g) ¡Andá a jugar a los bolos!
h) ¡Hablá más bajo!
i) ¡Salí de la casa!
j) ¡Tené este libro un momento!

56. a) ¡Deja! / ¡Dejá!
b) ¡Siéntate! / ¡Sentate!
c) ¡Acabad! / ¡Terminen!
d) ¡Ve! / ¡Andá!
e) ¡Quédate! / ¡Quedate!

57. a) No salgáis todos de aquí.
b) No comáis a las dos menos cuarto.
c) No tengas mucho cuidado al cruzar la calle.
d) Pasa a mi despacho.
e) ¿Tú por aquí? No entres.
f) No vayas al colegio.
g) No pases por aquí el mes que viene.
h) No te quedes en mi casa.
i) No mires este cuadro y no lo copies.
j) No me compréis los libros para el curso de español.

58. a) ¡Entrad en casa!

b) ¡Levantad temprano mañana!
c) ¡No cerréis la puerta!
d) ¡Id a casa cuanto antes!
e) ¡No digáis mentiras!
f) ¡No salgáis de casa sin permiso!

59. a) MUEVES
b) SIRVE
c) PIDE
d) NO ENCUENTRO
e) CONSIGUEN
f) MIDE
g) EMPIEZA
h) JUEGAN
i) CORRIGE
j) CIERRA / DEFIENDE
k) REPITEN
l) VISTO / ENCUENTRO
m) PIENSO / MERIENDAN
n) ADQUIEREN
o) SE CONFIESA

60. a) MOVISTE
b) SIRVIÓ
c) PIDIÓ
d) NO ENCONTRÉ
e) CONSIGUIERON
f) MIDIÓ
g) EMPEZÓ
h) JUGARON
i) CORRIGIÓ
j) CERRÓ / DEFENDIÓ
k) REPITIERON
l) VESTÍ / ENCONTRÉ
m) PENSÉ / MERENDARON
n) ADQUIRIERON
o) SE CONFESÓ

61. a) AGRADEZCO
b) CONOZCA
c) NAZCA
d) CONDUZCO / TENGO
e) ME PONGO
f) VENGAS / TRAIGAS
g) OIGO / CONTRIBUYA
h) SE CONSTITUYE
i) SUSTITUYE / VALDRÁ / VIENE

CLAVES DE LOS EJERCICIOS

j) HUYEN
k) VÁLGAME
l) SALDRÁN
m) TENGA / LE PONDRÉ
n) CONCLUYEN / SALDREMOS
o) CONTRIBUYAN

62. a) PEDIMOS / PUSIERA
b) PIDIÓ / TRAJERA
c) DIJE / SINTIERA / TOMARA
d) DIJO / PUDIERA
e) PROMETIERON / SE ENTERARAN

63. a) HUBIERA
b) QUISIERAS
c) CONDUJERA
d) CONSIGUIERA
e) TRADUJÉRAMOS
f) HICIERA
g) SIRVIERA
h) ME PIDIERA

64. a) SUPIERA
b) SE LO COMIERAN
c) ESTUDIARA
d) FUÉRAMOS
e) ESCUCHARA
f) HUBIÉRAMOS PENSADO
g) LLEGÁRAMOS
h) DIERA
i) GANARA
j) VIVIERAS

65. a) Numerosos árboles fueron cortados por los leñadores.
b) El ladrón fue detenido por la policía.
c) La sopa es servida por el camarero.
d) Los programas del concierto fueron distribuidos por mí.
e) Ayer mi prima fue atropellada por un coche.
f) Sus sabias palabras serán recordadas por todo el mundo.
g) Fui apoderado por unn presentimiento de tristeza.
h) Las puertas fueron cerradas a doble llave por Tomás.
i) Fuimos advertidos por de que habían entrado ladrones en nuestra casa.
j) La papelera era vaciada todas las mañanas por la secretaria.
k) El partido de fútbol fue transmitido por la radio.
l) La cama fue cubierta por una colcha de encaje.
m) Los platos fueron fregados por la hija mayor.

CLAVES DE LOS EJERCICIOS

66. a) Se ve el pueblo desde la carretera.
b) Se sirvió la cena a las once de la noche.
c) Se cerraron las puertas de la iglesia antes de las diez.
d) Ya alquiló la casa en la que yo deseaba vivir.
e) Se transmiten por la radio todos los más importantes partidos de fútbol.
f) En el restaurante se lavan los platos con agua y jabón.
g) Ya se vendieron todos los billetes.
h) Se cerraron las tiendas antes de las siete.

67. c)   d)   e) = **obligación (o deseo)**
a)   b) = **suposición (o consejo)**

68. a) Sabemos lo que HAY QUE hacer para sacar buenas notas.
b) Yo DEBO salir cuanto antes.
c) Nosotros CREEMOS QUE llegan esta tarde los tíos de Ernesto.
d) Vicente no DEBE acostarse tan tarde.
e) ES PROBABLE QUE lleguen esta tarde los tíos de Ernesto.
f) Ayer DEBÍ terminar la lectura de esta novela (obligatoriamente).
g) ES NECESARIO reconocer que muchas personas son fanáticas por el fútbol.
h) Ayer DEBÍ DE terminar la lectura de esta novela (probablemente).
i) Para discutir no ES NECESARIO pelear.
j) ES PROBABLE QUE llueva mañana.

69. a) SINCERAMENTE
b) DÉBILMENTE
c) COMPLETAMENTE
d) BUENAMENTE
e) NATURALMENTE
f) FELIZMENTE
g) SENTIMENTALMENTE
h) ESTUPENDAMENTE
i) ALEGREMENTE
j) GENEROSAMENTE

70. a) EL AÑO PASADO DIJERON que SOPLARÍA más el viento y HARÍA frío.
b) EL AÑO PASADO en diciembre ya HABRÍA TERMINADO los exámenes.
c) EL AÑO PASADO te ASEGURÉ que COMERÍAMOS pocas veces en el restaurante.
d) EL AÑO PASADO me LEVANTARÍA todos los días a las ocho.
e) EL AÑO PASADO DESAYUNARÍAS más temprano.
f) EL AÑO PASADO me CONTARÍAS toda la verdad.
g) EL AÑO PASADO no me OCULTARÍAS que la situación SERÍA grave.
h) EL AÑO PASADO el eclipse se PRODUCIRÍA el día 18.
i) EL AÑO PASADO las verduras COSTARÍAN muy caro a causa del clima adverso.
j) EL AÑO PASADO me PROMETIÓ mi madre que me LLEVARÍA al zoo todos los sábados.

CLAVES DE LOS EJERCICIOS

71. a) MUCHA
    b) MUCHA
    c) MUY
    d) MUCHO
    e) MUCHO
    f) MUCHA
    g) MUCHO
    h) MUY / MUY
    i) MUY
    j) MUY
    k) MUCHOS
    l) MUCHAS
    m) MUCHO
    n) MUCHO
    o) MUCHO / MUCHAS

72. a) E / Y
    b) E
    c) U
    d) U
    e) Y
    f) E
    g) Y
    h) Y
    i) U
    j) U

73. a) SINO
    b) SI NO
    c) SI NO
    d) SI NO
    e) SINO
    f) SI NO

74. a) SE PIENSA que la vida en el campo es más tranquila que en la ciudad.
    b) En esta tienda SE PUEDE pagar con tarjeta de crédito.
    c) SE CUENTA que éste es un pueblo muy tranquilo.
    d) En algunas universidades SE SELECCIONA A LOS ESTUDIANTES antes de ingresar.
    e) ¿Cómo PUEDE UNO estar tranquilo si no SOPORTA estos ruidos?
    f) Cuando UNO ESTÁ CANSADO, no PUEDE trabajar bien.
    g) Si UNO TIENE que esperar mucho tiempo, se aburre.

75. a) PIENSAN que la vida en el campo es más tranquila que en la ciudad.
    b) En esta tienda PUEDEN pagar con tarjeta de crédito.
    c) CUENTAN que éste es un pueblo muy tranquilo.
    d) En algunas universidades los estudiantes SE SELECCIONAN antes de ingresar

66. a) Se ve el pueblo desde la carretera.
b) Se sirvió la cena a las once de la noche.
c) Se cerraron las puertas de la iglesia antes de las diez.
d) Ya alquiló la casa en la que yo deseaba vivir.
e) Se transmiten por la radio todos los más importantes partidos de fútbol.
f) En el restaurante se lavan los platos con agua y jabón.
g) Ya se vendieron todos los billetes.
h) Se cerraron las tiendas antes de las siete.

67. c)   d)   e) = **obligación (o deseo)**
a)   b) = **suposición (o consejo)**

68. a) Sabemos lo que HAY QUE hacer para sacar buenas notas.
b) Yo DEBO salir cuanto antes.
c) Nosotros CREEMOS QUE llegan esta tarde los tíos de Ernesto.
d) Vicente no DEBE acostarse tan tarde.
e) ES PROBABLE QUE lleguen esta tarde los tíos de Ernesto.
f) Ayer DEBÍ terminar la lectura de esta novela (obligatoriamente).
g) ES NECESARIO reconocer que muchas personas son fanáticas por el fútbol.
h) Ayer DEBÍ DE terminar la lectura de esta novela (probablemente).
i) Para discutir no ES NECESARIO pelear.
j) ES PROBABLE QUE llueva mañana.

69. a) SINCERAMENTE
b) DÉBILMENTE
c) COMPLETAMENTE
d) BUENAMENTE
e) NATURALMENTE
f) FELIZMENTE
g) SENTIMENTALMENTE
h) ESTUPENDAMENTE
i) ALEGREMENTE
j) GENEROSAMENTE

70. a) EL AÑO PASADO DIJERON que SOPLARÍA más el viento y HARÍA frío.
b) EL AÑO PASADO en diciembre ya HABRÍA TERMINADO los exámenes.
c) EL AÑO PASADO te ASEGURÉ que COMERÍAMOS pocas veces en el restaurante.
d) EL AÑO PASADO me LEVANTARÍA todos los días a las ocho.
e) EL AÑO PASADO DESAYUNARÍAS más temprano.
f) EL AÑO PASADO me CONTARÍAS toda la verdad.
g) EL AÑO PASADO no me OCULTARÍAS que la situación SERÍA grave.
h) EL AÑO PASADO el eclipse se PRODUCIRÍA el día 18.
i) EL AÑO PASADO las verduras COSTARÍAN muy caro a causa del clima adverso.
j) EL AÑO PASADO me PROMETIÓ mi madre que me LLEVARÍA al zoo todos los sábados.

CLAVES DE LOS EJERCICIOS

71.
a) MUCHA
b) MUCHA
c) MUY
d) MUCHO
e) MUCHO
f) MUCHA
g) MUCHO
h) MUY / MUY
i) MUY
j) MUY
k) MUCHOS
l) MUCHAS
m) MUCHO
n) MUCHO
o) MUCHO / MUCHAS

72.
a) E / Y
b) E
c) U
d) U
e) Y
f) E
g) Y
h) Y
i) U
j) U

73.
a) SINO
b) SI NO
c) SI NO
d) SI NO
e) SINO
f) SI NO

74.
a) SE PIENSA que la vida en el campo es más tranquila que en la ciudad.
b) En esta tienda SE PUEDE pagar con tarjeta de crédito.
c) SE CUENTA que éste es un pueblo muy tranquilo.
d) En algunas universidades SE SELECCIONA A LOS ESTUDIANTES antes de ingresar.
e) ¿Cómo PUEDE UNO estar tranquilo si no SOPORTA estos ruidos?
f) Cuando UNO ESTÁ CANSADO, no PUEDE trabajar bien.
g) Si UNO TIENE que esperar mucho tiempo, se aburre.

75.
a) PIENSAN que la vida en el campo es más tranquila que en la ciudad.
b) En esta tienda PUEDEN pagar con tarjeta de crédito.
c) CUENTAN que éste es un pueblo muy tranquilo.
d) En algunas universidades los estudiantes SE SELECCIONAN antes de ingresar

e) ¿Cómo PUEDEN estar tranquilos si no SOPORTAn estos ruidos?
f) Cuando ESTÁn CANSADOs, no PUEDEN trabajar bien.
g) Si TIENEN que esperar mucho tiempo, SE ABURREN.

76. a) VENGAS
    b) JUGABAN
    c) VENGA
    d) YO TE LLAME
    e) HABÍA SALIDO
    f) SALGAS
    g) HACE
    h) TENGO
    i) TENGA
    j) TENEMOS

77. a) Cuando llegó mi padre yo estaba viendo la tele.
    b) Ya salía mi hermano mientras yo veía la tele.
    c) En el momento que llamaron a la puerta yo escribía mis cartas.
    d) Eran las diez de la noche cuando terminé de cenar.
    e) Cuando no llovía salíamos de paseo.
    f) Cuando te presenté a mis compañeros de clase estabas en la puerta de tu casa.

78. a) Cuando yo ERA niño me GUSTABA jugar en la calle.
    b) En los viejos tiempos las cosas ERAN distintas de lo que son hoy.
    c) Los niños de antes no VEÍAN tanta televisión como los de hoy día.
    d) Antes VIVÍAMOS no en una casa sino en un piso.
    e) Nuestro piso ESTABA en el centro de la ciudad.
    f) Casi nunca YO UTILIZABA el coche para ir al trabajo.
    g) Cuando YO TERMINABA de comer, YO ME ACOSTABA durante una hora.

79. a) HA PREFERIDO / LOS HA EXPLOTADO.
    b) HAN LLEGADO / HAN GASTADO
    c) HA TENIDO / HA DESAPARECIDO / HA ESTADO.
    d) HAN CONTROLADO / NO HA HABIDO.

80. a) SE CONVIERTE EN
    b) SE HACEN
    c) SE PONE
    d) SE VUELVE
    e) SE CONVIERTE EN
    f) SE PONE
    g) SE CONVIERTE EN
    h) SE CONVIERTE EN
    i) SE PONE
    j) ME VUELVO

81. a) SE QUEDARON
    b) SE VOLVIÓ
    c) SE HACE
    d) SE PUSO
    e) SE QUEDÓ
    f) ME PONGO
    g) SE PONE
    h) HACERSE

82. a) ¿De qué lado del pecho ESTÁ el corazón?
    b) Utilizando las terapias adecuadas yo creo que la cura SE HACE más fácil.
    c) Aquel señor SE HIZO rico vendiendo automóviles.
    d) El centro de salud ESTÁ muy lejos de mi casa.
    e) ME PUSE enfermo después de mi último viaje al campo.
    f) Ya no QUEDA ninguna medicina en el armario.
    g) Cuando supe que las medicinas ESTABAN más caras, me puse de mal humor.
    h) Anoche ME QUEDÉ en casa porque me dolía mucho la cabeza.
    i) ESTUVE esperando una hora en el consultorio y el dentista no pudo atenderme.
    j) Este año la consulta médica SE VOLVIÓ más cara que el año pasado.

83. a) Dijo Pilar: — ¡Hay que darse prisa! Tenemos que comprar mazapán.
    b) Dijo Pilar: — Yo quiero medio kilo, Carmen también.
    c) Afirmó Juan: — A Akiro no le gusta el mazapán.
    d) Dijo Juan: — No tengo dinero, pero tengo mi tarjeta de crédito.
       Preguntó Juan: — Señorita, ¿puedo pagar con la Visa?
    e) Dijo Pilar: — A mí me parece que Akiro quiere comprar algo de cerámica, porque le encanta la cerámica popular.

84. a) La vendedora me dice que tienen todas las tallas.
       La vendedora me dice que son todas muy elegantes.
       La vendedora me dice que los colores son muy bonitos.
       La vendedora me dice que si no me sirve alguna prenda, me la cambian.
       La vendedora me dice que los precios están rebajados.
       La vendedora me dice que puedo pagar con tarjeta de crédito.

    b) Mira, mamá, me dijeron en la tienda que son todas muy elegantes.
       Mira, mamá, me dijeron en la tienda que los colores son muy bonitos.
       Mira, mamá, me dijeron en la tienda que si no me sirve alguna prenda, me la cambian.
       Mira, mamá, me dijeron en la tienda que los precios están rebajados.
       Mira, mamá, me dijeron en la tienda que puedo pagar con tarjeta de crédito.

CLAVES DE LOS EJERCICIOS 357

85. Emilio me pregunta si tengo hora.
    Luisa dice que va cinco minutos adelantada.
    Manolo me pregunta dónde he conseguido esto.
    Vicente me pregunta si suelo salir mucho los domingos.
    Cecilia dice que ahora no puede ponerse al teléfono.

86. Oye, papá, dice Javier que ahora sale poco, porque tiene mucho que hacer, o sea, estudia mucho. Dice también que la próxima semana va a hacer el examen de selectividad y que pronto volverá a casa. Me pide que te diga que te echa de menos y que te dé abrazos de su parte.

87. Dijo Javier que salía poco, porque tenía mucho que hacer, o sea, estudiaba mucho. Dijo también que la próxima semana iría a hacer el examen de selectividad y que pronto volvería a casa. Me pidió que te dijera que te echaba de menos y que te diera abrazos de su parte.

88. a) Francisco me dijo que seguro que le robaron la cartera.
    b) Francisco me dijo que visitará a sus tíos el próximo verano.
    c) Francisco me dijo que no se encontraba muy bien y que le dolía la cabeza.
    d) Francisco me dijo que a lo mejor se quedarían en casa el próximo sábado Marta y él.
    e) Francisco me dijo que no me retirara y que volvería enseguida.

89. Porque la semivocal **-i**, al final de palabra, se escribe con **y** en español; en aire, boina, reina, habláis, despreciáis, la semivocal **-i** se escribe **i** porque no termina la palabra; en doy, hay, Paraguay, Uruguay, rey, la semivocal **-i** se escribe **y** porque termina la palabra.

90. **aire**: /a/ vocal /i/ semivocal /e/ vocal /ai/ diptongo decreciente
    aula: /a/ vocal /u/ semivocal /a/ vocal /au/ diptongo decreciente
    puedo: /u/ semiconsonante /e/ vocal /o/ vocal /ue/ diptongo creciente
    veinte: /e/ vocal /i/ semivocal /e/ vocal /ei/ diptongo decreciente
    Paraguay: /a/ vocal /a/ vocal /u/ semiconsonante /a/ vocal /i/ semivocal /uai/ triptongo
    Uruguay: /u/ vocal /u/ vocal /u/ semiconsonante /a/ vocal /i/ semivocal /uai/ triptongo
    paisaje: /a/ vocal /i/ semivocal /a/ vocal /e/ vocal /ai/ diptongo decreciente
    boina: /o/ vocal /i/ semivocal /a/ vocal /oi/ diptongo decreciente
    cuatro: /u/ semiconsonante /a/ vocal /o/ vocal /ua/ diptongo creciente
    también: /a/ vocal /i/ semiconsonante /e/ vocal /ie/ diptongo creciente

91. sofá – Perú – pan – bien – árbol – trabajo – cálido – fue – diciéndoselo – decíais – comúnmente – ladrón – pétalo – tú/tu – cadáver – llegáis – período – íntimamente – este/éste – péinate – azúcar – cámara – ve – día – llevase – huimos – fácilmente– acústica – decimoséptimo – alférez

BIBLIOGRAFÍA

ALARCOS LLORACH, Emilio. *Gramática de la lengua española*. Real Academia Española. Colección Nebrija y Bello. 6. reimpr. Madrid: Espasa-Calpe, 1995.

ALONSO, Amado. *Estudios lingüísticos*. Temas españoles. Madrid: Gredos, 1954.
— *Estudios lingüísticos*. Temas hispanoamericanos. Madrid: Gredos, 1953.

ALONSO, Amado & HENRÍQUEZ UREÑA, Pedro. *Gramática castellana*. 16. ed. Buenos Aires: Losada, 1958. 2 v.

ALSINA, Ramón. *Todos los verbos castellanos conjugados*. Barcelona: Teide, 1981.

ARIAS, Sandra Di Lullo. *Guia do Espanhol para quem só fala Portunhol*. 3. ed. Rio de Janeiro: Campus, 1998.

BECHARA, Suely Fernandes & MOURE, Walter Gustavo. *¡Ojo! con los falsos amigos*. Dicionário de falsos cognatos em Espanhol e Português. São Paulo: Moderna, 1998.

BORREGO NIETO, Julio, GÓMEZ ASENSIO, José J. & PRIETO DE LOS MOZOS, Emilio. *Temas de gramática española. Teoría y práctica*. Salamanca: Ediciones Universidad de Salamanca, 1998.

BOSQUE, Ignacio & DEMONTE, Violeta (dir.). *Gramática descriptiva de la lengua española*. Real Academia Española. Colección Nebrija y Bello. Madrid: Espasa-Calpe, 1999. 3 v.

CERROLAZA GILI, Óscar. *Diccionario práctico de gramática*. Madrid: Edelsa, 2005.

FERNÁNDEZ RAMÍREZ, Salvador. *Gramática española*. 2. ed. Madrid: 1985--1991. 6 v.

GARCÍA ELORRIO, Aurelio. *Diccionario de la conjugación*. Los 12.500 verbos castellanos. 3. ed. Buenos Aires: Kapelusz, 1953.

GARCÍA PELAYO, Ramón. *Pequeño Larousse ilustrado*. Paris: Larousse, 1990.

GARCÍA SANTOS, Juan Felipe. *Sintaxis del español. Nivel de perfeccionamiento*. Salamanca: Universidad de Salamanca y Santillana, 1999.

GILI GAYA, Samuel. *Curso superior de sintaxis española*. 15. ed. (reimpr.). Barcelona: Vox, 1990.

GÓMEZ TORREGO, Leonardo. *Manual de español correcto*. Madrid: Arco/Libros, 1989/1991. 2 v.

GONZÁLEZ HERMOSO, Alfredo. *Conjugar es fácil en español de España y de América*. 4. reimpr. de la 2. ed. Madrid: Edelsa, 2000.

GUIÑAZÚ, Goldsack. *Castellano*. Segundo Curso. 11. ed. Buenos Aires: Kapelusz, 1959.

LÁZARO CARRETER, Fernando. *Diccionario de términos filológicos*. 3.ed.corr.. Madrid: Gredos, 1977.

LENZ, Rodolfo. *La oración y sus partes*. 3. ed. Madrid: CSIC, 1935.

LORENZO Feijoo Hoyos, Balbina. *Diccionario de falsos amigos*. Español-portugués/português-espanhol. São Paulo: Enterprise Idiomas, 1998.

MARTÍN SÁNCHEZ, Manuel. *Diccionario del español coloquial*; dichos, modismos y locuciones populares. [s.l.p.] Tellus, 1997.

MARTINS, Manoel Dias. *Os sistemas vocálicos do espanhol e do português*; estudo comparativo. Ed. mimeo grafada. São Paulo, 1967. (Tese de Doutoramento)
— *Os sistemas consonantais do português e do espanhol*. Ed. xerocopiada.
Assis, 1980. (Tese de Livre-Docência)
— As vogais não-silábicas do português e do espanhol. *Estudos Lingüísticos*, Araraquara, *3*:72-85. Anais de Seminários do GEL, 1980.
— "Estruturas silábicas em contraste". In *Estudos de filologia e lingüística* em homenagem a Isaac Nicolau Salum. São Paulo: T.A.Queiroz/EDUSP, 1981. p.117-127.
— Relações de simetria no sistema consonantal do português. *Alfa*, São Paulo, *26*:61-67, 1982.
— *Dicionário de fonética e fonologia*. São Paulo, 1995. Ed. xerocopiada.
— *Fonética y Fonología del español para estudiantes brasileños*. São Paulo: Centro Universitário Ibero-Americano - UNIBERO / CenaUn, 2000.
— *Verbos españoles (auxiliares, regulares, irregulares)*. Ed. xerocopiada. São Paulo, 2004.
— Hacia la sistematización de un estudio comparativo en fonética y fonología española y portuguesa. In *Atas do II Congresso Internacional da Associação de Lingüística e Filologia da América Latina (ALFAL), São Paulo (Brasil), janeiro de 1969*. Universidade de São Paulo, Faculdade de Filosofia, Letras e Ciências Humanas, 1987. p.173-181.

MARTINS, Manoel Dias, NAVARRO DE DIEGO, Francisco, PACHECO, M. Cristina G. & BARRIONUEVO, Víctor. *Nuevo diccionario contemporáneo: Espanhol-Português/ Português-Espanhol*. São Paulo: Companhia Editora Nacional, 2005.

MATTE BON, Francisco. *Gramática comunicativa del español*. Madrid: Difusión, 1992. (Tomo I: *De la lengua a la idea*. Tomo II: *De la idea a la lengua*.)

MILANI, Esther María. Guía para conjugar verbos españoles (Modelos). São Paulo: Consejería de Educación de la Embajada de España. Asesoría Lingüística / Oltaver Buenos Libros Activos / Novos Livros Editora, 1995. (Colección Complementos. Serie Gramática).

MOLINER, María. *Diccionario de uso del español*. Madrid, Gredos, 1991. 2 v.

MOLINER, María. *Diccionario de uso del español*. Madrid, Gredos, 1996. (Edición en CD-ROM).

ORTEGA CAVERO, David. *Diccionario español-portugués*. Barcelona: Sopena, 1966.
— *Diccionario portugués-español*. Barcelona: Sopena, 1966.

REAL ACADEMIA ESPAÑOLA. Comisión de Gramática de la Real Academia Española *Esbozo de una nueva gramática de la lengua española.* Madrid: Espasa-Calpe, 1981.

REAL ACADEMIA ESPAÑOLA. *Diccionario de la lengua española.* 21. ed. . Madrid: Espasa-Calpe, 1992.

REAL ACADEMIA ESPAÑOLA. *Diccionario de la lengua española.* 21. ed. . Madrid: Espasa-Calpe, 1995. (Edición en CD-ROM).

REAL ACADEMIA ESPAÑOLA. *Diccionario escolar de la Real Academia Española.* Madrid: Espasa-Calpe, 1997.

REAL ACADEMIA ESPAÑOLA. *Diccionario manual e ilustrado de la lengua española.* 21. ed. Madrid: Espasa-Calpe, 1950.

REAL ACADEMIA ESPAÑOLA. *Ortografía de la lengua española.* Madrid: Espasa-Calpe, 1999.

ROCA PONS, José. *Introducción a la gramática.* 2. ed. Barcelona: Teide, 1972.

RODRÍGUEZ MONZÚ FREIRE, María Teodora. *Síntesis gramatical de la lengua española.* Una gramática contrastiva Español-Portugués. 5. ed. São Paulo: Enterprise Idiomas, 1999.

SARMIENTO, Ramón. *Manual de corrección gramatical y de estilo. Español normativo, nivel superior.* Madrid: SGEL, 1997.

SARMIENTO, Ramón & SÁNCHEZ, Aquilino. *Gramática básica del español.* Norma y uso. 9.ed. Madrid: SGEL, 1999.

SECO, Manuel. *Diccionario de dudas y dificultades de la lengua española.* 10. ed. Madrid: Espasa-Calpe, 1998.

SECO, Manuel. *Gramática esencial del español.* Introducción al estudio de la lengua. 2. ed. Madrid: Espasa-Calpe, 1994.

SECO, Rafael. *Manual de gramática española.* Revisado y ampliado por Manuel Seco. 4. ed. Madrid: Aguilar, 1960.

SEREY, Myriam. *Os falsos amigos do aprendiz em português e espanhol.* São Paulo: Schmidt, 1999.